Heiner Keupp, Helga Dill (Hg.)
Erschöpfende Arbeit

HEINER KEUPP, HELGA DILL (HG.)

Erschöpfende Arbeit

Gesundheit und Prävention in der flexiblen Arbeitswelt

[transcript]

Bibliografische Information der Deutschen Nationalbibliothek
Die Deutsche Nationalbibliothek verzeichnet diese Publikation in der
Deutschen Nationalbibliografie; detaillierte bibliografische Daten
sind im Internet über http://dnb.d-nb.de abrufbar.

© 2010 transcript Verlag, Bielefeld

Umschlagkonzept: Kordula Röckenhaus, Bielefeld
Lektorat & Satz: Heiner Keupp und Helga Dill
Druck: Majuskel Medienproduktion GmbH, Wetzlar
ISBN 978-3-8376-1556-2

Gedruckt auf alterungsbeständigem Papier mit chlorfrei gebleichtem
Zellstoff.

Besuchen Sie uns im Internet: *http://www.transcript-verlag.de*

Bitte fordern Sie unser Gesamtverzeichnis und andere Broschüren
an unter: *info@transcript-verlag.de*

Inhalt

Vorwort: Erschöpfende Arbeit – Gesundheit und Prävention in der flexiblen Arbeitswelt

HEINER KEUPP, HELGA DILL

Die Entwicklung hin zu einem globalen Kapitalismus hat die Lebens- und Arbeitsbedingungen der Menschen grundlegend verändert. Diese Veränderungen betreffen nicht nur die äußere Welt, sondern haben erhebliche Konsequenzen auch für die psychischen Innenwelten. Die eingespielten Identitätsmuster und die durch sie gesicherten Normalitätsvorstellungen brechen zusammen. Diese aktuellen Erfahrungen mit der Demontage unserer stabilen Identitätsgehäuse könnte man mit der klassischen Formulierung aus dem Kommunistischen Manifest kaum besser ausdrücken. Die Rede ist da von der „ununterbrochene(n) Erschütterung aller gesellschaftlichen Zustände, die ewige Unsicherheit und Bewegung zeichnet die Bourgeoisieepoche vor allen anderen aus. Alle festen eingerosteten Verhältnisse mit ihrem Gefolge von altehrwürdigen Vorstellungen und Anschauungen werden aufgelöst, alle neu gebildeten veralten, ehe sie verknöchern können. Alles Ständische und Stehende verdampft, alles Heilige wird entweiht..." (Marx und Engels 1966, S.29).

Diese Veränderungsdynamik wird vor allem in der Arbeitswelt erfahrbar. Die viel beschworene „Erosion des Normalarbeitsverhältnisses" kennzeichnet angesichts zunehmend entgrenzter Arbeit und hochflexibler, „grenzenloser" Unternehmen weite Teile des aktuellen Arbeitsmarktes. Sie drückt sich in einer wachsenden Heterogenität von

Beschäftigungsformen und einer Entstandardisierung der Erwerbsbiografien aus. Die ehemals festen Koordinaten des deutschen Produktions- und Dienstleistungsregimes sind in Auflösung begriffen. Das teils noch fest gefügte System, in der Betriebsstätte, Belegschaft, Arbeitszeit und Arbeitsprozess noch in genau definierten Grenzen lagen, verliert an Bedeutung. Wenn die institutionellen Rahmenbedingungen immer weniger Kontinuität und Sicherheit garantieren, rückt die Frage ins Zentrum, was das für die Subjekte bedeutet.

In den Sozialwissenschaften hat sich eine lebendige und teilweise kontroverse Debatte um eine theoretische Erfassung der Individualisierungsprozesse und -folgen entwickelt. Thematisiert wird vor allem die Subjekt-Struktur-Schnittstelle. Die industrielle Moderne hat für die Integration der Subjekte in gesellschaftliche Strukturen spezifische Grundmuster ausgebildet, die eine epochenspezifische Passung von sozialstrukturellen Anforderungen und individuell-biographischen Formen der Lebensführung und Identitätsentwicklung ermöglicht haben. Erwerbsbezogene Normalbiographien, geschlechtsspezifische Formen der Arbeitsteilung, soziale Sicherungssysteme oder Vergemeinschaftungszusammenhänge haben in der industriellen Moderne Lebensformen ermöglicht, die zumindest die normative Erwartung einer dauerhaften Subjekt-Struktur-Synchronisation begründet haben. Sie haben den Status von Basisprämissen gesellschaftlicher Reproduktion angenommen. Subjektspezifische soziale Integrationsleistungen – die sich in den Grundgefühlen von Vertrauen, Sicherheit, Zugehörigkeit und Kontinuität äußern – schienen über diese Grundmuster industriegesellschaftlicher Lebensformen garantiert.

Die theoretische Figur der „Zweiten Moderne" bzw. reflexiven Modernisierung ist von der Annahme eines durchgängigen Prozesses der Individualisierung geprägt, der vor allem in Bezug auf die genannte Subjekt-Struktur-Synchronisation zu nachhaltigen Veränderungen führt. Die gesellschaftlichen Passungsangebote verlieren an Prägekraft für individuelle Biographien und die alltägliche Lebensführung. Subjekte werden mit der wachsenden Notwendigkeit konfrontiert, für die eigene Lebensorganisation bedürfnisgerechte Muster selbstständig zu entwickeln. Auf die bislang als gültig betrachteten „Normalformtypisierungen" als regulierende Prinzipien für die private und berufliche Lebenswelt ist kein Verlass mehr. Vorstellungen von Lebenssicherheit, von eindeutiger und fester sozialer Verortung, von innerfamiliärer Arbeitsteilung oder von der identitätsstiftenden Qualität der Erwerbsarbeit werden in Zweifel gezogen.

Individualisierung wird als „Vergesellschaftungsmodus" thematisiert, der sich in seinem Deutungsmuster offensichtlich immer mehr in den Subjekten verortet hat und „Selbstkontrolle, Selbstverantwortung und Selbststeuerung akzentuiert" (Wohlrab-Sahr 1997, S.28). Diese Konstrukte lassen sich durchaus als befreiende Dynamik individueller Lebensführung darstellen, aber sie haben zugleich die Konnotation der Verpflichtung zu Selbstverantwortung und sozialer Kontrolle. Manche Rezipienten haben die frühen Produkte vor allem von Ulrich Beck (1986) als „emphatische Individualisierung" gelesen und sind durch manche Formulierung über die „Kinder der Freiheit" dazu auch ermuntert worden; aber auch die ersten Theoriebausteine haben nie die Ambivalenzen oder auch die neuen Zwänge ausgespart. Seitdem der Begriff der Individualisierung Gegenstand der Theoriedebatten geworden ist, werden vermehrt die Folgen dieses Prozesses für Individuum und Gesellschaft kontrovers diskutiert. Dabei ist es durchaus bedeutsam, dass eine allein positive Konnotation des Begriffes, die nur auf die erfreulichen, weil befreienden Effekte des Freisetzungsprozesses aus überkommenen Bindungen und aus bis dato unhinterfragbaren Verpflichtungen, im strengen Sinne nicht vorliegt. Denn noch die eifrigsten Vertreter einer positiven Lesart weisen auf die Ambivalenzen des Individualisierungsprozesses für das einzelne Subjekt hin. Demgegenüber betonen die Vertreter einer negativen Lesart in erster Linie eine Verfallsperspektive im Hinblick auf das Verschwinden bisheriger sozialer Bindungen und bewegen sich letzten Endes in der Durkheimschen Tradition der Diagnose gesellschaftlicher Anomie. Demgegenüber ist die von Beck vertretene Lesart eine, welche die Ambivalenzen, Nebenfolgen und Brüche des Individualisierungsprozesses in den Mittelpunkt stellt. Von „ganz normal chaotischer Individualisierung" (Beck 2007, S.582) ist dabei u.a. in Anlehnung an andere Zusammenhänge die Rede.

Der Blick auf die Folgen für das einzelne Individuum und seine sozialen Zusammenhänge bedeutet indes nicht, dass die gesellschaftliche Seite der Individualisierung ausgeblendet wird, denn Individualisierung ist zuvorderst ein gesellschaftlicher Prozess, d. h. er wird institutionell unterstützt, vorangetrieben und gefördert. Die Autonomie des Individuums als Ergebnis und Anforderung des Individualisierungsprozesses ist also auch vor diesem Hintergrund zu betrachten. Genauer, die Autonomiebehauptung des Subjekts steht in unmittelbarem Zusammenhang mit der Autonomiezuschreibung und -erwartung durch gesellschaftliche Institutionen. In dem Maße, wie dies der Fall ist, können wir von einer *institutionalisierten Individualisierung* sprechen.

Es kommt weniger auf das Autonomiebedürfnis der Subjekte an, das man durchaus unterstellen darf, nein: Autonomie wird ihnen abverlangt, aufoktroyiert, abgefordert. Nicht immer, nicht überall, aber grundsätzlich haben viele Institutionen die Erwartung an die Subjekte, sich als individualisiertes Individuum zu definieren. Und natürlich ist dieses normative Programm auch schon in die Selbstbeschreibung der Subjekte integriert. Fest steht: Das Programm der Individualisierung ist zur affirmativen Selbstbeschreibung der Individuen geworden, zur Erklärungsformel des eigenen Soseins.

Im Arbeitsbereich finden wir die Figur des *„unternehmerischen Selbst"* (Bröckling 2007) als Ziel institutioneller Individualisierung mit der Doppelbotschaft von Autonomie und Kontrolle und der möglichen Konsequenz eines ermüdeten Selbst: *Entwickle ein unternehmerisches Selbst und weise mir das nach!* Im Arbeitskontext fällt uns aus der Perspektive sozialer Verortung auf, dass es hier nicht nur zu einer Verunklarung der Außen- sondern auch der Binnengrenzen kommt. Der hierarchische Aufbau, der in einem ersten Schritt möglicherweise durch eine Matrixstruktur überlagert wurde, wird nun zusätzlich unter einer Netzwerkperspektive betrachtet. Soziale Netze der Mitarbeiter werden aus der halbprivaten Sphäre geholt, Networking wird verbindlich und Teil der Beurteilung.

Neue Arbeits- und Steuerungsformen setzen sich durch und verlangen neue Kompetenzen der Personen. Freelancer, diskontinuierlich Beschäftigte, Alleinunternehmer/innen benötigen dieses unternehmerische Selbst. Hans Pongratz und Günter Voß (2003) beobachten den Zwang zum unternehmerischen Umgang mit sich für die Sphäre der Erwerbsarbeit im Allgemeinen. Sie sehen den *„Arbeitskraftunternehmer"* als neuen Leittypus der Erwerbsarbeit – passend zu Flexibilisierungs- und Entgrenzungsprozessen in allen Lebensbereichen. Die

Erwerbssphäre, der Betrieb waren lange durch vielfältige institutionelle Regelungen gegen Individualisierungsprozesse gefeit – sie haben das Selbst, wie es Fritz Böhle in seinem Beitrag zu diesem Buch zeigt, nicht durch die Tore eingelassen. Im Zuge von Globalisierung, weltweitem Wettbewerb und Deregulierung, haben sich neue Steuerungsformen durchgesetzt.

Noch ist die Reichweite dieser Entgrenzungs- und Individualisierungprozesse nicht absehbar. Qualifizierte Tätigkeitsbereiche geraten aber immer mehr in den Sog von Selbstmanagement, Selbststeuerung, Selbstkontrolle u.ä. Die Deutung der durchgängigen Individualisierungsprozesse ist notwendigerweise in seinen widersprüchlichen Folgen für die Subjekte zu thematisieren. Das hat Jürgen Habermas (1998, S.126 f.) als „zweideutige Erfahrung" benannt: „die Desintegration haltgebender, im Rückblick autoritärer Abhängigkeiten, die Freisetzung aus gleichermaßen orientierenden und schützenden wie präjuduzierenden und gefangen nehmenden Verhältnissen. Kurzum, die Entbindung aus einer stärker integrierten Lebenswelt entlässt die Einzelnen in die Ambivalenz wachsender Optionsspielräume."

Zunehmend richtet sich die Aufmerksamkeit der sozialwissenschaftlichen Zeitdiagnose auf die problematischen Folgen der Individualisierungsprozesse im Kontext der kapitalistischen Globalisierung (vgl. Jensen & Westenholz 2004). So kann man bei Richard Sennett (2005) lesen:

„Ich behaupte, dass diese Veränderungen den Menschen keine Freiheit gebracht haben. Warum? Weil die Menschen äußerst besorgt und beunruhigt sind im Hinblick auf ihr Schicksal unter den Bedingungen des „Wandels". Was ihnen fehlt, ist ein mentaler und emotionaler Anker. Nachdem sich der alte soziale Kapitalismus aufgelöst hat, erzeugen die neuen Institutionen nur ein geringes Maß an Loyalität und Vertrauen, dafür aber ein hohes Maß an Angst vor Nutzlosigkeit."

Die Anforderungen der veränderten und globalisierten (Arbeits-) welt bleiben nicht ohne Folgen für die Gesundheit der Personen. Klassische Gefährdungen und Risiken wie etwa Unfälle oder körperlich schwere Arbeiten verlieren Bedeutung. Psychische Belastungen und Erkrankungen – oft stressbedingt – sind dagegen auf dem Vormarsch. So hat beispielsweise die Zahl der Arbeitsunfähigkeitstage aufgrund psychischer Erkrankungen (Depressionen, Neurosen etc.) in den letzten zehn Jahren in Deutschland um rund 40% zugenommen. Alain Ehrenberg spricht von dem *„erschöpften Selbst"*, der Depression als der typischen Krankheit unserer Zeit. „Die Depression ... ist die Krankheit einer Gesellschaft, deren Verhaltensnorm nicht mehr auf Schuld und Disziplin gründet, sondern auf Verantwortung und Initiative" (Ehrenberg 2004).

Burnout – früher symptomatisch für helfende und pflegende Berufe, für Erwerbstätige, die Gefühlsarbeit leisten – ist in viele Arbeitsbereiche vorgedrungen: der IT- und Kommunikationssektor ist überproportional betroffen. Lehrkräfte, Unternehmensberaterinnen und Unternehmensberater, Telefonistinnen und Telefonisten, Mitarbeiterinnen und Mitarbeiter in Call-Centern, alle diese Sektoren tauchen heute in Statistiken auf, in denen es um Arbeitsunfähigkeitstage aufgrund psychischer Erkrankungen und Störungen, aufgrund von Erschöpfung geht.

Die Organisationsform der Arbeit, die Steuerungsformen, aber auch Fragen, ob der Arbeitsplatz gesichert ist, ob die Aufträge fließen, spielen für das Auftreten von Erschöpfungssymptomen eine große Rolle. Aber welche Rolle spielt der Arbeitsinhalt? Kann Arbeit mit, am und für den Computer Erschöpfungszustände begünstigen? Das amerikanische Psychologenteam Gary Small und Gigi Vorgan (2008) hat in einer Studie Belege dafür gefunden, dass der Computer nicht nur soziale Kompetenzen beeinflusst, sondern das Gehirn neurologisch verändert. Frank Schirrmacher (2009) sieht das Netz an sich, den täglichen Umgang mit Information und Informationstechnologie als Ursache für Erschöpfung.

Die skizzierten Entwicklungen wirken zunächst sehr hoffnungslos. Globalisierung, Individualisierung, Computerisierung – gibt es ein Entrinnen? Gibt es Strategien, die gesund erhalten, den gesellschaftlichen, technischen und wirtschaftlichen Entwicklungsprozessen zum Trotz?

Der Medizinsoziologe Aaron Antonovsky (1997) bietet mit dem salutogenetischen Modell einen Ansatz für die Frage, was Menschen trotz widriger Lebensumstände, trotz Risiken und Belastungen gesund erhält. Antonovsky fragt nach den Ressourcen, auf die Personen zugreifen können, um mit diesen belastenden Alltagserfahrungen umgehen zu können. Eine zentrale Widerstandsressource ist der Kohärenzsinn. Als Kohärenzsinn wird ein positives Bild der eigenen Handlungsfähigkeit verstanden, die von dem Gefühl der Bewältigbarkeit von externen und internen Lebensbedingungen, der Gewissheit der Selbststeuerungsfähigkeit und der Gestaltbarkeit der Lebensbedingungen getragen ist. Der Kohärenzsinn ist durch das Bestreben charakterisiert, den Lebensbedingungen einen subjektiven Sinn zu geben und sie mit den eigenen Wünschen und Bedürfnissen in Einklang bringen zu können. Das Kohärenzgefühl repräsentiert auf der Subjektebene die Erfahrung, eine Passung zwischen der inneren und äußeren Realität geschafft zu haben. Umso weniger es gelingt, für sich Lebenssinn zu konstruieren, desto weniger besteht die Möglichkeit sich für oder gegen etwas zu engagieren und Ressourcen zur Realisierung spezifischer Ziele zu mobilisieren.

Zu einer Gesundheitsförderung gehört damit die Förderung der Widerstandsressourcen, im Sinne der WHO-Definition von Gesundheit die Schaffung einer Lebenswelt, in der Individuen an Handlungsfähigkeit gewinnen können, in die Lage versetzt werden, mit Stressoren, mit erschöpfenden Lebensbedingungen umgehen zu können. Wer aber ist verantwortlich für die Förderung solcher Lebensbedingungen?

Eine klassische Präventionsagentur der „alten" Arbeitswelt ist der Betrieb. Betriebliche Prävention, betriebliches Gesundheitsmanagement richten sich an die Stammbelegschaft. Mit zunehmender Flexibilisierung und zunehmender Unsicherheit der Beschäftigungsverhältnisse wird betriebliche Gesundheitsvorsorge zunehmend randständig. Wird Prävention für diskontinuierlich Beschäftigte somit zu einem individuellen Projekt, geht es neben Selbstmanagement, Selbstorganisation und Selbstrationalisierung nun auch noch um Selbstprävention?

Selbstverantwortung ist natürlich eine zentrale Forderung. Diese aber will gelernt sein und damit benötigen erschöpfte Subjekte unterstützende Strukturen und hilfreiche Partner für die anspruchsvolle Aufgabe, in einer zunehmend unübersichtlichen Welt den Überblick zu behalten.

Der vorliegende Band beschäftigt sich mit den oben skizzierten zentralen Fragen. Ein Kernstück für die Diskussion sind die Ergebnisse des Projektes pragdis – einem Kooperationsprojekt der TU Dortmund mit der LMU München. Pragdis will für die Zielgruppe der diskontinuierlich Beschäftigten in der IT-und Medienbranche Strategien und Instrumente des präventiven Arbeits- und Gesundheitsschutzes im Spannungsfeld zwischen betrieblichen Unterstützungsmöglichkeiten und individueller Verantwortung entwickeln. Auf der Basis von qualitativen und quantitativen Erhebungen werden die gesundheitlichen Belastungen, die individuellen Ressourcen und Präventionsstrategien der diskontinuierlich Beschäftigten analysiert. Ergänzt wird diese Betrachtung durch Befragungen bei Unternehmen. Im Fokus steht dabei die Frage, ob es branchentypische, IT-spezifische Belastungsfaktoren gibt und/oder ob die Beschäftigungsform (Alleinselbstständige, diskontinuierlich Beschäftigte, Jobhopper, Cappuccinoworker) die Belastungen mit sich bringt.

Ziel des Projektes Pragdis ist, auf der Basis dieser Erhebungen spezifische Präventionsstrategien zu entwickeln und zu erproben, die sich an die Zielgruppe der diskontinuierlich beschäftigten Wissensarbeiter/innen richten, Verbündete für die Umsetzung durch Nutzung bzw. Etablierung von überbetrieblichen Präventionsnetzwerken zu gewinnen und dabei an der Lebenswelt und der Lebensführung der Zielgruppe anzusetzen. Pragdis wird gefördert vom Bundesministerium für Bildung und Forschung und dem Europäischen Sozialfonds.

Grundlage für diesen Band sind die Beiträge einer Tagung in München, bei der die pragdis-Forscherinnen und -Forscher ihre Ergebnisse mit der scientific community diskutierten. Mit der Tagung in München waren zwei Ziele verbunden: Zum einen ging es um eine erste Bilanz der quantitativen und qualitativen Forschungsergebnisse im Projekt pragdis und deren Verortung in der arbeitswissenschaftlichen, arbeitssoziologischen und sozialpsychologischen Forschung. Zum anderen ging es um erste Überlegungen zu daraus abgeleiteten Präventionsstrategien. Diese Einbettung skizziert *Volker Schütte* als Vertreter des Projektträgers DLR in einer kurzen Vignette.

Hartmut Neuendorff und Rüdiger Klatt führen in das Projekt pragdis und seine Einbettung in die Forschungslandschaft ein und erläutern die Vernetzung von pragdis im Förderschwerpunkt „Arbeiten – Lernen – Kompetenzen entwickeln. Innovationsfähigkeit in einer modernen Arbeitswelt" des BMBF.

Heiner Keupp sieht im gesellschaftlichen Strukturwandel der Globalisierung, in der „entfesselten Welt" wie es Giddens beschreibt, die Grundlage für eine Erschöpfung als gesellschaftlichem Phänomen und plädiert für eine nachhaltige Selbstsorge, einen bedachtsamen Umgang mit den je eigenen Ressourcen und eine neue Selbstbestimmung. Die Daten der BKK zu psychischen Erkrankungen und Belastungen von Versicherten, zusammengefasst und erläutert von *Erika Zoike*, bestätigen die Befunde von pragdis auf eindrückliche Weise.

Fritz Böhle vertritt die These von einem grundlegenden Strukturwandel der Arbeitswelt. Ausgehend von einem Rückblick auf die historische Entwicklung schildert er den Prozess der Subjektivierung von Arbeit über Selbstorganisation, Selbstmanagement bis hin zur Selbstkontrolle. Als Auslöser für Belastungen können nicht länger eindimensionale Ursache-Wirkungsfaktoren identifiziert werden, Stress und psychische Belastungen entstehen vielmehr aus Belastungskonstellationen.

Erfahrungen mit Erschöpfung und Belastungskonstellationen schildern *Wolfgang Dunkel, Nick Kratzer* und *Wolfgang Menz* anhand der Ergebnisse des Projektes pargema, das sich mit (psychischen) Gesundheitsgefährdungen im Zusammenhang mit neuen Organisations- und Steuerungsformen beschäftigt und Konzepte dagegen entwickelt. Partizipatives Gesundheitsmanagement wird zusammen mit den Unternehmen, Betriebsräten, Arbeits- und Gesundheitsschutzexperten und Beschäftigten konzipiert und in ausgewählten Betrieben implementiert.

Die Ergebnisse der qualitativen und quantitativen Forschungsteile in Pragdis stehen im Kern dieses Tagungsbandes. *Dagmar Siebecke* kommt zu dem Schluss, dass diskontinuierliche Arbeit mehr Stress mit sich bringt, aber dass die Freiheitsgrade in Kombination mit als ausreichend erlebter Gratifikation auch zu positiver Leistungsorientierung führen.

Helga Dill und Florian Straus zeigen die Ambivalenzen diskontinuierlicher Arbeitsformen auf. Eine als sinnvoll erlebte Arbeit kompensiert hohen Zeit- und Ergebnisdruck. Während selbstgewählte Diskontinuität als nicht-entfremdete Arbeit positiv erlebt wird, kann erzwungen Diskontinuität, etwa aus der Arbeitslosigkeit heraus zu tiefer Erschöpfung führen.

Guido Becke beleuchtet die Entwicklung der Gesundheitsförderung inner- und überbetrieblich. Neue Arbeitsformen – so seine These – sind mit Konzepten betrieblicher Prävention nicht mehr in den Griff zu bekommen. Gesundheitsförderung muss sich netzförmig organisieren, sich stärker auf lokale Unternehmen beziehen.

Entsprechend sieht *Kurt-Georg Ciesinger* langfristige Präventionsstrategien für diskontinuierlich Beschäftigte in einer Kombination aus individueller und individuumsbegleitender Unterstützung. Neue Anreizsysteme müssen geschaffen werden, die nicht mehr beim Betrieb, sondern beim Beschäftigten platziert werden. Regionale Präventionsagenturen könnten flexibel beraten, unterstützen und Ressourcen bereit halten.

Unser Dank gilt allen Autorinnen und Autoren, die mit ihren Beiträgen in diesem Band zu einer Diskussion über Gesundheit in der neuen Arbeitswelt einladen. Besonders bedanken wir uns bei Martin Schmidt, der mit viel Engagement an der Realisierung dieses Buchprojektes beteiligt war.

LITERATUR

Antonovsky, A. (1997): Salutogenese. Zur Entmystifizierung der Gesundheit. Tübingen: DGVT.

Beck, U. (1986): Risikogesellschaft. Auf dem Weg in eine andere Moderne. Frankfurt: Suhrkamp.

Beck, U. (2007): Tragische Individualisierung. Blätter für deutsche und internationale Politik, Nr. 5, Bonn, S.577-584.

Bröckling, U. (2007): Das unternehmerische Selbst: Soziologie einer Subjektivierungsform. Frankfurt: Suhrkamp.

Ehrenberg, A. (2008): Das erschöpfte Selbst. Depression und Gesellschaft in der Gegenwart. Frankfurt: Suhrkamp.

Habermas, J. (1998): Die postnationale Konstellation. Frankfurt: Suhrkamp.

Jensen, T.E. / Westenholz, A. (Hrsg.) (2004): Identity in the age of the new economy. Life in temporary and scattered work practices. Cheltenham: Edward Elgar.

Marx, K. / Engels, F. (1966): Manifest der Kommunistischen Partei. In: dies.: Ausgewählte Schriften. Band I, S.17-57. Berlin (DDR): Dietz.

Pongratz, H.J. / Voß, G.G. (2003): Arbeitskraftunternehmer: Erwerbsorientierungen in entgrenzten Arbeitsformen. Berlin: edition sigma.

Sennett, R. (2005): Die Angst überflüssig zu sein. In: DIE ZEIT vom 19. Mai 2005.

Schirrmacher, F. (2009): Payback: Warum wir im Informationszeitalter gezwungen sind zu tun, was wir nicht tun wollen, und wie wir die Kontrolle über unser Denken zurückgewinnen. München: Karl Blessing.

Small, G. / Vorgan, G. (2008): iBrain: Surviving the Technological Alteration of the Modern Mind. New York: William Morris.

Wohlrab-Sahr, M. (1997): Individualisierung: Differenzierungsprozess und Zurechnungsmodus. In: Beck, U. / Soop, P. (Hrsg.): Individualisierung und Integration. Opladen: Leske + Budrich, S.23-36.

Unterstützung für Wissensarbeiter

Geleitwort

VOLKER SCHÜTTE

Mit der vorliegenden Publikation wird die vom Projekt pragdis am 15. und 16. Januar 2009 in München zum Thema „Das erschöpfte Selbst" durchgeführte Tagung dokumentiert. Und in der Tat ist es lohnenswert, die dort präsentierten Beiträge noch einmal nachzulesen. Die Veranstaltung, die in den Räumen der Carl-Friedrich-von-Siemens-Stiftung auf dem Areal von Schloss Nymphenburg stattfand, war die zweite in einer Reihe – nach dem Kick-Off-Treffen „auf Schalke" (nie war der Name für ein Auftakttreffen so passend) im Frühjahr 2008. Nicht nur zu diesen *locations*, sondern vor allem zur Wahl des Themas kann man das pragdis-Team nur beglückwünschen: die arbeitsbedingte Depression – wie die psychischen Belastungen und Beanspruchungen in der Wissensökonomie insgesamt – sind aktueller denn je.

„Das erschöpfte Selbst" als Titel für die Tagung zu wählen, trifft dabei den Kern. Denn für den französischen Autor Alain Ehrenberg ist die Depression die Krankheit der Freiheit. Sie sei die Schattenseite der Emanzipation von den Zwängen des 19. und des frühen 20. Jahrhunderts, der Preis für den Übergang aus der hierarchischen in die moderne Gesellschaft, in der es nicht mehr um Anpassung und Unterordnung gehe, sondern nunmehr um Individualität und Eigeninitiative. Durch diese kulturelle Veränderung erscheine auch das seelische Leiden in neuer Form: Der moderne Mensch sei nicht mehr durch Beschränkungen bedroht, sondern durch die Möglichkeiten, die ihm zur Selbstverwirklichung offen stünden, die ihn aber oft genug überforderten. Damit wird im Übrigen auch die Philosophie des Existentialismus in ihrer Zusammenschau von Freiheit und Verantwortung bestätigt, das „Lastbewußtsein" (Ingeborg Bachmann) – ein grassierender Risikofaktor.

Die Instrumentalisierung des Selbst in der Arbeitswelt kann dabei das Ausmaß pervertierter Autonomievorstellungen in Form einer „bewussten Gefährdung der eigenen Gesundheit" (Cogito/Verbundprojekt PARGEMA) und unter Inkaufnahme von Erholungsunfähigkeit erreichen. Obwohl methodische Bedenken ihre Berechtigung haben, belegen Statistiken die Zunahme der psychischen Erkrankungen innerhalb (aber auch außerhalb!) des Berufslebens (siehe die Beiträge von Zoike und Keupp in diesem Band) eindeutig.

Die Belastungen durch und in der Wissensarbeit sind dabei zunächst einmal die klassischen jeder geistigen Arbeit. Ein Beispiel ist die Konzentrationsfähigkeit, die aktuell durch das vermeintlich verlangte Multitasking gefährdet ist; zu letzterem ist das Gehirn aber gar nicht in der Lage, nach neueren Erkenntnissen auch das weibliche nicht. Ein weiteres Exempel ist die allenthalben geforderte Mobilität, die zuweilen fast an eine Generalmobilmachung denken lässt, bei der heute allerdings mit dem Laptop „in den Kampf gezogen" wird. Der Job findet nun zuhause statt, beim Kunden, unterwegs auf Straße oder Schiene, immer weniger im Büro. Belastungen durch Dienstreisen hat es auch früher schon gegeben („Tod eines Handlungsreisenden"), diese haben sich aber aufgrund der immer durchlässigeren Grenze zwischen Arbeit und Freizeit potenziert und durch die heutige technische Instrumentierung eine neue Qualität erhalten.

Nun ist aber nicht jeder seines Glückes Schmied: gerade die Wissensarbeiter brauchen Unterstützung durch einschlägige Forschungs- und Entwicklungsprojekte, um gleichermaßen innovativ und gesund bleiben zu können. Deshalb hat das Bundesministerium für Bildung und Forschung (BMBF) die Förderbekanntmachung „Innovationsstrategien jenseits traditionellen Managements" ausgeschrieben, in deren Rahmen das veranstaltende Projekt gefördert und damit auch die in Rede stehende Tagung durchgeführt worden ist.

Prävention in der Wissensökonomie – eine neue Herausforderung für die Arbeitsforschung

Rüdiger Klatt, Hartmut Neuendorff

1. Ausgangslage

Zu Beginn des 21. Jahrhunderts ist „Wissensarbeit" zur dominanten Gestalt moderner Ökonomien geworden. Schätzungen, z.b. der Bundesanstalt für Arbeitsschutz und Arbeitsmedizin (BAuA), gehen davon aus, dass bereits heute 70 - 80% aller Beschäftigten und Selbstständigen „Wissensarbeiter" sind. Die Dominanz von Wissensarbeit gilt branchenübergreifend und (nahezu) unabhängig vom Qualifikationsniveau der Beschäftigten. Kaufleute und technische Assistenten, Ingenieure und Mediendienstleister, Informatiker und Verwaltungsangestellte vereinen heute Arbeitsanforderungen und -bedingungen, die sich signifikant von denen früherer, industriell oder handwerklich geprägter Ökonomien unterscheiden. Tätigkeitsmerkmale dieses modernen Arbeitstypus sind:

1. Die weitgehende Entlastung von körperlicher Arbeit zugunsten zumeist informationstechnisch unterstützter Wissensproduktion, Wissensverwertung, -verteilung und -vermittlung: Wissensarbeit heute ist entweder Arbeit vor dem Bildschirm oder Kommunikationsarbeit. Industrielle Arbeit verliert an Bedeutung.

2. Die tendenzielle Umstellung von Fremdbestimmung auf Selbstorganisation in der Arbeit und somit das Ende von Fordismus und Taylorismus. Das bedeutet eine Abkehr von hierarchisch strukturierter Organisation hin zu Teamarbeit. Ergebnisverantwortung und Zeitmanagement werden graduell dem Einzelnen oder Teams überantwortet. Die Arbeit wird projektförmig organisiert. Damit steigen auch die Handlungsspielräume und das Maß an Selbstregulation in der Arbeit – bis hin zur vollständigen Verselbstständigung des abhängig Beschäftigten zu einem „Arbeitskraftunternehmer". Die Grenzen von Arbeit und Freizeit können verschwimmen, weil viele Beschäftigte selbst definieren, wann und wo sie arbeiten wollen.

3. Eng damit verbunden ist eine nachhaltige Mobilisierung und Flexibilisierung der Beschäftigten. Die Arbeitnehmer werden in Bezug auf Arbeitsorte, Tätigkeiten, Laufbahnen/Karriereverläufe, betriebliche Anbindung aus bisher festen, vorhersehbaren Strukturen gelöst und arbeiten auch beim Kunden, auch zu Hause, auch am Wochenende und auch in wechselnden Arbeitsverhältnissen bzw. als Freelancer. Eine der unmittelbaren Folgen dieser Entwicklung ist die Anforderung der lebenslangen Lernfähigkeit der Beschäftigten und die zunehmende Diskontinuität der Beschäftigung im Erwerbsverlauf. Und übrigens auch: die Zunahme langer Wegstrecken im Auto oder im öffentlichen Personennahverkehr.

Diese Ausgangslage des präventiven Arbeits- und Gesundheitsschutzes für die relativ große Gruppe Erwerbstätiger ist vielfach beschrieben worden. Nach wie vor finden sich in der Arbeitsforschung überwiegend kritische Urteile über den neuen „Arbeitskraftunternehmer" (Pongratz/Voß) oder den „flexiblen Menschen" und die „Kultur des neuen Kapitalismus". Diagnostiziert wird auch eine „normative Subjektivierung" (Baethge) der Beschäftigten, um nur drei der prominenteren Schlagworte der arbeitssoziologischen Debatte aufzunehmen. Diese sicher in Teilen bedenkenswerte kritische Diskussion sollte aber nicht vergessen machen, dass mit Wissensarbeit als dominanter Form abhängiger und selbstständiger Tätigkeit im hier – sicher idealtypisch

– formulierten Sinne ein historisch bislang nicht gekanntes Maß an Selbstbestimmung, Tätigkeitsvielfalt, Lernorientierung und Verantwortung sowie eine eher gesundheitsförderliche Arbeitsumgebung bei einem großen Teil der Beschäftigten erreicht wurde.

2. KONSEQUENZEN FÜR ARBEITSBEDINGUNGEN UND ARBEITSBELASTUNGEN – DREI DILEMMATA

Diese Ausgangslage induziert in Bezug auf mögliche gesundheitliche Gefährdungen der Wissensarbeiter drei Paradoxien, die sich aus der körperlichen Entlastung, der Steigerung des Selbstorganisationsgrades und der Mobilisierung der Beschäftigten ergeben.

a) Körperliche Entlastung
Langes Stehen, schweres Heben und Tragen gehören an wissensintensiven Arbeitsplätzen ebenso der Vergangenheit an wie umgebungsbedingte Einflüsse (z.B. Lärm oder Schadstoffe). Paradoxerweise führen die neuen Arbeitsformen gerade durch die körperlichen Entlastungen zu einem neuen Typus physischer Schädigung: nämlich zu einer aus Mangel an (richtiger) Bewegung resultierenden Schädigung des Muskel-Skelett-Apparates sowie des Herz-Kreislaufsystems.

Der Körper ist auf das nahezu völlige Fehlen von körperlicher „Belastung" evolutionär nicht programmiert. Eine Reduzierung der Belastung durch die fast ausschließlich sitzende Tätigkeit auf nahezu Null ist für die Physis ein genau so großes Problem wie das Gegenteil. Langes Sitzen schadet ebenso wie langes Stehen, schweres Heben und Tragen schadet der Gesundheit genauso wie der völlige Verzicht auf Heben und Tragen. Verlust an Muskelkraft, eine langfristige Erhöhung des Körperfettanteiles mit allen daraus abgeleiteten gesundheitlichen Problemen sind in der Wissensarbeit die Folge. Vor allem die mittel- und langfristigen physischen Risiken dieser vermeintlich „belastungsarmen" Arbeitsplätze werden per definitionem aus dem Verantwortungsbereich der Berufsgenossenschaften und davon abgeleitet auch dem der Unternehmen mehr oder weniger ausgeschlossen und dem individuellen Verhalten zugerechnet. Die Folgen langer Bewegungsarmut können gravierend sein. Unmittelbar schränken sie die individuelle Leistungsfähigkeit durch Müdigkeit, Kopfschmerzen, Konzentrationsstörungen usw. ein. Mittelbar entstehen arbeitsbedingte Gesundheitsprobleme wie Adipositas, Diabetes und Herz-Kreislauferkrankungen. Heute ist jeder Einzelne darauf verwiesen, in seiner Freizeit durch gezielte körperliche „Belastungen" im Sportverein oder im Fitness-Studio die Folgen dieser ungesunden Arbeitsform zu kompensieren. In der Arbeit gibt es oft weder verpflichtende noch freiwillige Angebote zur Erhaltung der physischen Leistungsfähigkeit. Selbst die Fortsetzung des ungesunden Verhaltens in der Freizeit, etwa durch „Bildschirm-Arbeit" vor dem heimischen Computer, wird seitens des Arbeitgebers eher positiv bewertet. Man stärkt ja damit auch seine Informations- und Medienkompetenz.

b) Selbstorganisation

Besonders in kleineren und mittleren Unternehmen der Wissensökonomie und besonders bei den gut qualifizierten Fachkräften treten monotone und fremdbestimmte Arbeiten in den Hintergrund. Die Arbeitsanforderungen sind transparent, die Handlungsspielräume groß und der Sinn der Arbeit im Gesamtprozess ist erkennbar. Die Folge ist ein hoher Arbeitseinsatz der Beschäftigten, der oft in der Freizeit noch fortgesetzt wird. Bei gleichzeitig hoher Arbeitszufriedenheit sind das nahezu ideale Bedingungen für die Erhaltung der Gesundheit aus Sicht einer salutogenetisch orientierten Gesundheitsforschung[1]. Aber auch in dieser Entwicklungstendenz moderner Arbeitsorganisation lässt sich eine merkwürdige Paradoxie entdecken: Autonomiespielräume und Selbstorganisation in überwiegend als sinnhaft erlebter Arbeit kreieren unmittelbar ein hohes Leistungsvermögen trotz erheblicher Belastung durch Zeitknappheit und Ergebnisverantwortung. Der Umschlag in negative Stressbelastung ist fließend und kaum objektiv messbar. Burnout, Verlust der Work-Life-Balance, Isolation und Überforderung sind die Folgen. Um diesem Sachverhalt gerecht zu werden, hat die Forschung zwei Stress-Begriffe kreiert, die beide aus identischen Belastungssituationen resultieren können: Dis- und Eu-

---

1 Ergebnisse des Projektes PRAGWA – Prävention und betriebliche Gesundheitsförderung für Beschäftigte in der IT-/Softwarebranche, einem Vorläuferprojekt von pragdis.
http://www.praeventionskompetenz.de/index.html

Stress. Die Grenzen zwischen beiden werden durch die subjektive Wahrnehmung definiert und sind abhängig von den eigenen Ressourcen im Umgang mit Stress. Die Folge sind psycho-soziale Erkrankungen in einem bislang nicht gekannten Ausmaß bei einem Teil der beschäftigten Wissensarbeiter, während ein anderer Teil mit nahezu identischen Belastungen gut zurecht kommt. Eine weitere Nebenwirkung selbstorganisierter Arbeit ist die zunehmende Verquickung von Arbeits- und Lebensstil. Wer sich in der Freizeit gesundheitlich gefährdet, z.B. durch Rauchen, Trinken, Extremsport, Bewegungsmangel und Fehlernährung, der wird sich auch in seiner – relativ autonomen – Arbeitsgestaltung entsprechend riskant verhalten, was selbstverständlich auf Kollegen, Mitarbeiter und die gesamte Unternehmenskultur ausstrahlt.

Das Besondere an der Situation aus Sicht der Gesundheitsförderung: In der Arbeitsgestaltung wird man das Rad nicht zurückdrehen wollen und können und zu fremdbestimmter, tayloristischer, aber – aus Arbeitsschutzsicht – besser kontrollierbarer Arbeit zurückkehren. Durch die Befreiung der Arbeit von Hierarchie und Organisation fehlt nun aber ein in Präventionsfragen ausreichend handlungsmächtiges Management. Widersprüchliche „Doppelbotschaften" (des Unternehmens, des Managements) in Bezug auf Verantwortungszuschreibung und des Verantwortungsentzugs wie – etwas zugespitzt – diese: „Deine Arbeit organisierst du (das Team) selbst, aber um deine Gesundheit kümmert sich das Unternehmen", sind höchst problematisch.

Andererseits kann die Lösung des Problems nicht allein in der Verhaltensprävention und in der Entwicklung der individuellen Gesundheitskompetenz liegen. Es ist eine nach wie vor offene Frage, wie der Einzelne, das Unternehmen und die Institutionen des präventiven Arbeits- und Gesundheitsschutzes mit dieser komplizierten Gefährdungslage umgehen sollen und können, ohne gleich das „Kind mit dem Bade" auszuschütten.

c) Mobilisierung

Ein bedeutender Gefährdungsaspekt moderner Wissensarbeit liegt in der umfassenden Mobilisierung und Flexibilisierung der Beschäftigten begründet. Auch hier stehen die positiven Merkmale moderner Arbeit eigentlich im Vordergrund. Karriere- und kompetenzförderliche Tätigkeits- und Berufswechsel, die Offenheit auch für eine eigene Existenzgründung ist gesellschaftspolitisch erwünscht, ökonomisch angesichts zunehmend globalisierter Märkte und Unternehmen sinnvoll und aus individueller Sicht eher persönlichkeitsförderlich (siehe hierzu NErVUM[2]). Mit den verschiedenen Formen flexibler, diskontinuierlicher und prekärer Beschäftigung korrelieren aber Gesundheitsrisiken, die sich ergeben

- aus der Entwertung des Betriebes als „Ort" des Arbeits- und Gesundheitsschutzes,
- aus kumulativen Risiken des Erwerbsverlaufes,
- aus der Gleichzeitigkeit verschiedener Tätigkeiten oder nebenberuflicher Selbstständigkeit,
- aus dem Verlust an Arbeitsplatzsicherheit,
- und als Nebeneffekt: aus der ansteigenden Mobilität: aus Verkehrsstaus, langen Auto- und Bahnfahrten[3].

In den Schlüsselbranchen der Wissensökonomie gehören die neuen, flexiblen und mobilen Arbeitnehmertypen mit diskontinuierlichen Erwerbsverläufen in gewissem Umfang bereits zur Normalität (Hirschfeld/Huber 2004; Cernavin 2001, S.23; Willke 1998, Bologna 2005).

Der präventive Arbeits- und Gesundheitsschutz ist ebenso wie die soziale Absicherung in Fällen von Erwerbslosigkeit oder -unfähigkeit gerade für Personen mit diskontinuierlichen Erwerbsverläufen häufig nicht ausreichend gewährleistet. Aus der Sicht der Arbeitsforschung gilt, dass die „Erwerbsformen jenseits des Normalarbeitsverhältnisses als Thema für Arbeitsschutz, Prävention und Gesundheitsförderung relativ spät aufgegriffen worden (sind). Interventionskonzepte sind erst ansatzweise vorhanden (...)." (Pröll 2004, S.78)

Aus gesundheitlicher Sicht wird für den Einzelnen die Gestaltung der eigenen Erwerbsbiographie immer mehr zu einem – oft riskanten –

---

2 NErVUM – Neue Erwerbsbiografien in virtuellen Unternehmen der Medienindustrie. Chancen für menschengerechte und beschäftigungswirksame Karrieren, gefördert vom BMBF (2003 – 2006).

3 Die Dienstreise wird zu einer gesundheitlichen (Langzeit-) Belastung sui generis.

Spiel, bei dem insbesondere die gesundheitlichen Risiken von abhängigen und selbstständigen Tätigkeiten, von wechselnden abhängigen Beschäftigungsverhältnissen, von befristeten Jobs, von Zeitarbeits- und Teilzeitarbeitsverhältnissen zu erheblichen Gefährdungen der Arbeits- und Beschäftigungsfähigkeit kumulieren (Pröll 2004, Pröll/Gude 2004, Kuhn/Sommer 2004, Kahlert/Kajatin 2004; Fuchs/Conrads 2003, Kastner u.a. 2001).

Die Gestaltungsspielräume in der Arbeit – und damit auch die Verantwortung für die eigene Gesundheit – wachsen für diese Arbeitnehmergruppe erheblich. Die Verantwortung des Arbeitgebers für Arbeitsschutz und Gesundheitsprävention wird diffuser, der oder die Beschäftigte bzw. selbstständige Arbeitskraftunternehmer/in wird gezwungen, in erhöhtem Umfang Eigenverantwortung für Gesundheit und Prävention zu übernehmen. Insbesondere der präventive Arbeits- und Gesundheitsschutz wird damit für diese Beschäftigtengruppe gleichsam „privatisiert":

- Die Integration in die sozialen Bezüge eines Unternehmens – in kollegiale Strukturen, in Teams und Hierarchien – wird geringer (Deutschmann u.a. 2004; Green 2004; Wilkens 2004: 30ff.; Mickler/Kalkowski 2005).
- Die Kumulation von Belastungen und von Folgeproblemen gesundheitsschädlicher Verhaltensmuster wird für das Unternehmen unsichtbar, denn Freelancer oder Zeitarbeiter verweilen nur sporadisch im Unternehmen.
- Ein Monitoring (z.B. durch regelmäßige Gesundheitschecks) kumulativer gesundheitlicher Belastungen durch die Arbeit kann nicht mehr erfolgen.

Die gesundheitlichen Risiken diskontinuierlicher erwerbsbiographischer Verläufe nehmen also zu. Auf der anderen Seite erhöhen sich auch die gesundheitsbezogenen Gestaltungsspielräume des Einzelnen, die eine eigenständige Steuerung des Präventionsverhaltens, den Erwerb von Gesundheitskompetenz und die lebensbegleitende Prävention innerhalb und außerhalb der Arbeit ermöglichen.

3. ZUM PROJEKT PRAGDIS

Das Verbundvorhaben „pragdis – Präventiver Arbeits- und Gesundheitsschutz in diskontinuierlichen Erwerbsbiographien" beschäftigt sich vor diesem Hintergrund mit den zahlreichen Facetten und Problemen des präventiven Arbeits- und Gesundheitsschutzes in der Wissensarbeit. Besonderes Augenmerk gilt dabei der IT- und Softwarebranche, die nach wie vor als Leitbranche für die Arbeitswelt der Zukunft gilt. Mit fast 400.000 Beschäftigten in vorwiegend kleinen und mittleren Unternehmen ist sie auch eine der Schlüsselbranchen für die Innovationskraft des Wirtschaftsstandortes Deutschland.

Kennzeichnend für die Branche sind ihre extreme Wissensdynamik, der hohe Anteil hochqualifizierter Beschäftigter und ihre hochgradig flexiblen Arbeitsformen. Der Vernetzungsgrad der Unternehmen ist vermutlich höher als in anderen Branchen. Die Entstandardisierung von Beschäftigungsformen und Erwerbsbiographien ebenfalls. Jobnomaden, diffuse Arbeitsorte, verschwimmende Grenzen zwischen Arbeit und Leben und überdehnte, unregelmäßige Arbeitszeiten sowie mobile Arbeit werden in der IT-Branche zur Normalität. Beschäftigungsfähigkeit und Erfolg definieren sich zunehmend über die Bereitschaft und Fähigkeit des Individuums, Verantwortung zu übernehmen und selbst organisiert zu arbeiten, zu einem „Arbeitskraftunternehmer" (Pongratz/Voß) zu werden.

Mit zunehmendem Alter der Branche und der Beschäftigten werden allerdings auch die Gefährdungen für die (langfristige) Beschäftigungsfähigkeit und für die Gesundheit der Wissensarbeiter deutlich erkennbar.

Den Schwerpunkt bilden ohne Zweifel die Folgeprobleme psychischer Belastungen und Beanspruchungen. Zustände der totalen Erschöpfung und Depression werden zu einem Signum der modernen Arbeitswelt.

Eine Studie im Auftrag der Techniker Krankenkasse bestätigt dies:

„Sieben von zehn Berufstätigen, die das Gefühl haben, für ihre Arbeit wenig Anerkennung und Wertschätzung zu erfahren, sind verspannt oder haben Rückenleiden. 54 Prozent fühlen sich stark erschöpft oder sogar ausgebrannt.

(...) Ein insgesamt zu hohes Arbeitspensum führt fast 60 Prozent der betroffenen Arbeitnehmer an den Rand eines Burnouts." (TK-Studie 2009, S.24).

Dieser Befund wird durch die NestO-Studie des Lehrstuhls für Organisationspsychologie an der Universität Dortmund für die Gruppe der Freelancer untermauert. Jeder zweite Freelancer hat laut NestO Schwierigkeiten, nach der Arbeit abzuschalten, jeder vierte ist chronisch erholungsunfähig. Dennoch lässt sich bei fast 90% eine hohe Arbeitszufriedenheit feststellen (Gerlmaier u.a. 2002).

Während die gesundheitlichen Risiken auch und gerade angesichts des demographischen Wandels wachsen, werden zugleich die Grenzen bisheriger Konzepte im Bereich des präventiven Arbeits- und Gesundheitsschutzes offensichtlich. So hilft etwa das „betriebliche" Paradigma des Arbeits- und Gesundheitsschutzes zunächst wenig. Denn mehr und mehr bestimmen Märkte und Kunden die Arbeitsorganisation und Arbeitsbedingungen der Beschäftigten und Freelancer. Und selbstbewusste Beschäftigte lassen sich nur ungern in ihre (eigene und selbstständige) Arbeitsgestaltung hineinregieren. Die doch immer wieder geforderten und erwünschten hohen Freiheitsgrade in der Arbeit werden zu einer Belastung und zu einem Einfallstor für gesundheitsschädliche Arbeitskulturen und Verhaltensstile.

Im Verbundprojekt pragdis wird dabei zum einen ein salutogenetischer Ansatz verfolgt, in dem Gesundheit als ein Prozess (statt als Ziel) verstanden wird (vgl. Antonovsky 1997). Gesundheit kann danach dann erhalten werden, wenn eine Person über die nötigen Ressourcen verfügt, um die Anforderungen bzw. Belastungen, denen sie ausgesetzt ist, erfolgreich zu bewältigen. Zum anderen ist pragdis der Leitidee „guter Arbeitsqualität" verpflichtet, in der es für die Gesunderhaltung und Gesundheitsförderung der Beschäftigten keinen „Königsweg" gibt (vgl. DGB 2008).

Das Projekt pragdis widmet sich einer besondere Zielgruppe mit einer besonderen Perspektive. Pragdis zielt im Kern auf die Gruppe der diskontinuierlich beschäftigten Mitarbeiter/innen in der IT- und Softwarebranche. Denn in der IT-Branche als einer der Schlüsselbranchen innerhalb der Wissensökonomie gehören die neuen Arbeitnehmertypen mit diskontinuierlichen Erwerbsverläufen in gewissen Umfang bereits zur Normalität (Hirschfeld/Huber 2004; Cernavin, 2001, S.23; Willke 1998, Bologna 2005).

Damit sind Beschäftigte gemeint, deren Erwerbsbiographie durch häufige Tätigkeits- und Unternehmenswechsel geprägt sind, also etwa Jobnomaden oder Quereinsteiger. Die Arbeit in flexiblen, virtuellen Strukturen ist bei diesen Beschäftigten genauso selbstverständlich wie der Wechsel der Tätigkeit oder des Unternehmens (vgl. Hoff 2003, Klatt 2004).

Pragdis stellt damit auch die Frage nach der zukünftigen Rolle des Betriebes, des betrieblichen Arbeits- und Gesundheitsschutzes und der betrieblichen Gesundheitsförderung. Müssen wir möglicherweise über betrieblich unabhängige alternative Konzepte und Präventionsstrategien für diese Beschäftigtengruppe, deren betriebliche Anbindung eher gering ist, nachdenken?

Im Zusammenhang damit rücken der Erwerbsverlauf und die langfristigen Folgen spezifischer Arbeitsbelastungen und beanspruchungen in den Vordergrund, die für die bestehenden Institutionen und Strukturen des präventiven Arbeits- und Gesundheitsschutzes weitgehend unbeobachtbar sind.

Festzustellen ist, dass mit den Gestaltungsspielräumen in der Arbeit die Verantwortung für die eigene Gesundheit wachsen wird. Die Verantwortung des Arbeitgebers für Arbeitsschutz und Gesundheitsprävention wird diffuser, der oder die Beschäftigte bzw. selbstständige Arbeitskraftunternehmer/in muss in erhöhtem Umfang Eigenverantwortung für Gesundheit und Prävention übernehmen. Insbesondere der präventive Arbeits- und Gesundheitsschutz wird damit für diese Beschäftigtengruppe gleichsam „privatisiert". Denn die Integration in die sozialen Bezüge eines Unternehmens – in kollegiale Strukturen, in Teams und Hierarchien – wird geringer (Deutschmann u.a. 2004; Green 2004; Wilkens 2004: 30ff; Mickler/Kalkowski 2005). Die Kumulation von Belastungen, Beanspruchungen und die Effekte von gesundheitsschädlichen Verhaltensmustern werden damit für das Unternehmen weitgehend unsichtbar, denn Freelancer oder befristet Beschäftigte verweilen nur sporadisch im Unternehmen und ein Monitoring kumulativer gesundheitlicher Belastungen durch die Arbeit (z.B. durch regelmäßige Gesundheitschecks) kann nicht mehr erfolgen.

Aus gesundheitlicher Sicht ist für unsere Zielgruppe diskontinuierlich Beschäftigter die Verantwortung zur Gestaltung der eigenen Erwerbsbiographie also eine unbewältigte Herausforderung. Und daraus folgt momentan fast zwangsläufig, dass die Gesundheit der diskontinuierlich Beschäftigten oft genug auf der Strecke bleibt (vgl. Pröll 2004, Pröll/Gude 2004, Kuhn/Sommer 2004, Kahlert/Kajatin 2004; Fuchs/Conrads 2003, Kastner u.a. 2001).

Eine auf betriebliche Gesundheitsförderung aufbauende, aber auch über sie hinausweisende Präventionsstrategie scheint also für unsere Zielgruppe dringend geboten. Sie muss die gesundheitsbezogenen Gestaltungsspielräume des Einzelnen, die eine eigenständige Steuerung des Präventionsverhaltens, den Erwerb von Gesundheitskompetenz und die lebensbegleitende Prävention innerhalb und außerhalb der Arbeit ermöglichen, ebenso nutzen wie betriebliche und gesellschaftliche Unterstützungsstrukturen und Anreizsysteme.

In den BMBF-Förderschwerpunkten zum „Präventiven Arbeits- und Gesundheitsschutz" und zu „Innovationsstrategien jenseits traditionellen Managements" beschäftigen sich eine Reihe von benachbarten Forschungsprojekten mit der Entwicklung neuer Konzepte und Strategien der Gesundheitsförderung in der IT-Branche bzw. für Wissensarbeiter.

Die aktuellen Ergebnisse aus diesen Projekten zeigen ebenso wie die Ergebnisse von pragdis, wie desolat der Gesundheitszustand der Beschäftigten und der Status quo „betrieblicher Gesundheitsförderung" in IT-Unternehmen momentan schon ist:

- Laut den Erhebungen im Projekt DIWA-IT[4] sagen etwa 30% der IT-Beschäftigten, ihre Arbeit sei auf Dauer nicht auszuhalten. Es ist für die meisten Projekte in den genannten Förderschwerpunkten erkennbar, dass sich Burnout, Depression und ähnliche Folgen psychischer Fehlbelastungen zu einem gravierenden Gesundheitsproblem in der gesamten Branche entwickelt haben. Insbesondere ältere Beschäftigte und Mitarbeiter/innen ohne Leitungsfunktionen sind davon laut dieser Studie überdurchschnittlich betroffen.

---

4 Demographischer Wandel und Prävention in der IT. www.diwa-it.de

- In der Befragung des Projektes PräKoNeT[5] wurde darüber
  hinaus ermittelt, dass jedes zweite Unternehmen in der IT-
  Branche weder den Willen noch die notwendige Infrastruktur für Präventionsaktivitäten hat. Und 82% der Unternehmen verfügen über kein systematisches betriebliches Gesundheitsmanagement. Sie haben in den nächsten 3 Jahren
  auch nicht die Absicht, ein solches einzuführen.

- Es gibt zudem erste Belege aus den BMBF-Projekten dafür,
  dass die Wettbewerbsfähigkeit insbesondere der kleinen und
  mittleren Unternehmen in Bezug auf Innovations- und Glo-
  balisierungsdruck durch mangelnde Präventionsreife schon
  jetzt beeinträchtigt wird.

Die ersten Ergebnisse der Forschungen zeigen auch, dass eine erhebliche Verschlechterung des gesundheitlichen Status quo zu erwarten ist,
insbesondere im Bereich der psychischen Erkrankungen. Die Branche
ist darauf kaum vorbereitet, es gibt nur in wenigen Unternehmen ein
betriebliches Gesundheitsmanagement. Es existieren auch keine alternativen, überbetrieblichen Präventionsstrategien, die insbesondere für
diskontinuierlich Beschäftigte dringend geboten wären. Und die Bereitschaft der Unternehmen, präventive Maßnahmen anzugehen ist
gering, eine Infrastruktur praktisch nicht vorhanden.

Gesundheitlich belastete Beschäftigte der Wissensökonomie sind,
so belegen die Forschungen auch, weniger motiviert, weniger enga-
giert und weniger innovativ. Wenn nicht wirksame Strategien der
Bewältigung von Stress, von hohen Arbeitsanforderungen und von
Entgrenzungs- und Individualisierungsfolgen gefunden werden, droht
die Wettbewerbsfähigkeit der IT-Branche nachhaltigen Schaden zu
erleiden.

---

5   PräKoNet – Entwicklung von Präventionskompetenz in ITK-Unternehmen
     durch gezielte Vernetzung der Akteure. www.präkonet.de

4. ECKPUNKTE MÖGLICHER PRÄVENTIONSSTRATEGIEN IN DER IT-BRANCHE

Die dringend notwendige Verankerung eines effektiven Gesundheitsschutzes und einer effektiven Gesundheitsförderung in der IT-Branche stößt auf zahlreiche Probleme, für die es erst wenige Strategien gibt. Im Projekt pragdis werden sie zusammen mit Unternehmen und Beschäftigten als den eigentlichen Akteuren entwickelt.

* Diese Strategien werden einbeziehen müssen, dass es in den KMU der Branche, die mehr als 80% der Unternehmen stellen, häufig an organisatorischer Masse fehlt, um betriebliche Maßnahmen der Gesundheitsförderung umzusetzen. Die Führungskräfte leiden unter ihrer Aufgabenvielfalt und fühlen sich durch die Ansprüche von „außen" oft überfordert. Prävention und Gesundheitsschutz ist für sie nur eine Anforderung unter vielen. Dabei nehmen die Führungskräfte nach wie vor eine Schlüsselrolle als Promotoren und Treiber der Gesundheitsförderung und des Gesundheitsschutzes ein. Zu berücksichtigen ist auch, dass gerade in KMU das Spannungsverhältnis zwischen betriebswirtschaftlichen Zielen und der Gesundheit betont wird. Selbst wenn die betriebliche Prozessorganisation zu psychischen Belastungen führt. Im Zweifel erfolgt die schnelle Reduktion auf die Kernprozesse, mit denen Geld verdient wird.

* Hinzu kommt, dass die KMU sich durch komplexe gesellschaftliche Anforderungen in ihrer Leistungsfähigkeit beeinträchtigt fühlen. Sie werden darüber hinaus von den intermediären Akteuren des präventiven Arbeits- und Gesundheitsschutzes und von den Verbänden auch nicht erreicht.

* Schließlich sind auch die Beschäftigten der IT-Branche selbst eine spezielle Klientel: gut ausgebildet (oftmals mit Hochschulabschlüssen), gut informiert, selbstbewusst, autonomieorientiert und selbstbestimmt. Damit sind sie mit gängigen Ansprache- und Beratungskonzepten, die auf der Annahme eines „Wissensgefälles" zwischen Experte und Klient basieren, schwer zu erreichen.

- Eine besondere Problematik in der Branche ist aus unserer Sicht mit den diskontinuierlich Beschäftigten verbunden. Sie fallen bislang durch alle Raster der (betrieblichen) Gesundheitsförderung und des normierten Arbeits- und Gesundheitsschutzes. Betriebliche Maßnahmen – so vorhanden – erreichen sie nicht. Außerbetriebliche Unterstützung für diese Zielgruppe fehlt völlig.

Die KMU der Branche – und die diskontinuierlich Beschäftigten selbst – benötigen aus unserer Sicht vor diesem Hintergrund mehr Unterstützung von „außen" bei Implementierung und Entwicklung von passgenauen Konzepten des Gesundheitsmanagements. Diese Problemlage führt uns im Projekt pragdis auf folgende Fragen:

- Wie lassen sich gesundheitsförderliche Arbeitsbedingungen bei diskontinuierlich Beschäftigten herstellen?
- Wer kümmert sich wie um die kumulativen Risiken im Erwerbsverlauf (z.b. Burnout)?
- Wie erhält man Handlungsspielräume für die Beschäftigten, ohne der Gefahr der Selbstausbeutung Tür und Tor zu öffnen?
- Kommt der „betrieblichen Gesundheitsförderung" und dem „betrieblichen Gesundheitsschutz" möglicherweise der „Betrieb" abhanden und was folgt daraus zum Beispiel für außerbetriebliche Unterstützungsformen?
- Wo hört die Verantwortung des Unternehmens/der Unternehmer für seine Beschäftigten auf?

Um diese Fragen zu beantworten, wurde von pragdis eine differenzierte Analyse der betrieblichen Rahmenbedingungen, der Arbeits- und Beschäftigungsformen und ihrer Risiken aus der Sicht der Gesundheitsprävention erarbeitet. Dazu wurde die IT-/Software-Branche in Bezug auf den Entgrenzungsgrad der Arbeit und die Stabilität der Beschäftigungsformen untersucht und aus Präventionssicht bewertet (vgl. den Beitrag von Dagmar Siebecke in diesem Band).

Die Branche ist, so kann man die Ergebnisse zusammenfassen, gekennzeichnet durch ein „betriebliches Nebeneinander" normaler und diskontinuierlicher bzw. untypischer Beschäftigungsformen (z.b. Freelancer) sowie durch ein geringes Gewicht von Arbeitsschutz, Prävention und Gesundheitsvorsorge mit nur wenigen Vorsorgemechanismen.

In Bezug auf die Beschäftigungs-, Arbeits- und Präventionsformen in den IT- und Softwarenahen Bereichen der Zeitarbeitsbranche sind hochflexible Arbeits- und Beschäftigungsformen festzustellen. Sie führen zu einer Individualisierung von Arbeitsschutz und Prävention durch die Entgrenzung der Arbeitsbeziehungen und Hierarchiestrukturen.

In der Analysephase wurden im Rahmen retrospektiver Fallstudien von älteren Erwerbspersonen mit diskontinuierlichem Erwerbsverlauf in der IT- und in der Zeitarbeitsbranche die Arbeitsformen, das Risikoprofil, die Präventionskompetenz und die Präventionsstrategie bzw. das Präventionsverhalten dieses Erwerbstyps ermittelt. Ziel dieses Arbeitsschrittes war es, in der retrospektiven Analyse von aus Präventionssicht erfolgreichen bzw. gescheiterten Erwerbsbiographien typische Gesundheits- und Präventionsmuster herauszuarbeiten, die zur Entwicklung geeigneter Strategien und damit zur Unterstützung der betrieblichen und individuellen Prävention für die Zielgruppe beitragen sollen. Im Ergebnis wurde ein differenziertes Bild der Präventionsbedingungen in Unternehmen und der Präventionsnotwendigkeiten von Arbeitnehmergruppen und Freelancern, die in unterschiedlichem Ausmaß von Flexibilisierungs- und Entgrenzungsprozessen betroffen sind, erarbeitet (siehe dazu den Beitrag von Helga Dill und Florian Straus in diesem Band).

Im Ergebnis steht die Feststellung „paradoxer Phänomene" nicht nur zwischen einzelnen Beschäftigtengruppen sondern auch zwischen Unternehmen und Beschäftigten bzw. beauftragten Freelancern, die sich aus dem Grad der Entgrenzung und damit einhergehenden differentiellen Interessenlagen der Unternehmen an der Gesunderhaltung der Erwerbspersonen ergeben (vgl. hierzu auch den Beitrag von Kurt-Georg Ciesinger in diesem Band).

- Je loser beispielsweise die Verbindung zum Unternehmen (etwa bei Freelancern), desto geringer ist das Interesse des Unternehmens an langfristiger Gesunderhaltung. Wenn Freelancer nicht mehr leistungsfähig sind, können sie problemlos ersetzt werden und belasten den Betrieb nicht durch krankheitsbedingte Kosten.

- Das Interesse des Unternehmens an kurzfristiger Arbeitsfähigkeit ist sehr hoch. Während der Betrieb jedoch die Belastungssituation abhängig Beschäftigter steuern kann, um die Arbeitsfähigkeit zu erhalten, hat er diese Möglichkeit bei Freelancern nicht. Die Folge sind hohe Risiken auf Seiten der Unternehmen, z.b. durch erhöhte Fehlerwahrscheinlichkeiten bei kurzfristiger Überbeanspruchung der Freelancer bei Annahme zu vieler paralleler Aufträge.

- Der Beschäftige selbst hat Interesse an kurz- und langfristiger, aber individuell organisierbarer Prävention, die seine Tätigkeit begleitet. Im Beispiel freiberuflich Tätiger sind die Handlungsmöglichkeiten jedoch oftmals durch wirtschaftliche Zwänge stark eingeschränkt. Die Diskussion um Selbstausbeutung gewinnt im Kontext der Prävention so eine neue Dimension.

Unser Lösungsansatz geht davon aus, dass Präventionsstrategien nur dann erfolgreich und nachhaltig sein können, wenn sie die Interessenlagen der Akteure nicht nur berücksichtigen, sondern aktiv nutzen. Neue Präventionsmodelle müssen daher versuchen, den originären Beitrag der skizzierten verschiedenen Akteure entlang deren Interessenlagen zu definieren, in die überbetrieblichen Akteurskonstellationen und Netzwerke der Präventionsunterstützung einzubinden und zu einem ganzheitlichen Präventionsmodell zu integrieren.

Auf der Basis der Ergebnisse werden im Rahmen von pragdis unterschiedliche Präventionsszenarien in unterschiedlichen betrieblichen und überbetrieblichen Settings sowie Branchenkontexten entworfen. Dabei sollen überbetriebliche Akteure und neue Allianzen für präventive Arbeitsgestaltung, an denen neben den „klassischen" Arbeitsschutzorganisationen (Gewerkschaften, Kassen, Berufsgenossenschaften) neue Partner und überbetriebliche Akteursnetzwerke (z.B. Kammern, Fachverbände, Qualifizierungseinrichtungen, Vereine, Internet-communities, Selbsthilfegruppen) beteiligt sind, zu Netzwerken der Unterstützung individuumsbegleitender Prävention in der Arbeit unabhängig vom Erwerbsverlauf aufgebaut werden.

Als eines der wesentlichen Ergebnisse von pragdis kann bereits jetzt festgehalten werden: Eine punktuelle Intervention bei psychischen Belastungen *nur* auf der Ebene des Individuums (z.b. der Aufbau individueller Ressourcen zur Stressbewältigung) oder *nur* auf der Ebene des Unternehmens (z.b. Schaffung von mehr Handlungsspielräumen) bleibt erfolglos, weil sie vereinzelte, autonomieorientierte und betrieblich entkoppelte Mitarbeiter, „Mobile Worker" oder Freelancer nicht erreicht.

Eine notwendige, aber noch nicht hinreichende, Bedingung zur Herstellung dieser Erreichbarkeit ist ein Präventionsszenario, das ein personalisiertes Matching zwischen persönlichen Anforderungen nach psychischen Entlastungen und einer individuumszentrierten Neugestaltung von Arbeit (auch unabhängig vom Betrieb/Unternehmen) ermöglicht. Dies kann in schweren Fällen (Stichwort: Burnout) auch die berufliche Neuorientierung mit einschließen. Ein Lösungsmodell sieht pragdis in der Schaffung außerbetrieblich angesiedelter, (systemisch) integrierter Präventionszentren (für Wissensarbeiter).

Zum anderen sollen neue Unterstützungsstrategien und -angebote für Personen mit diskontinuierlichem Erwerbsverlauf in der IT-Branche mit Unterstützung von Netzwerken der Selbstorganisation und der Selbsthilfe in der betroffenen Arbeitnehmergruppe entwickelt und modellhaft erprobt werden.

5. RESÜMEE

Zusammengefasst: das Vorhaben pragdis will die Forschungslücken in der präventionsorientierten Arbeits- und Gesundheitsschutzforschung von diskontinuierlich Beschäftigten in der IT-/Software-Branche schließen, vor allem in den Feldern

- Belastungs-, Beanspruchungsdynamik im Erwerbsverlauf (Längsschnittbetrachtung),

- kumulative gesundheitliche Effekte von Arbeit und Freizeit/Familie,
- Verquickung arbeitsbezogener und individueller gesundheitlicher Risiken,
- Zusammenhang vergangener, aktueller und zukünftiger Belastungen und Beanspruchungen,
- individuelle, betrieblich-ökonomische und außerbetriebliche Voraussetzungen und Ressourcen für präventiven Arbeitsund Gesundheitsschutz in der Zielgruppe sowie
- geschlechterspezifische und altersbezogene Unterschiede und Ungleichheiten bei diskontinuierlich beschäftigten Arbeitnehmer/-innnen der IT-Branche.

Darauf aufbauend sollen geeignete Konzepte und Instrumente moderner Gesundheitsprävention in enger Zusammenarbeit mit betrieblichen Partnern entwickelt, erprobt und in die Breite transferiert werden. Die Modelle, Instrumente und Konzepte sollen

- die Präventions- und Gesundheitskompetenz der Erwerbstätigen in ganz unterschiedlichen Branchen unabhängig von der momentanen Betriebszugehörigkeit erhöhen,
- die Entwicklung langfristiger, gendersensibler Präventionsstrategien von Individuen wie von Unternehmen unter Einbeziehung der überbetrieblichen Netzwerke befördern,
- die Umsetzung dieser Strategien in wechselnden Kontexten (bei Arbeitgeberwechsel, Arbeitslosigkeit, Selbstständigkeit, Teilzeitarbeit etc.) für unterschiedliche Beschäftigtengruppen und Unternehmen unterstützen,
- zur Entwicklung betrieblicher, überbetrieblicher und regionaler Präventionsstrategien beitragen, die die Kumulation von Belastungen und Beanspruchungen in der Zielgruppe flexibler Beschäftigter und Selbstständiger verhindern,
- die Einbindung individueller Gesundheitsstrategien in ein bestehendes betriebliches Konzept unterstützen, der Zielgruppe bei der kontinuierlichen Verfolgung bestehender Präventionsstrategien durch die Einbeziehung sozialer Unterstützungsnetzwerke behilflich sein.

6. LITERATUR

Antonovsky, A. (1997): Salutogenese: zur Entmystifizierung der Gesundheit. Tübingen: DGVT.

Baethge, M. (1991): Arbeit, Vergesellschaftung, Identität – Zur zunehmenden normativen Subjektivierung der Arbeit. In: Soziale Welt, 42 (1), S.6-19.

Bologna, S. (2005): Die Zerstörung der Mittelschichten. Graz: Nausner & Nausner.

Cernavin, O. (2001): Prävention in der Wissensökonomie. In: QUEM-Report, Schriften zur beruflichen Weiterbildung, Heft 67, Berlin, S.227-238.

Deutschmann, C. u.a. (2004): Unternehmen und Arbeitsbedingungen in der IT-Branche. Abschlussbericht des Forschungspraktikums „Unternehmen und Arbeitsbedingungen in der IT-Branche". Universität Tübingen.

DGB (2008): DGB-Index Gute Arbeit 2008. Wie die Beschäftigten die Arbeitswelt in Deutschland beurteilen. Berlin.

Fuchs, T. (2006): Was ist gute Arbeit? Anforderungen aus Sicht von Erwerbstätigen. INQA-Bericht Nr. 19, Dortmund, Berlin, Dresden: Wirtschaftsverlag NW.

Fuchs, T. / Conrads, R. (2003): Flexible Arbeitsformen – Arbeitsbedingungen, -belastungen und Beschwerden. Schriftenreihe der Bundesanstalt für Arbeitsschutz und Arbeitsmedizin, Forschungsbericht 1006, Bremerhaven: Wirtschaftsverlag NW.

Green, S.M. (2004): Individualisierung und Wissensarbeit. Wiesbaden: DUV.

Hirschfelder, G. / Huber, B. (2004): Die Virtualisierung der Arbeit. Zur Ethnographie neuer Arbeits- und Organisationsformen. Wiesbaden: DUV.

Hoff, E.-H. (2003): Kompetenz- und Identitätsentwicklung bei arbeitszentrierter Lebensgestaltung. Vom „Arbeitskraftunternehmer" zum „reflexiv handelnden Subjekt". QUEM-Bulletin, 4, S.1-7

Kahlert, H. / Kajatin, C. (Hrsg.) (2004): Arbeit und Vernetzung im Informationszeitalter. Wie neue Technologien die Geschlechterverhältnisse verändern. Wiesbaden: DUV.

Kastner, M. / Kipfmüller, K. / Quaas, W. / Sonntag, K. / Wieland, R. (2001): Gesundheit und Sicherheit in Arbeits- und Organisationsformen der Zukunft. Bremerhaven: Wirtschaftsverlag NW.

Klatt R. (2004): Die unentdeckten Potenziale nichtlinearer Erwerbsverläufe. In: PÄD Forum, Heft 4 / 2004, 32. / 23. Jg., S.219-222.

Kuhn, D. / Sommer, D. (2004): Betriebliche Gesundheitsförderung. Ausgangspunkte – Widerstände – Wirkungen. Wiesbaden: Gabler.

Mickler, O. / Kalkowski, P. (2005): Projektorganisation in der IT- und Medienbranche. Düsseldorf: edition der Hans Böckler Stiftung.

Pongratz, H.J. / Voß, G.G. (2003): Arbeitskraftunternehmer. Erwerbsorientierungen in entgrenzten Arbeitsformen. Berlin: edition sigma.

Pröll, U. (2004): Arbeitsmarkt und Gesundheit. Bremerhaven: Wirtschaftsverlag NW.

Pröll, U. / Gude, D. (2004): Gesundheitliche Auswirkungen flexibler Arbeitsformen – Risikoabschätzung und Gestaltungsanforderungen. Bremerhaven: Wirtschaftsverlag NW.

Techniker Krankenkasse / F.A.Z.-Institut (2009): Kundenkompass Stress – Aktuelle Bevölkerungsbefragung: Ausmaß, Ursachen und Auswirkungen von Stress in Deutschland. Frankfurt a.M.

Wilkens, U. (2004): Management von Arbeitskraftunternehmern. Psychologische Vertragsbeziehungen und Perspektiven für die Arbeitskräftepolitik in wissenschaftlichen Organisationen. Wiesbaden: Deutscher Universitätsverlag.

Willke, H. (1998). Systemisches Wissensmanagement. Stuttgart: UTB.

Das erschöpfte Selbst –

Umgang mit psychischen Belastungen

HEINER KEUPP

1. DAS ERSCHÖPFTE SELBST – EIN EINLEITENDER STREIFZUG

Der Buchtitel von Alain Ehrenberg „Das erschöpfte Selbst" ist zum nichtfachlichen Synonym für den Zustand der Depression geworden, aber nicht im Sinne einer vermeintlich kontextfreien psychopathologischen Diagnostik, sondern als Teil einer Gesellschaftsdiagnostik, die einen Zusammenhang zwischen subjektiven Erfahrungen und gesellschaftlichen Entwicklungen herstellt. Klassischer Weise wurde die Depression als „Melancholie" bezeichnet und an der ambivalenten Geschichte der Bedeutungen, die jeweils der Melancholie zugeordnet wurden, ist die Kontextabhängigkeit dieses subjektiven Zustandes erkennbar. Bei dem griechischen Philosophen und Naturforscher Theophrast kann man die Frage lesen: „Aus welchem Grunde sind alle hervorragenden Männer, sei es, dass sie sich in der Philosophie, der Politik, der Poesie oder den bildenden Künsten ausgezeichnet haben, offenbar Melancholiker?" Melancholie wird also mit besonderen Geistesgaben in Verbindung gebracht. Das frühe Christentum kämpfte mit seinen Fundamentalisten, die sich als Eremiten in die Wüste zurückzogen und dort oft in einen Zustand der spirituellen Niedergeschlagenheit verfielen, der als „Acedia" oder Trägheit bezeichnet wurde, die von Papst Gregor I. den sieben Todsünden zugerechnet wurde. Doch bevor dann mit der Entstehung des Protestantismus die rastlose Tätigkeit zu einem gottgefälligen Tun verklärt wurde, gab es den berühmten Versuch von Albrecht Dürer der Melancholie einen anderen Sinn abzugewinnen.

Dürers Kupferstich „Melancolia I" aus dem Jahr 1514 gilt als Ikone der Melancholie. Und wenn bis heute nicht restlos geklärt ist, wie die vielen Geräte astronomischen und geometrischen Nutzens zu deuten sind, so wissen wir doch: Der große Engel, der vor abendlicher Landschaft schwermütig sinniert, zeigt eine neue Form des Eingedenkens. Nicht mehr die Verzweiflung der Kreatur aus ihrem reinen Ungenügen spricht sich aus, vielmehr geht es hier um Möglichkeiten und Grenzen der Erkenntnis. Renaissance mit spätgotischem Einschlag – wir wissen bereits, was wir für die Welt wissen wollen, den faustischen Traum; und spüren doch auch, dass wir's so zur Gänze niemals werden haben können, also Melancholie.

Als achtzehn Jahre später der ältere Cranach die Dame Melancholie in Öl porträtiert, hat er die Akzente deutlichst verschoben. Gar dürfte man meinen, dass Ironie anklingen soll: Neckisch hat sich die junge Frau im roten Rock die Dornenkrone aufgesetzt, derweil sie einen Spieß schärft und vier Putti ihren Schabernack treiben lässt – Wollust pur; leichtsinnig graziös legt sich der vierte Knabe in seine Schaukel, als erprobe er eine Liebessänfte, und nur in der oberen linken Bildecke dräut, mitsamt den Reitern der Apokalypse, die schwarze Wolke des Orkus als eher ungemütlicher Gewitterherd. Eros und Thanatos, wobei die Verlockung zu obsiegen scheint.

Riskieren wir einen Sprung in die Gegenwart und in ein anderes Metier, den Spitzensport: Sebastian Deisler und Sven Hannawald. Beide haben über ihre Grenzen hinaus ihr Leistungspotential ausgereizt und sie sind zu anschaulichen Beispielen des „erschöpften Selbst" geworden. Vielleicht sind sie aber auch geeignete „good practice"-Beispiele für das Umgehen mit solchen psychischen Erfahrungen.

2. DIE DATENLAGE: DEPRESSION WIRD ZUR VOLKSKRANKHEIT NUMMER EINS

Die uns vorliegenden epidemiologischen Daten, die immer stärker die Einschätzung stützen, dass die Depression zur Volkskrankheit Nr. 1 wird, legen die Frage nahe, was dafür die Ursachen sein könnten. Der Frankfurter Psychoanalytiker Heinrich Deserno schreibt dazu:

„Seit etwa 15 Jahren zeichnet sich deutlich ab, dass Depressionen für den spätmodernen Lebensstil beispielhaft werden könnten, und zwar in dem Sinne, dass sie das Negativbild der Anforderungen beziehungsweise paradoxen Zumutungen der gesellschaftlichen Veränderungen darstellen und deshalb in besorgniserregender Weise zunehmen könnten, wie von der Weltgesundheitsorganisation hochgerechnet: Im Jahr 2020 sollen Depressionen weltweit und in allen Bevölkerungsschichten die zweithäufigste Krankheitsursache sein."

Und die deutsche Stimme der WHO, Ilona Kickbusch, hat sich so zu diesem Thema geäußert:

„Immer mehr Menschen haben mit einem immer schnelleren Wandel von Lebens-, Arbeits- und Umweltbedingungen zu kämpfen. Sie können das Gleichgewicht zwischen Belastungs- und Bewältigungspotentialen nicht mehr aufrechterhalten und werden krank. Depression ist zum Beispiel nach den Statistiken der Weltgesundheitsorganisation eine der wichtigsten Determinanten der Erwerbsunfähigkeit. (...) Schon heute sind weltweit ca. 121 Millionen Menschen von Depressionen betroffen. Denn unser Leben gewinnt zunehmend „an Fahrt", sei es zwischenmenschlich, gesellschaftlich, wirtschaftlich oder im Informations- und Freizeitbereich" (2005, S.15).

Die uns vorliegenden Daten lassen sich durchaus als empirische Untermauerung solcher Aussagen lesen. Ich greife auf die DAK-Daten von 2005 und 2008 zurück. Sie zeigen, dass die Diagnose Depression immer häufiger gestellt wird. Zunehmend gilt das auch für Heranwachsende und insbesondere für junge Erwachsene. Das Deutsche Studentenwerk hat in einer vielbeachteten Presseerklärung darauf aufmerksam gemacht, dass auch bei Studierenden ein wachsender Beratungsbedarf wegen depressiver Probleme entstanden sei. Im Deutsche Studentenwerk Journal 2007 wird darauf hingewiesen: Immer mehr Studierende leiden unter dem für Manager typischen Burnout-Syndrom wie Depressionen, Angstattacken, Versagensängsten, Schlafstörungen oder Magenkrämpfen. In den Psychologischen Beratungsstellen der Studentenwerke würden sich verstärkt Studierende mit solchen Beschwerden melden, heißt es in dem Beitrag. DSW-Präsident Prof. Dr. Rolf Dobischat spricht von einer Besorgnis erregenden Entwicklung. Er sagte:

„Die Studierenden stehen unter immer stärkerem Erwartungs-, Leistungs- und vor allem Zeitdruck. Die vielen laufenden Hochschulreformen dürfen aber nicht dazu führen, dass ein Studium krank macht. Dobischat appellierte an die Hochschulen, insbesondere die neuen Bachelor- und Master-Studiengänge nicht zu überfrachten. Gemäß der aktuellen 18. Sozialerhebung des Deutschen Studentenwerks hat jeder siebte Studierende Beratungsbedarf zu depressiven Verstimmungen sowie zu Arbeits- und Konzentrationsschwierigkeiten; jeder siebte Studierende will sich zu Prüfungsängsten beraten lassen."

Welche Schlüsse ziehen wir aus solchen Befunden? Aus Frankreich kam kürzlich unter dem Titel „Das erschöpfte Selbst" von Alain Ehrenberg ein Beitrag, der eine wichtige Brücke zwischen sozialwissenschaftlicher Gegenwartsdeutung und der Zunahme diagnostizierter Depressionen schlägt. Er geht davon aus, dass Subjekte in der globalisierten Gesellschaft ein hohes Maß an Identitätsarbeit leisten müssen (Keupp et al. 2006). Die zunehmende Erosion traditioneller Lebenskonzepte, die Erfahrung des „disembedding" (Giddens), die Notwendigkeit zu mehr Eigenverantwortung und Lebensgestaltung haben Menschen in der Gegenwartsgesellschaft viele Möglichkeiten der Selbstgestaltung verschafft. Zugleich ist aber auch das Risiko des Scheiterns gewachsen. Vor allem die oft nicht ausreichenden psychischen, sozialen und materiellen Ressourcen erhöhen diese Risikolagen. Die gegenwärtige Sozialwelt ist als „flüchtige Moderne" charakterisiert worden (Bauman 2000), die keine stabilen Bezugspunkte für die individuelle Identitätsarbeit zu bieten hat und den Subjekten eine endlose Suche nach den richtigen Lebensformen abverlangt. Diese Suche kann zu einem „erschöpften Selbst" führen, das an den hohen Ansprüchen an Selbstverwirklichung und Glück gescheitert ist (Ehrenberg 2004).

Eine aktuelle Dissertation von Elisabeth Summer (2008), einer langjährig erfahrenen Psychotherapeutin, die mit dem an Ehrenberg geschärften Blick ihren 10jährigen KlientenInnenstamm reanalysiert hat, zeigt deutlich, dass die ins Ich-Ideal verinnerlichten gesellschaftlichen Leistungs- und Selbstwirklichungsideologien eine destruktive Dynamik auslösen können. Es handelt sich also nicht um eine „Krankheit der Freiheit", sondern um die Folgen einer individuellen Verinnerlichung der marktradikalen Freiheitsideologien.

Psychotherapie könnte genau für solche Zusammenhänge eine wichtige seismographische Funktion haben. Sie arbeitet an den Krisen der Subjekte und ist damit konfrontiert, dass diesen die Ressourcen fehlen, die sie zu deren Bewältigung bräuchten. Die Häufung spezifischer Krisen und Störungsbilder verweist über das einzelne Subjekt hinaus und macht es erforderlich, den kulturell-gesellschaftlichen Hintergrund zu beleuchten und zu benennen, der diese Krisen fördert. Die in den letzten Jahrzehnten registrierte Zunahme etwa von Depressionen, Burnouterfahrungen, Borderline- oder Essstörungen sind Beispiele für die Notwendigkeit, neben einer psychodiagnostischen auch eine gesellschaftsdiagnostische Einordnung vorzunehmen. Bei vielen der aktuell bedeutsamer werdenden Störungsbilder handelt es sich um Identitätskrisen, die auf veränderte gesellschaftliche Lebensbedingungen im globalisierten Netzwerkkapitalismus verweisen. Diese stellen Anforderungen an die alltägliche Identitätsarbeit dar, mit denen viele Menschen nicht mehr zu Recht kommen.

3. SPÄTMODERNE GESELLSCHAFTLICHE VERHÄLTNISSE

Im globalisierten Kapitalismus vollziehen sich dramatische Veränderungen auf allen denkbaren Ebenen und in besonderem Maße auch in unseren Lebens- und Innenwelten. Anthony Giddens (2001), einer der wichtigsten sozialwissenschaftlichen Zeitdiagnostiker, hat folgende Diagnose gestellt:

„Die wichtigste der gegenwärtigen globalen Veränderungen betrifft unser Privatleben – Sexualität, Beziehungen, Ehe und Familie. Unsere Einstellungen zu uns selbst und zu der Art und Weise, wie wir Bindungen und Beziehungen mit anderen gestalten, unterliegt überall auf der Welt einer revolutionären Umwälzung. (...) In mancher Hinsicht sind die Veränderungen in diesem Bereich komplizierter und beunruhigender als auf allen anderen Gebieten. (...) Doch dem Strudel der Veränderungen, die unser innerstes Gefühlsleben betreffen, können wir uns nicht entziehen" (S.69).

Globalisierung verändert also den Alltag der Menschen in nachhaltiger Form und damit auch ihre psychischen Befindlichkeiten (vgl. Hantel-Quitmann & Kastner 2004). Es sind vor allem folgende Erfahrungskomplexe, die mit diesem gesellschaftlichen Strukturwandel verbunden sind und die eine Mischung von Belastungen, Risiken und auch Chancen beinhalten, aber genau in dieser Mischung eine hohe Ambivalenz implizieren:

•   Wir erleben, erleiden und erdulden eine Beschleunigung und Verdichtung in den Alltagswelten, die zu den Grundgefühlen beitragen, getrieben zu sein, nichts auslassen zu dürfen, immer auf dem Sprung sein zu müssen, keine Zeit zu vergeuden und Umwege als Ressourcenvergeudung zu betrachten. Verkürzte Schulzeiten, Verschulung des Studiums, um den jung-dynamischen „Arbeitskraftunternehmer" möglichst schnell in die Berufswelt zu transportieren oder die Reduktion der Lebensphasen, in denen man als produktives Mitglied der Gesellschaft gelten kann, erhöhen permanent den Beschleunigungsdruck.

•   Wir spüren die Erwartungen, ein „unternehmerisches Selbst" (Bröckling 2007) zu werden, das sein Leben als eine Abfolge von Projekten sieht und angeht, die mit klugem Ressourceneinsatz optimal organisiert werden müssen. Auch staatliches Handeln, nicht zuletzt im Bereich der Sozialpolitik, setzt immer stärker auf das individuelle Risikomanagement anstelle von kollektiver Daseinsvorsorge. Ich bin für meine Gesundheit, für meine Fitness, für meine Passung in die Anforderungen der Wissensgesellschaft selbst zuständig – auch für mein Scheitern. Nicht selten erlebt sich das angeblich „selbstwirksame" unternehmerische Selbst als „unternommenes Selbst" (Freitag 2008).

•   Eine Deregulierung von Rollenschemata, die einerseits als Gewinn an selbstbestimmter Lebensgestaltung verstanden wird, die aber andererseits in die Alltagswelten eine Unsicherheit hineinträgt, die nicht immer leicht akzeptiert und ertragen werden kann. Die Erfahrung der allenthalben erlebten

Enttraditionalisierung ist nicht selten ein Antrieb für die Suche nach Verortung in fundamentalistischen Weltbildern.

- Die Arbeit an der eigenen Identität wird zu einem unabschließbaren Projekt. Fertige soziale Schnittmuster für die alltägliche Lebensführung verlieren ihren Gebrauchswert. Sowohl die individuelle Identitätsarbeit als auch die Herstellung von gemeinschaftlich tragfähigen Lebensmodellen unter Menschen, die in ihrer Lebenswelt aufeinander angewiesen sind, erfordern ein eigenständiges Verknüpfen von Fragmenten. Bewährte kulturelle Modelle gibt es dafür immer weniger. Die roten Fäden für die Stimmigkeit unserer inneren Welten zu spinnen, wird ebenso zur Eigenleistung der Subjekte wie die Herstellung lebbarer Alltagswelten. Menschen in der Gegenwart brauchen die dazu erforderlichen Lebenskompetenzen in einem sehr viel höheren Maße als die Generationen vor ihnen.

- All die Anstrengungen allzeit fit, flexibel und mobil zu sein, sind nicht nur als Kür zu betrachten, sondern sie werden von der Angst motivational befeuert, nicht dazu zu gehören. Wir führen gegenwärtig eine höchst relevante Fachdiskussion um das Thema Exklusion und Inklusion. Vom „abgehängten Prekariat" spricht die Friedrich-Ebert-Stiftung, von den „Ausgegrenzten der Moderne" Zygmunt Bauman (Bauman 2005). Die Sorge, nicht mehr gesellschaftlich einbezogen, gefragt und gebraucht zu werden, bestimmt viele Menschen und sie sind deshalb oft bereit, sich an Bedingungen anzupassen, die ihnen nicht gut tun.

- Die Suche nach sicheren Bezugspunkten für ein gesichertes Fundament für ihre Alltagsbewältigung wird noch verstärkt durch die Entwicklung hin zu einer „Sicherheitsgesellschaft", die die defensive Variante des Ordnungstraumes der Moderne darstellt: Diese hatte und hat den Anspruch, alles Unberechenbare, Uneindeutige, Ambivalente, Fremde und Störende zu beseitigen und hat eine berechenbare und eindeutige Welt geschaffen. Auch wenn dieser Traum dieser Moderne nur noch selten in naiver Emphase vorgetragen wird, es gibt ihn noch und die Sicherheitsgesellschaft lebt davon. Sie will möglichst Risiken eliminieren und verstärkt dafür ihre Sicherheitssysteme. Schäubles Gesellschaftsbild kann man so einordnen.

- Die Landnahme des Kapitalismus hat längst in unseren beruflichen Welten stattgefunden. Erich Wulff (1971) hat einst in den 1970er Jahren einen spannenden Aufsatz „Der Arzt und das Geld" veröffentlicht und hat aufgezeigt, wie die Geldlogik unbemerkt die ärztliche Fachlichkeit und Ethik unterhöhlt. Wir haben uns angewidert abgewendet und wollten für den Bereich der psychosozialen Versorgung einen anderen Weg gehen. Inzwischen hat uns die Monetarisierung, die Ökonomisierung oder die „Verbetriebswirtschaftlichung" voll erreicht und Qualität scheint nur noch in Geldwert ausgedrückt zu werden.

Diese Alltagserfahrungen werden in den sozialwissenschaftlichen Gegenwartsanalysen aufgegriffen und auf ihre strukturellen Ursachen bezogen.

An den aktuellen Gesellschaftsdiagnosen hätte Heraklit seine Freude, der ja alles im Fließen sah. Heute wird uns eine „fluide Gesellschaft" oder die „liquid modernity" (Bauman 2000) zur Kenntnis gebracht, in der alles Statische und Stabile zu verabschieden ist.

Abbildung 1: Reflexive Modernisierung: FLUIDE GESELLSCHAFT

Quelle: Barz/Kampik/Singer/Teuber 2001

Jürgen Habermas hat uns in seinem Büchlein „Die postnationale Konstellation" eine großartige Gegenwartsdiagnose geliefert. Aus ihr will ich nur seine Diagnose eines „Formenwandels sozialer Integration" aufgreifen, der in Folge einer „postnationalen Konstellation" entsteht: „Die Ausweitung von Netzwerken des Waren-, Geld-, Personen- und Nachrichtenverkehrs fördert eine Mobilität, von der eine sprengende Kraft ausgeht" (1998, S.126). Diese Entwicklung fördert eine „zweideutige Erfahrung":

„Die Desintegration haltgebender, im Rückblick autoritärer Abhängigkeiten, die Freisetzung aus gleichermaßen orientierenden und schützenden wie präjudizierenden und gefangen nehmenden Verhältnissen. Kurzum, die Entbindung aus einer stärker integrierten Lebenswelt entlässt die Einzelnen in die Ambivalenz wachsender Optionsspielräume. Sie öffnet ihnen die Augen und erhöht zugleich das Risiko, Fehler zu machen. Aber es sind dann wenigstens die eigenen Fehler, aus denen sie etwas lernen können" (ebd., S.126f.).

Der mächtige neue Kapitalismus, der die Containergestalt des Nationalstaates demontiert hat, greift unmittelbar auch in die Lebensgestaltung der Subjekte ein. Auch die biographischen Ordnungsmuster erfahren eine reale Dekonstruktion. Am deutlichsten wird das in Erfahrungen der Arbeitswelt.

Einer von drei Beschäftigten in den USA hat mit seiner gegenwärtigen Beschäftigung weniger als ein Jahr in seiner aktuellen Firma verbracht. Zwei von drei Beschäftigten sind in ihren aktuellen Jobs weniger als fünf Jahre. Vor 20 Jahren waren in Großbritannien 80% der beruflichen Tätigkeiten vom Typus 40 zu 40 (eine 40-Stunden-Woche über 40 Berufsjahre hinweg). Heute gehören gerade noch einmal 30% zu diesem Typus und ihr Anteil geht weiter zurück.

Kenneth J. Gergen sieht ohne erkennbare Trauer durch die neue Arbeitswelt den „Tod des Selbst", jedenfalls jenes Selbst, das sich der heute allüberall geforderten „Plastizität" nicht zu fügen vermag. Er sagt:

„Es gibt wenig Bedarf für das innengeleitete, „one-style-for-all" Individuum. Solch eine Person ist beschränkt, engstirnig, unflexibel. (...) Wir feiern jetzt das proteische Sein (...) Man muss in Bewegung sein, das Netzwerk ist riesig, die Verpflichtungen sind viele, Erwartungen sind endlos, Optionen allüberall und die Zeit ist eine knappe Ware" (2000, S.104).

In seinem viel beachteten Buch „Der flexible Mensch" liefert Richard Sennett (1998) eine weniger positiv gestimmte Analyse der gegenwärtigen Veränderungen in der Arbeitswelt. Der „Neue Kapitalismus" überschreitet alle Grenzen, demontiert institutionelle Strukturen, in denen sich für die Beschäftigten Berechenbarkeit, Arbeitsplatzsicherheit und Berufserfahrung sedimentieren konnten. An ihre Stelle ist die Erfahrung einer (1) „Drift" getreten: Von einer „langfristigen Ordnung" zu einem „neuen Regime kurzfristiger Zeit" (S.26). Und die Frage stellt sich in diesem Zusammenhang, wie sich dann überhaupt noch Identifikationen, Loyalitäten und Verpflichtungen auf bestimmte Ziele entstehen sollen. Die fortschreitende (2) *Deregulierung*: Anstelle fester institutioneller Muster treten netzwerkartige Strukturen. Der flexible Kapitalismus baut Strukturen ab, die auf Langfristigkeit und Dauer angelegt sind. „Netzwerkartige Strukturen sind weniger schwerfällig". An Bedeutung gewinnt die „Stärke schwacher Bindungen", womit zum einen gemeint ist, „dass flüchtige Formen von Gemeinsamkeit den Menschen nützlicher seien als langfristige Verbindungen, zum anderen, dass starke soziale Bindungen wie Loyalität ihre Bedeutung verloren hätten" (S.28). Die permanent geforderte Flexibilität entzieht (3) „festen Charaktereigenschaften" den Boden und erfordert von den Subjekten die Bereitschaft zum „Vermeiden langfristiger Bindungen" und zur „Hinnahme von Fragmentierung". Diesem Prozess geht nach Sennett immer mehr ein begreifbarer Zusammenhang verloren. Die Subjekte erfahren das als (4) *Deutungsverlust*: „Im flexiblen Regime ist das, was zu tun ist, *unlesbar* geworden" (S.81). So entsteht der Menschentyp des (5) flexiblen Menschen, der sich permanent fit hält für die Anpassung an neue Marktentwicklungen, der sich zu sehr an Ort und Zeit bindet, um immer neue Gelegenheiten nutzen zu können. Lebenskohärenz ist auf dieser Basis kaum mehr zu gewinnen. Sennett hat erhebliche Zweifel, ob der flexible Mensch menschenmöglich ist. Zumindest kann er sich nicht verorten und binden. Die wachsende (6) *Gemeinschaftssehnsucht* interpretiert er als regressive Bewegung, eine „Mauer gegen eine feindliche Wirtschaftsordnung" hochzuziehen (S.190).

„Eine der unbeabsichtigten Folgen des modernen Kapitalismus ist die Stärkung des Ortes, die Sehnsucht der Menschen nach Verwurzelung in einer
Gemeinde. All die emotionalen Bedingungen modernen Arbeitens beleben und
verstärken diese Sehnsucht: die Ungewissheiten der Flexibilität; das Fehlen
von Vertrauen und Verpflichtung; die Oberflächlichkeit des Teamworks; und
vor allem die allgegenwärtige Drohung, ins Nichts zu fallen, nichts „aus sich
machen zu können", das Scheitern daran, durch Arbeit eine Identität zu erlan-
gen. All diese Bedingungen treiben die Menschen dazu, woanders nach Bindung und Tiefe zu suchen" (S.189 f.).

Im Rahmen dieses Deutungsrahmens räumt Sennett dem „Scheitern"
oder der mangelnden kommunikativen Bearbeitung des Scheiterns
eine zentrale Bedeutung ein:

„Das *Scheitern* ist das große Tabu (...) Das Scheitern ist nicht länger nur eine
Aussicht der sehr Armen und Unterprivilegierten; es ist zu einem häufigen
Phänomen im Leben auch der Mittelschicht geworden" (S.159).

Dieses Scheitern wird oft nicht verstanden und mit Opfermythen oder
mit Feindbildkonstruktionen beantwortet. Aus der Sicht von Sennett
kann es nur bewältigt werden, wenn es den Subjekten gelingt, das
Gefühl ziellosen inneren Dahintreibens, also die „drift" zu überwinden. Für wenig geeignet hält er die eine Zeit lang so gerne angebotenen postmodernen Erzählungen. Er zitiert Salman Rushdie als Patch-
workpropheten, für den das moderne Ich „ein schwankendes Bauwerk
ist, das wir aus Fetzen, Dogmen, Kindheitsverletzungen, Zeitungsarti-
keln, Zufallsbemerkungen, alten Filmen, kleinen Siegen, Menschen,
die wir hassen, und Menschen, die wir lieben, zusammensetzen"
(S.181). Solche Narrationen stellen ideologische Reflexe und kein
kritisches Begreifen dar, sie spiegeln *die Erfahrung der Zeit in der
modernen Politökonomie "*:

„Ein nachgiebiges Ich, eine Collage aus Fragmenten, die sich ständig wandelt,
sich immer neuen Erfahrungen öffnet – das sind die psychologischen Bedingungen, die der kurzfristigen, ungesicherten Arbeitserfahrung, flexiblen Institutionen, ständigen Risiken entsprechen" (S.182).

Für Sennett befindet sich eine so bestimmte „*Psyche in einem Zustand endlosen Werdens – ein Selbst, das sich nie vollendet*" und für ihn folgt daraus, dass es „unter diesen Umständen keine zusammenhängende Lebensgeschichte geben (kann), keinen klärenden Moment, der das ganze erleuchtet" (ebd.). Daraus folgt dann auch eine heftige Kritik an postmodernen Narrationen:

„Aber wenn man glaubt, dass die ganze Lebensgeschichte nur aus einer willkürlichen Sammlung von Fragmenten besteht, lässt das wenig Möglichkeiten, das plötzliche Scheitern einer Karriere zu verstehen. Und es bleibt kein Spielraum dafür, die Schwere und den Schmerz des Scheiterns zu ermessen, wenn Scheitern nur ein weiterer Zufall ist" (ebd.).

Also: Die großen Gesellschaftsdiagnostiker der Gegenwart sind sich in ihrem Urteil relativ einig: Die aktuellen gesellschaftlichen Umbrüche gehen ans „Eingemachte" in der Ökonomie, in der Gesellschaft, in der Kultur, in den privaten Welten und auch an die Identität der Subjekte und das hat auch Konsequenzen für Bildungsprozesse. In Frage stehen zentrale Grundprämissen der hinter uns liegenden gesellschaftlichen Epoche, die Burkart Lutz schon 1984 als den „kurzen Traum immerwährender Prosperität" bezeichnet hatte. Diese Grundannahmen hatten sich zu Selbstverständlichkeiten in unseren Köpfen verdichtet.

Die benannten Erfahrungskomplexe an der Nahtstelle von den Subjekten und der Gesellschaft zeigen, wie stark sich der Turbokapitalismus in unseren Lebenswelten, in Menschenbildern und in Ideologie schon verankert hat. Deshalb sehen wir schon oft gar keine Alternativen und arrangieren uns mit dem scheinbar naturhaften Ablauf der Dinge. Und genau in dieser Mischung von „innerer Kolonisierung" und dem fatalistischen Arrangement mit der Unabwendbarkeit der gesellschaftlichen Abläufe werden wir immer wieder auch zu Komplizen des Status quo und verlieren die Hoffnung, dass es auch sein könnte, dass man etwas gegen die Verhältnisse unternehmen könnte und dass Utopien motivierende Handlungsqualitäten haben können.

Wenn wir diese Spur weiterverfolgen wollen, dann reicht es offensichtlich nicht, nur über „psychohygienische" und psychotherapeutische Wege zu reden, so wichtig sie sind, wenn Menschen schwere psychische Probleme haben. Es ist notwendig, den gesellschaftlichen

Rahmen mit in den Blick zu nehmen und danach zu fragen, wie er einerseits den einzelnen Menschen mit Erwartungen und Ansprüchen fordert und zunehmend überfordert und andererseits die „vereinzelten Einzelnen" damit alleine lässt. Hier ist keine strategische Böswilligkeit zu unterstellen, sondern da ist eher ein Auto auf rasanter Fahrt, in dem zwar ständig das Gaspedal gedrückt wird, aber ein Bremspedal scheint es nicht zu geben. Wir haben es mit einer tiefen Krise im gesellschaftlichen Selbstverständnis zu tun, das sich nicht einmal mehr über unterschiedliche mögliche Zielvorstellungen streitet, sondern einfach keine mehr hat. Es gibt kaum eine Idee über den Tag hinaus und auf allen Ebenen sehen wir das, was Christopher Lasch (1984) in seiner Diagnose vom „Minimal self" schon Mitte der 80er Jahre festgestellt hatte und Jürgen Habermas (1985) in der gleichen Zeit in seiner Analyse meinte, uns seien die „utopischen Energien" ausgegangen, ganz präzise zitiert, ist bei ihm von der „Erschöpfung der utopischen Energien" die Rede. In allen gesellschaftlichen Bereichen, in der Politik, in der Wirtschaft und zunehmend auch in den privaten Welten geht es ums „Überleben", ums „Durchhalten", darum den Tag, die Legislaturperiode oder den nächsten Quartalsbericht zu überstehen. Die mangelnde Zielorientierung verbirgt sich, ohne sich wirklich verstecken zu können, hinter phrasenhaft verwendeten Begriffen wie „Reform", „Vision" oder „Leitbild". In hektischer Betriebsamkeit wird jeden Tag die Lösung des Vortags verworfen und wie in einem Hamsterrad wird die gleiche Inszenierung noch einmal aufgelegt, aber wieder wird sie als „Reform", „Vision" oder „Leitbild" verkauft. Keiner glaubt mehr dran, es ist eine Art kollektiver „Wiederholungszwang" oder eine „manische" Verleugnung der Ziel- und Aussichtslosigkeit. Hier zeichnet sich eine Gesamtsituation ab, die man mit dem Begriff „erschöpfte Gesellschaft" überschreiben könnte.

Wo finden wir hilfreiche Angebote, die uns Wege aus der erschöpften Gesellschaft weisen könnten, die Zukunftsfähigkeit versprechen? Da finde ich es erst einmal hilfreich, dass wir so etwas wie eine „Trendforschung" haben, die sich – für gutes Geld – nicht scheut, ihren Blick auf hoffnungsvolle Zukunftsmärkte zu richten. Unter dem Titel „Future Values" gibt es etwa eine Publikation von Heiner Barz und einem Team des Heidelberger Instituts GIM. In diesem Buch wird u.a. mit der „Futurität" eine Schlüsselqualifikation für das begonnene

Jahrhundert die „Zukunftskompetenz" als „überlebensnotwendig" eingeführt und so charakterisiert: „Innovationsbereitschaft und ein fortwährendes Navigieren und Neupositionieren wird für Individuen wie Organisationen, für das Selbstmanagement wie das Produktmarketing unverzichtbar" (ebd., S.24). Und wer es noch nicht mitbekommen hat, dem sei es ausdrücklich versichert: Es geht um die Überlebensnotwendigkeit, wenn es um „den Besitz von „Future Tools" als Accessoires eines zukunftsorientierten Lebensstils" geht und „der immer neue Beweis der eigenen „Updatability" gewinnen an Bedeutung" (ebd.). Ist das eine Vision oder beschreibt es erst einmal nur den Zeitgeist der Multioptionsgesellschaft, mehr Ideologie als gelebte Realität?

Wie wir spätestens seit Wittgenstein wissen, transportieren wir mit unseren Sprachspielen mehr als nur Wörter, wir konstruieren immer auch Weltbilder, also Bilder unserer Welt. Und ich bin mir relativ sicher, dass es mir zwar um Zukunftskompetenz geht, aber nicht nur in der Reproduktion des „Trendigen", sondern auch in der Entwicklung von Widerständigkeit und Eigensinnigkeit. Für den Erwerb von Zukunftsfähigkeit ist die Analyse von gesellschaftlichen Trends zwar wichtig, aber nicht um an ihrer kräuselnden Oberfläche zu besonders fitten Schnäppchenjägern zu werden und damit dem Erschöpfungskreislauf selbst zuzuarbeiten, sondern um diesen aufzubrechen.

Wir brauchen eine kritische Auseinandersetzung mit dem neoliberalen Menschenbild des *modulare(n) Menschen*, der mit seiner IKEA-Identität ein „Wesen mit mobilen, disponiblen und austauschbaren Qualitäten darstellt" (Bauman 1999, S.158). Oft genug aus der Angst[1] heraus, nicht „dabei zu sein", passt er sich in seinen Lebensformen der unaufhaltsamen Beschleunigungsdynamik an. Aber der gesellschaftliche und berufliche Fitness-Parcours hat kein erreichbares Maß, kein Ziel, an dem man ankommen kann, sondern es ist eine nach oben offene Skala, jeder Rekord kann immer noch gesteigert werden. Hier ist trotz Wellness-Industrie keine Chance eine Ökologie der eigenen Ressourcen zu betreiben, sondern in einem unaufhaltsamen Steigerungszirkel läuft alles auf Scheitern und einen Erschöpfungszustand zu.

---

1   Wie die DAK-Daten gezeigt haben, steigen auch Angststörungen erheblich an.

Wir brauchen eine „Kultur des Scheiterns", weil Scheitern vermehrt zu unserer Erfahrung gehört, weil Scheitern die Basis für Lernprozesse ist, weil Scheitern die Chance zum Neuanfang enthält und weil Scheitern ein Tabu ist. Unsere Kultur wird zunehmend eine „Winner"-Kultur, sie will vor allem Sieger- und Erfolgsgeschichten hören und sie verdrängt die andere Seite der Medaille. Notwendig sind Trauerarbeit *und* Empowerment. Empowerment heißt, die eigenen Ressourcen und Kräfte wahr- und ernst zu nehmen. Dies heißt auch, sich von den dominierenden ideologischen Menschenbildvorgaben des neoliberalen Herrschaftsmodells ebenso zu befreien wie von der Hoffnung auf eine obrigkeitliche Lösung.

4. EINE SALUTOGENETISCHE PERSPEKTIVE

Mit diesen Überlegungen bin ich bereits bei der Frage angekommen, wie man mit Belastungen umgehen sollte. Es gehört zwingend dazu, sich dieses Steigerungszirkels bewusst zu sein, um ihm nicht ausgeliefert zu sein. Das erfordert nicht selten auch für sich bewusst Grenzen zu ziehen. Wichtig ist so etwas, wie eine Haltung der Achtsamkeit auf die eigenen körperlichen und psychischen Ressourcen aussehen könnte. „Selbstsorge" hat es Michel Foucault genannt. Das ist eine zentrale Einsicht und Annahme von Gesundheitsförderung und Prävention. Am besten ist diese im salutogenetischen Modell aufgehoben, das Aaron Antonovsky entwickelt hat und das inzwischen als empirisch gut bewährt gelten kann.

Lebenserfahrungen, in denen Subjekte sich als ihr Leben Gestaltende konstruieren können, in denen sie sich in ihren Identitätsentwürfen als aktive Produzent/innen ihrer Biographie begreifen können, sind offensichtlich wichtige Bedingungen der Gesunderhaltung. Der israelische Gesundheitsforscher Aaron Antonovsky hat diesen Gedanken in das Zentrum seines „salutogenetischen Modells" gestellt. Es stellt die Ressourcen in den Mittelpunkt der Analyse, die ein Subjekt mobilisieren kann, um mit belastenden, widrigen und widersprüchlichen Alltagserfahrungen produktiv umgehen zu können und nicht krank zu werden. Wer war Aaron Antonovsky und gehört er zu der Fraktion der chronischen Optimisten, die mit ihrem Ressourcendenken auch dort noch positive Möglichkeiten sehen, wo es für die meisten Menschen nur Leid und Schmerzen gibt? Diese Frage wird durch ein Zitat beantwortet, das aus einer Rede stammt, die Antonovsky bei seinem einzigen Besuch in dem Land gehalten hat, das sein Volk vernichten wollte. Er sagte:

„Ich bin tief und überzeugt jüdisch. 2000 Jahre jüdische Geschichte, die ihren Höhepunkt in Ausschwitz und Treblinka fand, haben bei mir zu einem profunden tiefen Pessimismus in bezug auf Menschen geführt. Ich bin überzeugt, dass wir uns alle immer im gefährlichen Fluss des Lebens befinden und niemals sicher am Ufer stehen" (1993, S.7).

Das ist ein Bekenntnis zu einem eher pessimistischen Bild und die Metapher vom „gefährlichen Fluss" ist in Antonovskys Denken sehr wichtig, ist für ihn das Bild für das Leben:

„Ich gehe davon aus, dass Heterostase, Ungleichgewicht und Leid inhärente Bestandteile menschlicher Existenz sind, ebenso wie der Tod. Wir alle, um mit der Metapher fortzufahren, sind vom Moment unserer Empfängnis bis zu dem Zeitpunkt, an dem wir die Kante des Wasserfalls passieren, um zu sterben, in diesem Fluss. Der menschliche Organismus ist ein System und wie alle Systeme der Kraft der Entropie ausgeliefert" (ebd., S.8f.).

Dem pathogenetischen Denken unterstellt Antonovsky ein homöostatisches Modell: Es geht davon aus, dass wir uns im Gleichgewicht mit uns und der Welt befinden, wenn wir gesund sind. Krankheit gefährdet dieses Gleichgewicht und muss deshalb bekämpft werden. Wenn krank machende Faktoren entfernt worden sind, dann haben wir wieder unser Gleichgewicht gefunden. Unsere westliche Medizin sieht Antonovsky – weiter in seinem Bild bleibend – als „gut organisierte, heroische und technologisch aufgerüstete Unternehmung, ertrinkende Menschen aus einem wilden Fluss herauszuziehen" (1988, S.89). Und sie fragt nicht, warum eigentlich Menschen immer am Ertrinken sind. Hätte man ihnen vielleicht das Schwimmen beibringen müssen? Ja, würde Antonovsky selbstverständlich antworten, das genau ist die Konsequenz der salutogenetischen Perspektive. Bei seinem Deutschlandvortrag hat er noch ein weiteres Bild bemüht, das für einen

Bayern näher liegt, als für einen Bürger Israels: Eine lange Skipiste, die wir herunterfahren,

„...an deren Ende ein unumgänglicher und unendlicher Abgrund ist. Die pathogenetische Orientierung beschäftigt sich hauptsächlich mit denjenigen, die an den Felsen gefahren sind, einen Baum, mit einem anderen Skifahrer zusammengestoßen sind, oder in eine Gletscherspalte fielen. Weiterhin versucht sie uns zu überzeugen, dass es das Beste ist, überhaupt nicht Ski zu fahren. Die salutogenetische Orientierung beschäftigt sich damit, wie die Piste ungefährlicher gemacht werden kann und wie man Menschen zu sehr guten Skifahrern machen kann" (1993, S.11).

Dieses Modell geht von der Prämisse aus, dass Menschen ständig mit belastenden Lebenssituationen konfrontiert werden. Der Organismus reagiert auf Stressoren mit einem erhöhten Spannungszustand, der pathologische, neutrale oder gesunde Folgen haben kann, je nachdem, wie mit dieser Spannung umgegangen wird. Es gibt eine Reihe von allgemeinen Widerstandsfaktoren, die innerhalb einer spezifischen soziokulturellen Welt als Potential gegeben sind. Sie hängen von dem kulturellen, materiellen und sozialen Entwicklungsniveau einer konkreten Gesellschaft ab. Mit organismisch-konstitutionellen Widerstandsquellen ist das körpereigene Immunsystem einer Person gemeint. Unter materiellen Widerstandsquellen ist der Zugang zu materiellen Ressourcen gemeint (Verfügbarkeit über Geld, Arbeit, Wohnung etc.). Kognitive Widerstandsquellen sind „symbolisches Kapital", also Intelligenz, Wissen und Bildung. Eine zentrale Widerstandsquelle stellt die Ich-Identität dar, also eine emotionale Sicherheit in Bezug auf die eigene Person. Die Ressourcen einer Person schließen als zentralen Bereich seine zwischenmenschlichen Beziehungen ein, also die Möglichkeit, sich von anderen Menschen soziale Unterstützung zu holen, sich sozial zugehörig und verortet zu fühlen.

Antonovsky zeigt auf, dass alle mobilisierbaren Ressourcen in ihrer Wirksamkeit letztlich von einer zentralen subjektiven Kompetenz abhängt: Dem „Gefühl von Kohärenz". Dieses Kohärenzgefühl ist ein zugleich kognitive und emotionale Prozesse thematisierendes Konstrukt. Es ist eine Art Vertrauen in die eigene Person und beinhaltet die Vorstellung, dass

- die Anforderungen es wert sind, sich dafür anzustrengen und
  zu engagieren (Sinnebene);
- die Ressourcen verfügbar sind, die man dazu braucht, um
  den gestellten Anforderungen gerecht zu werden (Bewälti-
  gungsebene); und
- die Ereignisse der inneren und äußeren Umwelt strukturiert,
  vorhersehbar und erklärbar sind (Verstehensebene).

Antonovsky transformiert eine zentrale Überlegung aus dem Bereich
der Sozialwissenschaften zu einer grundlegenden Bedingung für Gesundheit: Als Kohärenzsinn wird ein positives Bild der eigenen Handlungsfähigkeit verstanden, die von dem Gefühl der Bewältigbarkeit
von externen und internen Lebensbedingungen, der Gewissheit der
Selbststeuerungsfähigkeit und der Gestaltbarkeit der Lebensbedingungen getragen ist. Der Kohärenzsinn ist durch das Bestreben charakterisiert, den Lebensbedingungen einen subjektiven Sinn zu geben und sie
mit den eigenen Wünschen und Bedürfnissen in Einklang bringen zu
können. Das Kohärenzgefühl repräsentiert auf der Subjektebene die
Erfahrung, eine Passung zwischen der inneren und äußeren Realität
geschafft zu haben. Umso weniger es gelingt, für sich Lebenssinn zu
konstruieren, desto weniger besteht die Möglichkeit sich für oder
gegen etwas zu engagieren und Ressourcen zur Realisierung spezifischer Ziele zu mobilisieren.

5. LITERATUR

Antonovsky, A. (1997): Salutogenese. Zur Entmystifizierung der
Gesundheit. Tübingen: DGVT.

Barz, H. / Kampik, W. / Singer, T. / Teuber, S. (2001). Neue Werte,
neue Wünsche. Future Values. Düsseldorf, Berlin: Metropolitan.

Bauman, Z. (1999): Unbehagen in der Postmoderne. Hamburg: Ham-
burger Edition.

Bauman, Z. (2000): Liquid modernity. Cambridge: Polity Press.

Bröckling, U. (2007): Das unternehmerische Selbst. Soziologie einer
Subjektivierungsform. Frankfurt: Suhrkamp.

Castells, M. (1996): The rise of the network society. Vol. I von The information age: Economy, society and culture. Oxford: Blackwell.

Cromby, J. (2004): Depression embodying social inequality? In: Journal of Critical Psychology, Counseling and Psychotherapy, 4 (3), S.176-187.

Freytag, T. (2008): Der unternommene Mensch. Eindimensionalisierungsprozesse in der gegenwärtigen Gesellschaft. Weilerswist: Velbrück.

Gergen, K.J. (2000): The self: death by technology. In: Fee, D. (Hrsg.): Pathology and the postmodern. Mental illness as discourse and experience. London: Sage, S.100-115.

Giddens, A. (1995): Konsequenzen der Moderne. Frankfurt: Suhrkamp.

Giddens, A. (1997): Jenseits von Links und Rechts. Frankfurt: Suhrkamp.

Habermas, J. (1998): Die postnationale Konstellation. Frankfurt: Suhrkamp.

Hantel-Quitmann, H. / Kastner, P. (Hrsg.) (2004): Die Globalisierung der Intimität. Die Zukunft intimer Beziehungen im Zeitalter der Globalisierung. Gießen: Psychosozial.

Keupp, H. (1997): Ermutigung zum aufrechten Gang. Tübingen: DGVT.

Keupp, H. / Ahbe, T. / Gmür, W. et al. (2006[3]): Identitätskonstruktionen. Das Patchwork der Identitäten in der Spätmoderne. Hamburg: Rowohlt.

Keupp, H. / Höfer, R. (Hrsg.) (1997): Identitätsarbeit heute. Frankfurt: Suhrkamp.

Khamneifar, C. (2008): Wie stellt sich der anhaltende gesellschaftliche Wandel für PsychotherapeutInnen dar? – Theoretische und empirische Positionen vor dem Hintergrund ausgewählter sozialwissenschaftlicher Gesellschaftsanalysen und unter besonderer Berücksichtigung der Psychoanalyse. Hamburg: Kovac.

Kickbusch, I. (2005): Die Gesundheitsgesellschaft. Gamburg: Verlag für Gesundheitsförderung.

Lasch, C. (1984): The minimal self. Psychic survival in troubled times. New York: W.W. Norton.

Lessenich, S. (2008): Die Neuerfindung des Sozialen. Der Sozialstaat im flexiblen Kapitalismus. Bielefeld: transcript.

Sennett, R. (1998): Der flexible Mensch. Die Kultur des neuen Kapitalismus. Berlin: Berlin Verlag (engl.: "The corrosion of character". New York: W.W. Norton 1998).

Summer, E. (2008): Macht die Gesellschaft depressiv? Alain Ehrenbergs historische Verortung eines Massenphänomens im Licht sozialwissenschaftlicher und therapeutischer Befunde. Bielefeld: transcript.

Strasser, J. (2000): Triumph der Selbstdressur. In: Süddeutsche Zeitung, Nr. 214 vom 16. / 17. September 2000, S.I.

Wilkinson, R.G. (2001): Kranke Gesellschaften. Soziales Gleichgewicht und Gesundheit. Wien, New York: Springer.

Wulff, E. (1971): Der Arzt und das Geld. Der Einfluß von Bezahlungssystemen auf die Arzt-Patient-Beziehung. In: Das Argument 69, Heft 11 / 12, S.955-970.

Zunahme der psychischen Erkrankungen bei Beschäftigten

Statistische Ergebnisse und Präventionsansätze der Krankenkassen

ERIKA ZOIKE

1. PSYCHISCHE ERKRANKUNGEN AUF DEM VORMARSCH

„Seelische Erkrankungen prägen das Krankheitsgeschehen" – so lautete der Titel des BKK-Gesundheitsreports 2008. Mittlerweile stellen die psychischen Erkrankungen die viertwichtigste Krankheitsgruppe dar. Seit den 1990er Jahren wächst die Bedeutung der psychischen Störungen kontinuierlich. Die hierdurch ausgelösten Krankheitstage haben sich bei den BKK-Pflichtmitgliedern von 1976 bis 1990 (alte Bundesländer) insgesamt fast verdoppelt und waren 2007 in Gesamtdeutschland um weitere 44% auf aktuell 1,3 Arbeitsunfähigkeitstage (AU-Tage) je Pflichtmitglied angestiegen.[1]

---

[1] Laut dem jüngsten BKK-Gesundheitsreport 2009 „Gesundheit in Zeiten der Krise" waren es 2008 bereits 1,5 AU-Tage je BKK-Pflichtmitglied. Das entspricht einem Zuwachs um 62 % seit 1990.

Abbildung 1: Zunahme psychischer Erkrankungen je 100 beschäftigte
Mitglieder – Bundesgebiet 2007

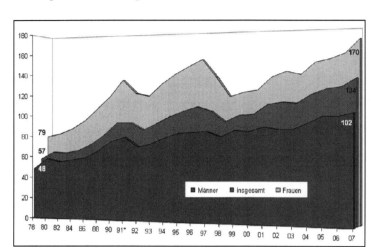

Da der Krankenstand bis 2006 rückläufig war und erst ab 2007 wieder eine leichte Zunahme zeigt, ist der Anteil der psychischen Erkrankungen noch stärker gestiegen.

Abbildung 2: Anstieg der psychischen Erkrankungen in AU-Tagen und
Anteil an allen Erkrankungen (AU-Tage je 100 Pflichtmitglieder –
Bundesgebiet, bis 1990 alte Bundesländer)

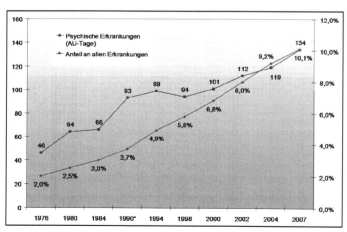

Sechs Krankheitsgruppen verursachen derzeit über drei Viertel (77%) aller AU-Tage erwerbstätiger Pflichtmitglieder. Dies waren in 2007 (mit Veränderungen zu 2006):

- 1. Krankheiten des Muskel-Skelett-Systems 26,4% (-0,1),
- 2. Krankheiten des Atmungssystems 15,7% (+0,7),
- 3. Verletzungen und Vergiftungen 14,5% (-1,2),
- 4. Psychische Störungen 9,3%[2] (+0,4),
- 5. Krankheiten des Verdauungssystem 6,7% (+0,1),
- 6. Krankheiten des Kreislaufsystems 4,5% (-0,1).

Für die Veränderungen der Krankheitsschwerpunkte bei Arbeitsunfähigkeit sind im Wesentlichen folgende Hauptkomponenten maßgeblich:

- veränderte Beschäftigungsstrukturen durch Verlagerung hin zu Dienstleistungstätigkeiten und Verringerung besonders gefährdender Industriearbeitsplätze,
- deutlich höhere Frauenanteile und
- Selektionseffekte am Arbeitsmarkt durch die hohe Arbeitslosigkeit.

2. PSYCHISCHE ERKRANKUNGEN – MÄNNER UND FRAUEN SIND UNTERSCHIEDLICH BETROFFEN

2007 ging jeder zehnte Krankheitstag der Erwerbstätigen und Arbeitslosen zusammen genommen auf das Konto psychischer Gesundheitsstörungen, bei den Frauen ist es sogar jeder achte Tag.[3]

Die Zunahme der AU-Tage aufgrund psychischer Störungen betrifft beide Geschlechter, wenn auch auf unterschiedlichem Niveau, und betrug bis 2008

---

2   In den jüngsten BKK-Ergebnissen hat sich der Anteil bei den Beschäftigten 2008 noch weiter auf 10 % erhöht.

3   In 2008 hat sich der Anteil bei allen Pflichtmitgliedern auf 11 % erhöht, bei den Frauen sogar auf über 14 %.

Bei den Männern:
In den letzten 10 Jahren: + 42 %
In den letzten 20 Jahren: + 72 %
In den letzten 30 Jahren: + 137 %
Bei den Frauen:
In den letzten 10 Jahren: + 63 %
In den letzten 20 Jahren: + 62 %
In den letzten 30 Jahren: + 144 %
(BKK 2009).

Zu den psychischen Erkrankungen zählen unterschiedliche Krankheitsbilder. Die quantitativ bedeutsamsten sind neurotische Störungen (Angststörungen, Reaktionen auf schwere Belastungen und somatoforme Störungen), affektive Störungen (zumeist Depressionen) und Störungen durch psychotrope Substanzen, also Suchterkrankungen durch Alkohol, Rauschmittel und/oder Medikamente.

Abbildung 3: Psychische Erkrankungen nach ICD-Untergruppen, Veränderungen von 2002 zu 2007 (AU-Tage je 1.000 Mitglieder ohne Rentner – Bundesgebiet 2007)

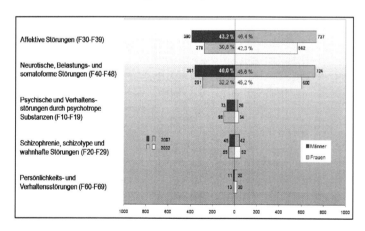

Während bei Frauen Depressionen oder etwa Belastungsstörungen doppelt so häufig wie bei Männern die Krankheitsursache bilden, weisen Männer etwa dreimal so häufig wie Frauen Suchterkrankungen auf – hauptsächlich in Verbindung mit Alkohol.

Abbildung 4: Psychische Erkrankungen nach Einzeldiagnosen – Frauen (AU-Tage je 1.000 Mitglieder ohne Rentner – Bundesgebiet 2007)

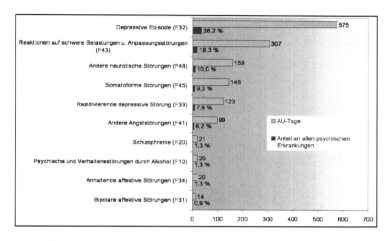

Zum Vergleich die Einzeldiagnosen bei Männern:

Abbildung 5: Psychische Erkrankungen nach Einzeldiagnosen – Männer (AU-Tage je 1.000 Mitglieder ohne Rentner – Bundesgebiet 2007)

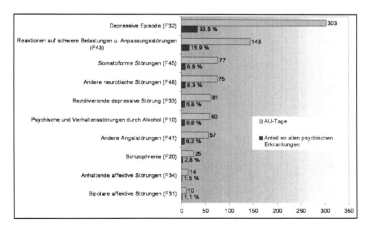

Der langfristige Anstieg der psychischen Erkrankungen/Störungen ist bei beiden Geschlechtern vor dem Hintergrund tiefgreifender sozialer Veränderungen – nicht nur im Arbeitsleben, sondern auch bei Arbeitslosigkeit sowie im familiären Umfeld – zu sehen. Außer Acht gelassen werden sollte hierbei allerdings nicht, dass die generelle Zunahme vermutlich auch aus einer verstärkten Diagnostik und Dokumentation seitens der behandelnden Ärzte resultiert. Bemerkenswert ist in diesem Zusammenhang auch die kontinuierliche Zunahme der Fachärzte für Psychiatrie und Psychotherapie. Nach Angaben der Bundesärztekammer waren Ende 2007 über 8.300 Ärztinnen und Ärzte dieser Fachrichtung registriert, während es 1999 nur 4.500 waren.

3. PSYCHISCHE ERKRANKUNGEN NACH BERUFLICHER TÄTIGKEIT UND BEI ARBEITSLOSIGKEIT

Die Ursachen für das psychische Erkrankungsgeschehen sind komplex. Zur Krankheitsentwicklung tragen sowohl äußere Bedingungen wie Arbeitsplatz, Familie, Lebenssituation als auch innere Dispositionen bei. Arbeitsschutzexperten haben eine steigende Bedeutung des Arbeitsplatzes als Quelle psychischer Fehlbelastungen ermittelt. In neueren Mitarbeiterbefragungen gaben 56% der Beschäftigten an, sich deutlich belastet zu fühlen. Hauptbelastungsfaktoren sind Zeitdruck, Über- oder Unterforderung, mangelnde Anerkennung und Gratifikationskrisen, zu geringer Handlungsspielraum sowie Konflikte mit Vorgesetzten oder Kollegen (Joussen, 2008). Ganz wesentliche Auslöser für psychische Belastungen sind Arbeitsplatzunsicherheit und vor allem Arbeitslosigkeit.

Abbildung 6: Psychische Erkrankungen nach Versichertenstatus (AU-Tage je 100 Mitglieder – Bundesgebiet 2007)

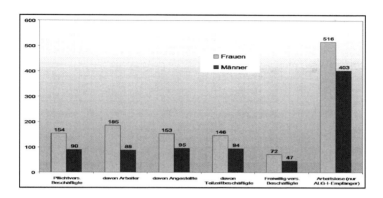

Die Arbeitslosen bilden die Gruppe mit den am stärksten ansteigenden psychisch bedingten Krankheitstagen. Einbezogen werden in die BKK-Daten ausschließlich die Empfänger von ALG-I. Mit 459 AU-Tagen je 100 ALG-I-Empfänger erreichten im Jahr 2007 deren Krankheitszeiten fast das Vierfache der psychisch verursachten Krankheitstage der beschäftigten Pflichtmitglieder. Auch hier liegen Frauen höher. Sie erreichten sogar 516 AU-Tage je 100 aufgrund psychischer Leiden (Männer 403).

Deutlich differenziert sich der Anteil der psychischen Erkrankungen auch nach Branchen. Betrachtet man diejenigen Beschäftigtengruppen, die im weitesten Sinne im IT-Bereich tätig sind, so fällt auf, dass vor allem die Telekommunikation als Branche mit besonders hohem Anteil von psychisch bedingten Krankheitstagen hervorsticht.

Abbildung 7: Psychische Erkrankungen nach Wirtschaftsgruppen
(AU-Tage je 100 beschäftigte Pflichtmitglieder – Bundesgebiet 2007)

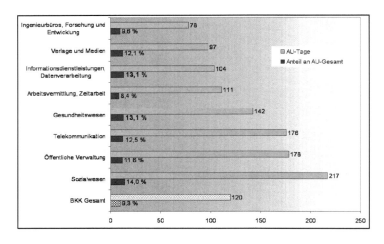

Im Bereich Telekommunikation wurden 2007 bei den beschäftigten Frauen 276 AU-Tage je 100 Versicherte mit psychischen Diagnosen verzeichnet. Das sind fast 80% mehr als im Durchschnitt (156 Tage). Auch die Männer in dieser Branche sind deutlich stärker betroffen (150 AU-Tage je 100 aufgrund psychischer Störungen, im Mittel 90 AU-Tage je 100).

Abbildung 8: Psychische Erkrankungen nach ausgewählten
Wirtschaftsgruppen 1999-2007 (AU-Tage je 100 beschäftigte
Pflichtmitglieder – Bundesgebiet 2007)

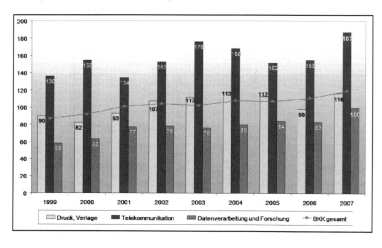

Nach Tätigkeiten differenziert, fallen die meisten AU-Tage aufgrund psychischer Erkrankung bei Telefonistinnen (298 AU-Tage je 100) und Helferinnen in der Krankenpflege (286 AU-Tage je 100) an. Einen hohen Anteil verzeichnen hier nach wie vor soziale Berufe wie Sozialarbeiterinnen und Sozialpflegerinnen (257 AU-Tage je 100).

Tabelle 1: Arbeitsunfähigkeit nach Berufen in unterschiedlichen Wirtschaftsgruppen (je 100 Mitglieder)

		Mitglieder	AU-Fälle*	AU-Tage*	Tage je Fall
Fernmeldemonteure,	Dienstleistungen	5.206	82,8	1214,4	14,7
-handwerker	Post- und Telekommunikation	16.372	118,6	1641,4	13,8
(312)	Insgesamt	27.843	111,7	1507,7	13,5
Datenverarbeitungsfachleute	Dienstleistungen	58.104	78,3	733,9	8,6
(774)	Post- und Telekommunikation	8.785	112,1	1589,2	14,2
	Handel	10.433	70,5	625,6	8,9
Publizisten	Dienstleistungen	1.224	61,7	493,1	8,0
(821)	Kultur, Sport und Unterhaltung	2.639	54,4	480,5	8,8
	Insgesamt	9.788	56,4	544,7	9,7

4. KRANKENHAUSBEHANDLUNGEN AUFGRUND PSYCHISCHER ERKRANKUNGEN

Psychische Störungen werden immer häufiger Anlass für die stationäre Aufnahme. So zählte 2007 erstmals die häufigste Einzeldiagnose bei Krankenhausbehandlung zu dieser Krankheitsgruppe, nämlich psychische und Verhaltensstörungen, ausgelöst durch Alkohol. Seit 1986 ist die Zahl der wegen psychischer Erkrankungen stationär Behandelten um mehr als das Dreifache gestiegen: von 3,8 Fällen je 1000 Versicherte im Jahr 1986 auf 12,4 Fälle je 1000 Versicherte im Jahr 2008.

Während die durchschnittliche Verweildauer bei stationärer Behandlung rückläufig ist, steigen die Krankenhaustage aufgrund psychischer Störungen an. Im Jahr 2007 nahmen die psychischen Störungen bei der Ursache für stationäre Behandlung erstmals den ersten Platz ein: 277 Tage je 1000 Versicherte (2008: 301 Tage je 1000

Versicherte). Die mittlere Verweildauer aufgrund psychischer Erkrankungen lag bei 24,1 Tagen (2008: 24,3). Nach Einzeldiagnosen ergeben sich deutlich Unterschiede zwischen Männern und Frauen. Während die häufigste Diagnose bei Frauen auch bei stationärer Behandlung affektive Störungen darstellen, ist der Hauptgrund einer Krankenhausbehandlung von Männern eine Suchterkrankung: psychische Störungen, ausgelöst durch psychotrope Substanzen.

Abbildung 9: Durch psychische Krankheiten verursachte Krankenhausfälle nach ICD-Untergruppen (KH-Fälle je 1.000 Versicherte – Bundesgebiet 2007)

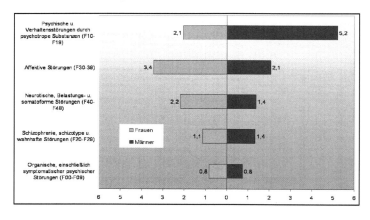

5. PSYCHOPHARMAKA VERORDNUNGEN

Die AU-Tage wie auch die Krankenhaustage sind nur ein Indikator für eine Erkrankung. Gerade bei psychischen Störungen, wie z.b. Depressionen werden Medikamente zur Linderung bzw. Überwindung der Krankheit eingesetzt. Arzneimittelverordnungen sind demnach ein wesentliches Kriterium für das ambulante Versorgungsgeschehen. Die Inanspruchnahme von Psychopharmaka hat sich bei den Beschäftigten in den letzten drei Jahren in einigen Bereichen verdoppelt. Die Gesamtgruppe der Psychopharmaka umfasst die über den ATC-Code zugeordneten Arzneimittelgruppen NO5A (Antipsychotika), NO5B-C (angstlösende und beruhigende Mittel, auch bei Schlafstörungen) sowie NO6A (Antidepressiva). Die breite Spanne der zugelassenen Indikationsbereiche für die einzelnen Wirkstoffe lässt zwar keinen eindeutigen Schluss von der Verordnung auf die Erkrankung zu. Dennoch können aus den Verteilungshäufigkeiten Hinweise auf die psychisch besonders beeinträchtigten Problemgruppen abgeleitet werden. Von den beschäftigten weiblichen BKK-Mitgliedern erhielten 8,8% Psychopharmaka. Bei den Männern waren es 4,8%. Insgesamt bilden Antidepressiva-Verordnungen die größte Gruppe. 70% der Psychopharmaka-Verordnungen machten die NO6A-Präparate aus. Frauen sind doppelt so oft betroffen wie Männer.

In 2007 erhielten 1000 beschäftigte Frauen 170 Einzelverordnungen und 9711 Tagesdosen (DDD), was eine Verdoppelung gegenüber 2004 darstellt. Bei den Männern waren es „nur" 88 Einzelverordnungen mit 5266 Tagesdosen je 1000 Beschäftigte. Dies bedeutet einen Zuwachs von 43% gegenüber 2004.

Besonders betroffen sind die Arbeitslosen (hier ALG-I *und* ALG-II-Empfänger). Sie erhielten im Jahr 2007 im Vergleich zu den Beschäftigten die 2,6-fache Verordnungsmenge von Psychopharmaka. Das heißt, mehr als jeder siebte Arbeitslose erhielt ein Psychopharmakon veordnet (14,8%; Frauen 17,9%; Männer 12,0%).

Nach Wirtschaftsgruppen betrachtet, liegen bei den Frauen wieder die Telefonistinnen und die Sozialarbeiterinnen/Sozialpflegerinnen ganz vorne. Aber auch die Datenverarbeitungsfachleute weisen hohe Werte auf.

Abbildung 10: Veränderungen der Antidepressiva-Verordnungen von 2004 zu 2007 nach Tätigkeitsgruppe – Frauen (DDD je 1.000 Versicherte – Bundesgebiet)

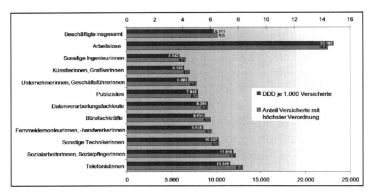

Bei den Männern kommen nach den Sozialarbeitern/Sozialpflegern die Publizisten auf Rang 2 der Verordnungen. Auch hier liegen Fernmeldemonteure/-handwerker, Telefonisten und Datenverarbeitungsfachleute auf den vorderen Rängen.

Abbildung 11: Veränderungen der Antidepressiva-Verordnungen von 2004 zu 2007 nach Tätigkeitsgruppe – Männer (DDD je 1.000 Versicherte – Bundesgebiet)

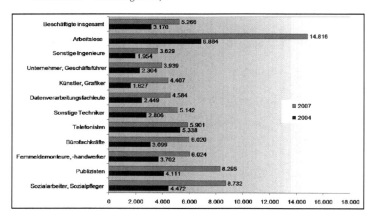

Generell lassen sich bei den besonders betroffenen Gruppen keine einfachen homogenen Profile erkennen. Während einige Gruppen durch einen niedrigen beruflichen Status verbunden mit geringer Eigenverantwortung und wenigen Gestaltungsmöglichkeiten gekennzeichnet sind, stehen in anderen Berufen eher Stress durch hohe, anhaltende Konzentrationsanforderungen, Überforderungsproblematiken und Verantwortungsdruck im Vordergrund – bis hin zum Risiko des Burnouts.

6. PRÄVENTIONSANSÄTZE DER KRANKENKASSEN

Die Veränderungen in den Krankheitsdaten stellen hohe Anforderungen an Präventionsmodelle, vor allem, wenn diese die psychischen Erkrankungen am Arbeitsplatz in den Blick nehmen. Die Heterogenität der Betroffenen, die Heterogenität der spezifischen Stressoren, all dies verlangt Gesundheitsförderungsprogramme, die sich in hohem Maße an unterschiedliche Lebenswelten und Arbeitsanforderungen anpassen lassen.

Die gesetzliche Krankenversicherung hat sich die Reduktion psychischer Belastungen durch betriebliche Gesundheitsförderung zum Präventionsziel gesetzt. Dies soll umgesetzt werden durch

- Betriebliches Gesundheitsmanagement.
- Hilfen für Betroffene und Betriebe, indem
  - o Erfahrungen der Selbsthilfeorganisationen genutzt werden,
  - o Beratung in den Unternehmen angeboten wird,
  - o Führungskräfte und „Multiplikatoren" in Seminaren geschult werden.
- Ad-hoc-Hilfen für Betroffene durch schnelle Information und Beratung betroffener Versicherter.

Diese Maßnahmen sind eingebettet in die europäischen Präventionsanstrengungen, etwa den europäischen Pakt für psychische Gesundheit und Wohlbefinden[4] oder der Move Europe Kampagne 2009[5] zur Förderung der psychischen Gesundheit in Europa.

Die BKK fühlt sich hier zwei Zielrichtungen verpflichtet – der Gesundheitsförderung und der Prävention.

Tabelle 2: Präventionsziele der GKV

	Oberziel Gesundheitsförderung	Oberziel Prävention
	„Die salutogenen Potenziale der Arbeitswelt ausschöpfen"	„Reduktion von psychischen und Verhaltensstörungen"
Teilziel 1	Steigerung der Anzahl an Betrieben mit betrieblichen Steuerungskreisen um 10 % innerhalb von zwei Jahren.	Steigerung der Anzahl an betrieblichen Präventionsmaßnahmen mit der inhaltlichen Ausrichtung „gesundheitsgerechte Mitarbeiterführung" um 10 % innerhalb von zwei Jahren.
Teilziel 2	Steigerung der Anzahl an Betrieben, in denen betriebliche Gesundheitszirkel durchgeführt werden um 10 % innerhalb von zwei Jahren.	Steigerung der Anzahl an betrieblichen Präventionsmaßnahmen mit der inhaltlichen Ausrichtung „Stressbewältigung/Stressmanagement" um 10 % innerhalb von zwei Jahren.
Teilziel 3	Steigerung der Anzahl von Betrieben mit speziellen Angeboten für die Beschäftigten zur besseren Vereinbarkeit von Familien- und Erwerbsleben um 10 % innerhalb von zwei Jahren.	Steigerung der Teilnahme älterer Arbeitnehmer an betrieblichen Präventionsmaßnahmen zur Reduktion psychischer Belastungen um 10 % innerhalb von zwei Jahren.

Speziell zum Thema psychische Erkankungen am Arbeitsplatz hat die BKK gemeinsam mit dem Bundesverband der Angehörigen psychisch Kranker (BapK) eine Arbeitshilfe „Psychisch krank im Job – was tun?" herausgegeben und Seminarmodule entwickelt. Kern ist das H-I-L-F-E-Konzept (Hinsehen, Initiative ergreifen, Leitungsfunktion wahrnehmen, Führungsverantwortung: Fördern und Fordern, Experten hinzuziehen). Diese Seminar- und Schulungsangebote werden in den Unternehmen angeboten.

---

4   Der europäische Pakt konzentriert sich auf die Themenbereiche „Vorbeugung von Selbstmord und Depression", „psychische Gesundheit in den Bereichen Jugend und Bildung", „psychische Gesundheit am Arbeitsplatz", „psychische Gesundheit bei älteren Menschen" und „Bekämpfung von Stigma und sozialer Ausgrenzung".

5   Unter diesem Titel wurde 2009 eine zweijährige europaweite Kampagne ins Leben gerufen, an der sich alle gesellschaftlichen Akteure beteiligen können.

Abbildung 12: Seminarmodule „Psychisch krank im Job"

Psychisch krank im Job: Seminarmodule
- Grundlegende Einführung zu psychischen Erkrankungen
- Auswirkungen der Erkrankungen auf die Arbeitssituation
- Frühwarnzeichen
- Behandlungsmöglichkeiten
- Das H-I-L-F-E-Konzept – Was ist zu tun?
  1. H insehen
  2. I nitiative ergreifen
  3. L eitungsfunktion wahrnehmen
  4. F ührungsverantwortung: Fördern – Fordern
  5. E xperten hinzuziehen
- Handlungshilfen für Krisensituationen
- Handlungshilfen für betriebliche Wiedereingliederung und Rückkehr in den Betrieb
- Informationen über externe Hilfsangebote

Nicht vergessen werden darf in diesem Zusammenhang, dass die Rahmenbedingungen des Arbeitens verstärkt Stressoren darstellen, die als Risikofaktoren für die psychische Gesundheit gesehen werden müssen. Dazu gehören etwa die Zunahme befristeter Arbeitsverträge, eine höhere Arbeitsanforderung – häufig ohne Anpassung der Gratifikationen; die Zunahme psychosozialer Anforderungen am Arbeitsplatz einschließlich Mobbing und Gewalt sowie eine geringere Vereinbarkeit von Familie und Beruf. Diese Entwicklungen müssen politisch im Blick behalten werden.

Aufgrund der begrenzten Mittel und Handlungsspielräume der gesetzlichen Krankenkassen kann die Reduktion von psychischen Verhaltensstörungen nur erreicht werden, wenn sich auch andere Präventionsträger diesem Ziel verschreiben und Institutionen übergreifende Kooperationen möglich werden.

7. LITERATUR

BKK Bundesverband (Hrsg.) (2008): Seelische Krankheiten prägen das Krankengeschehen. BKK Gesundheitsreport 2008. Berlin.

BKK Bundesverband (Hrsg.) (2009): Gesundheit in Zeiten der Krise. BKK Gesundheitsreport 2009. Berlin.

Joussen, R. (2008): Psychische Fehlbeanspruchungen am Arbeitsplatz. In: BKK Bundesverband (Hrsg.): Seelische Krankheiten prägen das Krankengeschehen. BKK Gesundheitsreport 2008. Berlin.

Neue Anforderungen an die Arbeitswelt – neue Anforderungen an das Subjekt

FRITZ BÖHLE

Um der Frage nach dem Neuen in der Arbeitswelt nachgehen zu können, möchte ich zunächst einen Blick auf das Bisherige werfen. Damit soll deutlich werden, dass es nicht nur um neue Anforderungen der Arbeitswelt geht, sondern um einen tief greifenden Wandel in der Organisation von Arbeit. Es vollzieht sich ein Wandel von der Entsubjektivierung zur Subjektivierung von Arbeit. Mit dieser Entwicklung werden traditionelle Belastungen und Restriktionen industrieller Arbeit überwunden, zugleich entstehen aber neue Ambivalenzen und neue Belastungen. Es wird daher auch der Frage nachgegangen, welche Möglichkeiten bestehen, den neuen Zumutungen an die Arbeitskräfte als Subjekt zu begegnen.

1. ARBEIT OHNE SUBJEKT

Veränderungen in der Arbeitswelt und neue Anforderungen an die Arbeitskräfte sind nicht neu. Veränderungen von Arbeit sind ein Merkmal industrieller Gesellschaften. Den Wandel von Arbeit zu beschreiben ist ein zentrales Thema der Arbeitssoziologie und – psychologie. Seit den 1990er Jahren nimmt der Wandel von Arbeit jedoch eine neue Gestalt an; es vollziehen sich Entwicklungen, die in der Vergangenheit kaum erwartet wurden. Um dies zu verstehen ist es wichtig sich zu vergegenwärtigen, worin der Wandel von Arbeit in der Vergangenheit bestand.

Die große Debatte der 1960er und 1970er Jahre ging um die Frage, in welche Richtung sich Anforderungen an die Qualifikation bei fortschreitender Technisierung verändern. Zunächst lautete die Prognose: mit fortschreitender Technisierung treten an die Stelle körperlicher Mühsal zunehmend intellektuelle Anforderungen. Industrielle Arbeit entwickelt sich demnach in Richtung qualifizierter, geistiger Arbeit. Empirische Untersuchungen zeigten demgegenüber jedoch eine andere Entwicklung. Trotz Technisierung fand in vielen Bereichen industrieller Arbeit eine Dequalifizierung und damit verbunden eine Polarisierung der Qualifikationsanforderungen statt. Für einen Großteil der Arbeitenden verringern sich die Anforderungen an die Qualifikation – nicht nur in der Produktion, sondern auch Verwaltung. Nur für wenige entstehen qualifizierte anspruchsvolle Tätigkeiten etwa im Bereich der Forschung und Entwicklung. Eine wesentliche Ursache für diese Entwicklung wurde darin gesehen, dass sich die Rationalisierung von Arbeit am Leitbild und an Prinzipien des Taylorismus orientierte.

Entsubjektivierung von Arbeit

Ein wesentliches Prinzip der tayloristischen Organisation und Rationalisierung ist die Trennung zwischen den Arbeitenden als Subjekt und Arbeitskraft. Die Arbeitenden als Subjekt verkaufen demnach ihre Arbeitskraft als Ware auf dem Markt, geben sie am Fabriktor ab und holen sie abends wieder. Damit verbindet sich auch eine scharfe Abgrenzung zwischen Markt und Organisation: Außerhalb der Arbeit ist man ein selbstverantwortlicher, freier Bürger und in der Arbeit unterliegt man dem Direktionsrecht des Arbeitgebers – ein Tatbestand, der auch im Arbeitsrecht seinen Niederschlag fand. In der sozialwissenschaftlichen Diskussion wird diese Spaltung u.a. als „halbierte Demokratie" bezeichnet.

Diese Trennung zwischen der Sphäre der Arbeit und der Welt außerhalb der Arbeit wird umso mehr erreicht, als es gelingt Arbeitstätigkeiten und -prozesse so zu gestalten, dass – im Prinzip – keine subjektiven Eigenleistungen der Arbeitenden notwendig sind. Die tayloristische Rationalisierung zielt hierauf ab. Sie versucht durch die

Reduzierung von Qualifikationsanforderungen sowie hohe Arbeitsteilung und Standardisierung subjektive Eigenleistungen weit gehend zu
reduzieren. Der Einfluss der Arbeitenden als Subjekt gilt dabei als
Störfaktor, den es zu eliminieren gilt. Die Aufspaltung der Arbeitenden in Arbeitskraft und Subjekt kann in der Praxis niemals vollständig
erreicht werden. Sie war aber dennoch ein sehr wirksames Leitbild für
die praktische Arbeitsgestaltung und hatte u.a. zur Folge, dass subjektive Eigenleistungen nur mehr als inoffizielle, informelle und unsicht-
bare Zusatzleistungen, die zwar genutzt aber nicht honoriert wurden,
Geltung erlangten.[1] Typisch für die tayloristische Arbeitsorganisation
ist die repetitive Teilarbeit am Fließband.[2] Durch die Entsubjektivierung von Arbeit wird es für die Unternehmen möglich, „von außen"
durch Organisation und Technik sowie leistungsorientierte Entlohnung (Akkord, Prämien) die Arbeitsleistung zu steigern. Zu einem
wesentlichen Prinzip industrieller Rationalisierung wird damit die
Intensivierung der Arbeit durch   Steigerung des Arbeitstempos
oder/und Verdichtung der Arbeitsanforderungen und Reduzierung von
„Leerzeiten".

Die tayloristische Organisation und Rationalisierung von Arbeit
richtete sich vor allem auf die industrielle Produktion und im weiteren
Verlauf auch auf die Verwaltung und Dienstleistungen wie beispielsweise das Versicherungswesen, wo Sachbearbeitertätigkeiten in „einfache" hochstandardisierte Teilarbeiten zergliedert wurden. Trotz einer weiten Verbreitung war sie aber keineswegs flächendeckend. Es
war nicht möglich, sämtliche Tätigkeiten in Produktion, Verwaltung
und Dienstleistung in gering qualifizierte, hochstandardisierte Teilarbeiten zu überführen. Dies war/ist vor allem bei planenden und dispo-
sitiven Tätigkeiten sowie Spezialaufgaben mit unbestimmten Arbeits-

---

1   Diese Form der inoffiziellen Nutzung von Ressourcen des Subjekts wurde
    u.a. in den 1980er Jahren insbesondere unter Bezug auf das weibliche Ar-
    beitsvermögen nachgewiesen.

2   Die tayloristische Rationalisierung beschränkt sich jedoch keineswegs
    hierauf, sondern zeigt sich in unterschiedlichen konkreten Erscheinungs-
    formen von Arbeit – wie beispielsweise der Bedienung von Maschinen in
    der Produktion und einfachen Sachbearbeitertätigkeiten wie auch in der
    Verwaltung und - auf unterschiedlichen Niveaus der Technisierung – von
    unmittelbarer Arbeit bis hin zu Zuarbeiten an hochtechnisierten Anlagen.

inhalt und variierenden Anforderungen – wie etwa der Auftragspro-
duktion – der Fall. An den „Rändern" der tayloristischen Organisation
von Arbeit blieben daher qualifizierte und verantwortungsvolle Tätigkeiten bestehen – wie beispielsweise qualifizierte Facharbeiter in der
Produktion – und entstanden auch in neuer Weise – wie beispielsweise
im Bereich der Planung, Steuerung und Kontrolle der Produktion und
Verwaltung. Solche Arbeitsbereiche erwiesen sich in der Praxis als
„Rationalisierungsnischen", jedoch war die Annahme weit verbreitet,
dass es mit der tayloristischen Rationalisierung grundsätzlich möglich
ist, auch hier einzudringen. Dementsprechend entstand auch mit der
Verbreitung rechnergestützter Technologien (Computer) die Prognose
einer nun möglichen Rationalisierung „geistiger" Arbeit nach tayloristischen Muster. Dies erwies sich jedoch – zumindest in der unterstell-
ten Allgemeinheit – als eine Fehleinschätzung.

Die Organisation von Arbeit wandelte sich seit Mitte der 1980er
Jahre in eine Richtung, die bis dahin weder prognostiziert noch als
möglich angesehen wurde. Bevor dies näher ausgeführt wird, kurz
noch einige Anmerkungen zur Rolle der Arbeit im Bereich qualifizierter Arbeit an den Rändern der tayloristischen Organisation von Arbeit.

Charakteristisch für Tätigkeiten in der Planung, Steuerung und
Kontrolle waren/sind qualifikatorisch anspruchsvolle Arbeitsaufgaben
und damit verbunden Dispositions- und Handlungsspielräume.
Gleichwohl waren aber auch hier subjektive Eigenleistungen eingeschränkt. Dies resultierte vor allem aus der bürokratischen Organisation und Regelung. Dispositions- und Handlungsspielräume richteten
sich daher vor allem auf die Durchführung der eigenen Arbeit, weit
weniger jedoch auf deren Einbindung in die (übergreifende) Organisation und Koordination einzelner Funktionsbereiche, Abteilungen sowie des Unternehmens insgesamt. Der Arbeitende tauchte hier also
durchaus als Subjekt auf, aber eher in der Figur des von Max Weber
charakterisierten „Fachmenschen" in der Bürokratie: sachlich, diszip-
liniert und auf die korrekte Durchführung vorgegebener Aufgaben
orientiert, ohne subjektive Meinung und persönliches Engagement
(Weber bezeichnet dies „Entpersönlichung" und verweist damit auf
den Tatbestand, dass die Arbeitenden zwar als Subjekt auftreten, aber
zugleich von allen individuellen, persönlichen Eigenschaften berei-
nigt).

Leitbild für die Organisation von Unternehmen insgesamt ist die hierarchisch-zentralistische bürokratische Organisation. Sie beruht auf der Trennung von Planung und Ausführung nach dem Prinzip „topdown": oben wird geplant und unten wird ausgeführt, wobei Ersteres durch die „geistige", planend-dispositive und Letzteres durch die „körperliche", ausführende Arbeit repräsentiert wird. Damit verbindet sich eine funktionale Gliederung nach unterschiedlichen Funktionsbereichen, die wechselseitig gegeneinander organisatorisch abgegrenzt sind (Forschung und Entwicklung, Produktionsplanung, Kostenrechnung, Produktion, Vertrieb etc.).

Gesellschaftliche Rahmenbedingungen

Wichtige gesellschaftliche Rahmenbedingungen der bürokratisch-zentralistischen Organisation und tayloristischen Rationalisierung sind wirtschaftliches Wachstum, Massenproduktion und Massenkonsum sowie staatliche Regulierungen der Arbeitsbeziehungen und wohlfahrtsstaatliche Sicherungen gegenüber sozialen Risiken (Krankheit, Alter und Arbeitslosigkeit). Auf dieser Grundlage können die Beschäftigungen ausgeweitet und stabilisiert sowie Löhne gesteigert werden. Beides trägt wesentlich zu einer Kompensation der mit der Entsubjektivierung von Arbeit verbundenen Belastungen und Restriktionen bei. Arbeit erscheint primär als „Mittel zum Zweck"; die Befriedigung von Bedürfnissen und – wenn überhaupt – Selbstverwirklichung wird in den Bereich außerhalb der Arbeit verlagert – in die private Lebenswelt, die Freizeit, den Konsum. In der sozialwissenschaftlichen Diskussion wird dies als fordistisches Produktionsregime bezeichnet.

Dequalifizierung, Monotonie und einseitige körperliche Belastungen erschienen für die Mehrheit der Beschäftigten als unabwendbares Schicksal industriell organisierter Arbeit in der Produktion wie auch Verwaltung und Dienstleistung. Für die Unternehmen zeigten sich als neue Probleme nicht primär qualifikatorische Anpassungen, sondern Demotivation, hohe Krankenstände, Fluktuation bis hin zu latenten und manifesten Widerständen und industriellen Konflikten. Die durch die kontinuierliche Rationalisierung und Intensivierung der Arbeit hervorgerufenen Belastungen waren durch die Sicherung der Beschäf-

tigung und Steigerung der Löhne nicht umstandslos zu kompensieren.
So gerieten in den 1970er Jahren auch verstärkt soziale und gesellschaftliche Folgen von Belastungen und Gefährdungen in der Arbeitswelt in den Blick – so beispielsweise, dass in der Arbeiterrenten-
versicherung nur etwa die Hälfte der Beschäftigten das gesetzliche
Rentenalter von 65 Jahren erreichte (Die Flexibilisierung der Alters-
grenze war u.a. eine Reaktion auf die faktisch vorzeitige Ausgliede-
rung aus der Erwerbsarbeit wegen einem Verschleiß der Leistungsfähigkeit). Eine weit reichende gesellschaftspolitische Reaktion auf
diese Entwicklung industrieller Arbeit war das Programm zur Förderung einer „Humanisierung der Arbeitswelt". Dies richtete sich explizit „gegen" die vorherrschenden Prinzipien der Organisation und
Rationalisierung von Arbeit. Ziel war die Unternehmen durch finanzielle Anreize und wissenschaftliche Erkenntnisse dazu anzustoßen,
neue Formen der Arbeitsorganisation zu entwickeln. Damit verband
sich die Überzeugung (und Hoffnung), dass die tayloristische Rationalisierung nicht nur zu inhumaner Arbeit und zu sozialen Kosten führt,
sondern damit, dass auch die Unternehmen selbst wichtige Potenziale
des ihnen verfügbaren Arbeitsvermögens unzulänglich nutzen und
letzlich vergeuden. Die Forderungen und Bemühungen um eine Humanisierung der Arbeit richteten sich vor allem auf die Überwindung
der hohen Arbeitszergliederung, und damit verbunden auf die Erweiterung von Arbeitsaufgaben, Qualifikationsanforderungen und insbesondere von Dispositions- und Handlungsspielräumen.

Es bestehen unterschiedliche Auffassungen darüber, ob und in
welcher Weise das Programm zur „Humanisierung der Arbeit" erfolgreich war. Dies soll hier nicht weiter vertieft werden. Für unsere Betrachtung reicht die Feststellung aus, dass es zum einen in vielen Unternehmen zu neuen Formen der Arbeitsorganisation im Sinne eines
„job-inlargement" und „job-enrichment" kam, zum anderen diese aber
im Unterschied zu den insgesamt vorherrschenden Prinzipien der
Arbeitsorganisation Sonderstatus hatten. Vor diesem Hintergrund
zeichneten sich Mitte der 1980er Jahre Entwicklungen ab, die weithin
unerwartet waren. Wesentliche Anstöße hierfür ergaben sich durch
massive Veränderungen in den gesellschaftlichen Rahmenbedingungen.

Veränderung gesellschaftlicher Rahmenbedingungen

Nur schlagwortartig sind hier zu nennen:

- durch die Sättigung von Märkten verschärfte sich der Wettbewerb und es entstand der Zwang, flexibler auf unterschiedliche Kundensegmente und -anforderungen zu reagieren,
- im internationalen Vergleich zeigte sich, dass nicht nur in anderen Industrienationen kostengünstiger produziert, sondern auch Arbeit anders organisiert wird („Japanschock", Leanproduction),
- durch die Globalisierung verschärfte sich die Konkurrenz insbesondere im Niedriglohnbereich und in der Massenfertigung – und somit in der wesentlichen Domäne tayloristischer Rationalisierung,
- rechnergestützte IuK-Technologien eröffneten neue Möglichkeiten der Technisierung und Automatisierung insbesondere im Bereich „geistiger" Arbeit (Informatisierung),
- eine bis dahin wenig beachtete Kehrseite des Taylorismus zeigte sich in der wachsende Diskrepanz zwischen der Rationalisierung auf der Ebene ausführender Arbeit und der Ausweitung planender, steuernder und kontrollierender Arbeitsbereiche („Wasserkopf" und Vervielfachung von Hierarchieebenen).

Angesichts dieser Entwicklungen gerieten die Starrheit und Unflexibilität der bürokratischen, zentralistisch-hierarchischen und funktional gegliederten Organisation von Unternehmen und der tayloristischen Organisation von Arbeit in die Kritik. Diese Kritik kam nun nicht mehr „von außen", aus der Perspektive von Beschäftigten, Gewerkschaften sowie Gesellschaftspolitik und Staat, sondern primär „von innen" aus den Unternehmen selbst, dem Management, Wirtschaftsverbänden und insbesondere Unternehmensberatung.

Ich habe die Entwicklungen bis Mitte der 1980er Jahre etwas ausführlicher dargestellt, um verständlich zu machen weshalb diese neuen Entwicklungen nicht nur überraschend waren, sondern auch zu einigen Verwirrungen wie auch Irrungen führten. Und so überschlugen sich auch rasch neue Deutungen des Wandels von Arbeit vom „Ende des Taylorismus" bis hin zur gänzlich „neuen Arbeitswelt". Die industrielle Produktion und industrielle Arbeit bis hin zur Industriegesellschaft insgesamt erschienen nun nur mehr als ein Relikt der Vergangenheit – und damit auch das gesamte Arsenal der kritischen Reflexion der Entwicklungen und Organisation von Arbeit. Belastungen, Gefährdungen, Risiken in der Arbeitswelt waren nun nicht mehr angesagt; wer sie dennoch im Blick behielt, zählte schnell zu den „ewig Gestrigen", die den Zug in eine neue Ära der Arbeit verpasst oder ihn willentlich gar übersehen hatten. Im Kontrast zu dieser positiven, wenn nicht euphorischen Sicht, entstand aber auch ein neues Krisenszenario. Sättigung der Märkte, Verschärfung der Konkurrenz und insbesondere die Globalisierung erscheinen hier als Bedrohungen, durch die wohlfahrtsstaatliche Errungenschaften wie insbesondere die Beschäftigungssicherheit aufgeweicht, wenn nicht gänzlich obsolet werden. Die Auflösung des Normalarbeitsverhältnisses und die Prekarisierung von Arbeit in Form befristeter Beschäftigung, Teilzeitarbeit, Leiharbeit u.a. kennzeichnen demnach den Wandel von Arbeit. Während in dem zuerst genannten Szenarium der neuen Arbeitswelt die Bilanz eindeutig positiv ausfällt, ist sie im Krisenszenarium eindeutig negativ.

Ich möchte im Folgenden versuchen, auszuführen und zu begründen, dass sich die genannten Szenarien durchaus auf reale Entwicklungen beziehen, dabei aber substanzielle Merkmale des „Neuen" verfehlen. Das „Neue" ist nicht schlicht das Gegenteil des Bisherigen, sondern zeichnet sich durch strukturelle Ambivalenzen aus. Dies ist nicht gleichbedeutend mit der bekannten Floskel „Risiko und Chancen". Die Ambivalenz erscheint vielmehr als ein immanentes Strukturmerkmal der neuen Entwicklungen und – so die These – resultiert daraus, dass sich in diesen neuen Entwicklungen unterschiedliche Interessen, Ziele und Erfordernisse von Unternehmen kreuzen. Ich richte dabei die Aufmerksamkeit primär auf die Organisation des Inhalts der Arbeit (Tätigkeit) und diskutiere aus dieser Perspektive die Veränderungen im Beschäftigungsverhältnis und der Entlohnung.[3] Im

---

3 Speziell in der Diskussion zur Auflösung des Normalarbeitsverhältnisses und prekärer Beschäftigung richtet sich der Blick meist „nur" auf den Wandel des Beschäftigungsverhältnisses. Damit werden jedoch strukturelle Zusammenhänge zwischen der Organisation von Arbeitstätigkeiten und

Mittelpunkt stehen dabei grundlegende Veränderungen in der Rolle der Arbeitenden als Subjekt.

2. NEUE ORGANISATIONSKONZEPTE UND SUBJEKTIVIERUNG VON ARBEIT

Vor dem Hintergrund der geschilderten Veränderungen in den gesellschaftlichen Rahmenbedingungen der Organisation von Arbeit entstanden neue Organisationskonzepte, die zu weit reichenden Umbrüchen in der Arbeitswelt führen. Sie richten sich zum einen darauf, die Organisation von Unternehmen zu flexibilisieren und zu verschlanken sowie zum anderen darauf, neue Rationalisierungspotenziale im Bereich qualifizierter und verantwortlicher Arbeit zu erschließen. Beides – so die These – führt zu einem neuen Paradigma der Organisation und Rationalisierung von Arbeit: die Subjektivierung von Arbeit. Diese unterschiedlichen Anstöße und Motive des Wandels von Arbeit sowie deren Folgen seien kurz näher erläutert.

Dezentralisierung und Flexibilisierung der Organisation

Neue Organisationsprinzipien sind der Abbau von Hierarchien und die Dezentralisierung von Verantwortung. Hierdurch werden neue Aufgaben des Managements auf die Arbeitenden „nach unten" verlagert. Neben die Anforderungen an fachliche Fertigkeiten und Kenntnisse treten damit verstärkt Anforderungen an die Selbststeuerung und Selbstverantwortung. Dies bezieht sich nicht nur auf die eigene Arbeit (dies war auch schon bei qualifizierter Arbeit in der Vergangenheit der Fall); wesentlich ist vielmehr nun auch die Verantwortung für die wechselseitige (Selbst-)Abstimmung und Organisation unterschiedlicher Arbeitsprozesse und -aufgaben. Die Zunahme von „Meetings" innerhalb einzelner Arbeitsbereiche sowie zwischen unterschiedlichen Funktionsbereichen ist hierfür ein sichtbarer Ausdruck.

Beschäftigung wie auch gegenläufige Entwicklungen und Konflikte ausgeblendet.

Ein weiteres neues Organisationsprinzip ist die Projektorganisation. An die Stelle der funktionalen Gliederung steht eine projektförmige Zusammenführung verschiedener Funktionen, um flexibler auf wechselnde Anforderungen auf den Märkten zu reagieren und sowohl Sach- wie Dienstleistungen kundenorientiert zu differenzieren. Auch hier ergeben sich neue Anforderungen an die Selbststeuerung und Koordinierung sowie Selbstvermarktung und -positionierung im betrieblichen Beschäftigungssystem, da Teams jeweils projektbezogen zusammengestellt und neu konfiguriert werden.

Ein wichtiges Instrument zur Flexibilisierung der Organisation ist die Anpassung des Personalbestands an variierende Auftragslagen und als Voraussetzung hierfür die Flexibilisierung der Beschäftigung. Insgesamt entstehen damit neue Anforderungen an subjektive Eigenleistungen. Im Unterschied zum Taylorismus wird nun explizit der Arbeitende als Subjekt (Person) in die Arbeitswelt hereingeholt. Der Arbeitende als Subjekt gilt nun nicht als Störfaktor, sondern umgekehrt als wichtige Humanressource. Die in den Programmen zur Humanisierung der Arbeit geforderten Dispositions- und Handlungsspielräume sind damit nicht mehr (nur) eine Korrektur tayloristischer Rationalisierung, sondern werden zu einem neuen substanziellen Prinzip der Organisation von Arbeit. Doch dies ist nur eine Seite des Wandels von Arbeit.

Neue Prinzipien der Steuerung und Kontrolle von Arbeit

Den Arbeitenden wird Verantwortung übertragen. Zugleich werden aber auch die Bedingungen festgelegt, unter denen diese wahrzunehmen ist. An die Stelle der direkten Steuerung und Kontrolle der Arbeit – wie dies in der tayloristischen Rationalisierung der Fall ist – tritt nun die indirekte Steuerung oder Kontextsteuerung. Ein Beispiel hierfür ist die Vorgabe eines bestimmten Budgets, das bei der selbstverantwortlichen Bewältigung einer Arbeitsaufgabe nicht überschritten werden darf. Je mehr solche Rahmenbedingungen der Arbeit beschränkt und zugleich die Arbeitsaufgaben und -anforderungen ausgeweitet werden, um so mehr führt die Selbstverantwortung auch zu einer Selbstrationalisierung der eigenen Arbeit. Da beispielsweise bei Projektarbeit zumeist vorab nicht exakt absehbar ist, wie viel zeitliche, sachliche und personelle Ressourcen de facto benötigt werden, werden auf diese Weise die Bewältigung von Problemen und Defiziten der Planung auf die Arbeitenden abgewälzt. Eine wesentliche Rolle spielt dabei die systematische Unterschätzung von nicht vorhersehbaren Unwägbarkeiten in komplexen Arbeitsprozessen. Zugleich können damit Unternehmen Maßnahmen zur Kosteneinsparung durchsetzen – wie z. B. Personaleinsparungen – ohne genauer zu klären, wie sich dies auf der Ebene der einzelnen Arbeitsprozesse auswirkt und bewältigen lässt. Die Rationalisierung der (eigenen) Arbeit wird damit – indirekt – auch zu einer neuen Anforderung, die es durch subjektive Eigenleistungen zu bewältigen gilt.

Ein weiteres (neues) Prinzip der Steuerung von Arbeit ist die Vermarktlichung. Die traditionelle Trennung zwischen Organisation und Markt wird aufgeweicht. Der Markt wird in das Unternehmen hereingeholt. Ein Betriebsrat hat dies wie folgt geschildert: Früher war ein Vorgesetzter da, der die Anforderungen des Marktes an die Mitarbeiter vermittelt hat. Heute tritt der Vorgesetzte zurück und konfrontiert die Mitarbeiter direkt mit dem Markt; wenn der Kunde fordert, dass bis zu einem bestimmten Zeitpunkt geliefert werden muss, dann ist es nun die Angelegenheit der Mitarbeiter dies zu bewältigen. Des Weiteren folgt nun aber die interne Steuerung von Arbeitsprozessen durch das Management nach marktwirtschaftlichen Prinzipien. Die Steuerung durch Kennzahlen und Best-Practice sowie die Förderung des Wettbewerbs zwischen unterschiedlichen Arbeitsbereichen sind hierfür exemplarisch. Die Selbstverantwortung führt auf diese Weise zu einer Selbstökonomisierung der eigenen Arbeit und hierüber wiederum vermittelt zur Selbstrationalisierung. Unternehmerisches Denken rangiert daher mit an oberster Stelle der in der Arbeitswelt neu geforderten Kompetenzen.

Unterschiedliche Anforderungen an das Selbst

Der Wandel der Arbeit führt zu einem breiten Spektrum unterschiedlicher neuer Anforderungen an das „Selbst". Sie beziehen sich auf die sachliche und zeitliche Selbststeuerung und -koordination der Arbeit ebenso wie auf die Selbstökonomisierung und -rationalisierung von Arbeitsprozessen und richtet sich dabei auf die Arbeitstätigkeit, das

Beschäftigungsverhältnis und die Entlohnung sowie letztlich auch auf die (Selbst-) Kontrolle der Arbeit.

3. AMBIVALENZEN

Vor allem in der Managementliteratur wie auch in weiteren Bereichen der öffentlichen Diskussion erscheinen die geschilderten Entwicklungen überwiegend als für Unternehmen wie auch für die Arbeitenden positiv. Typisch ist dabei die Gegenüberstellung zur tayloristischen Arbeitsorganisation. Der Reduzierung von Arbeit auf einfache Verrichtungen und der Unterordnung unter rigide technische und organisatorische Vorgaben werden die Selbstverantwortung und Selbststeuerung gegenübergestellt. Zumeist wird damit auch ein Wandel von traditioneller industrieller Produktionsarbeit zur Dienstleistungs- und Wissensarbeit verbunden. Diese überwiegend positive Sicht auf den Wandel von Arbeit ist – wie gezeigt – keineswegs unbegründet. Sie wird auch von den hiervon unmittelbar Betroffenen geteilt. Der Wandel von Arbeit verspricht das zu überwinden, was in der Vergangenheit als negative Seiten industrieller Arbeit kritisiert wurde. Doch in der Praxis werden durchaus auch die anderen Seiten des Wandels erfahrbar. Allerdings zumeist primär „nur" in ihren Folgen: als psychosomatische Beschwerden und insbesondere als Gefühl der Überforderung wie auch Bedrohung. Ihre Ursachen sind weit weniger greifbar. Die indirekte Steuerung der Arbeitsleistung durch sachliche, zeitliche und personelle Vorgaben sowie Vermarktlichung und Ökonomisierung entziehen sich als Ursache von Belastungen der unmittelbaren Erfahrung. Anders als die Gefährdung der Gesundheit durch Lärm und Hitze oder hohe und einseitige körperliche Anforderungen resultieren die Belastungen bei der Subjektivierung von Arbeit aus dem Zusammenwirken unterschiedlicher Faktoren in komplexen Arbeitssituationen: den Arbeitsanforderungen, den verfügbaren Ressourcen, dem internen Wettbewerb, dem Druck des Marktes usw. Dementsprechend wurde in der sozialwissenschaftlichen Arbeitsforschung anstelle eines eindimensionalen Ursache- und Wirkungsverhältnisses ein „relationales Belastungskonzept" entwickelt, um Belastungen, wie sie durch Subjektivierung von Arbeit entstehen, erfassen zu können. Zudem erscheint nun aber auch die Verursachung von Belastungen ebenso wie deren Bewältigung als Angelegenheit, die in die Selbstverantwortung fällt. Zeitdruck und Überforderung werden auf ein selbst verschuldetes „Missmanagement" der eigenen Arbeit zurückgeführt und nicht auf objektive Diskrepanzen zwischen den Anforderungen und verfügbaren Ressourcen usw. Mit den negativen Seiten des Wandels verbindet sich damit zugleich auch das Gefühl der Ohnmacht: Eine Ab- und Gegenwehr erscheint kaum möglich, die Alternative zwischen „Mitmachen" oder gänzlichem „Ausstieg" unausweichlich. Auch dann, wenn Ursachen von Belastungen vergleichsweise offensichtlich und greifbar werden, wie beispielsweise bei der flexiblen Anpassung der Beschäftigung an Marktschwankungen oder insbesondere bei Personaleinsparungen, bleibt die Ohnmacht. Durch die Vermarktlichung treten an die Stelle der Verantwortung und der Entscheidung des Managements die „Zwänge des Marktes". Hieran wird zugleich deutlich, in welcher Weise die mit der Subjektivierung von Arbeit verbundene Selbst-Ökonomisierung und -rationalisierung von Arbeit durch allgemeine gesellschaftliche Entwicklungen und kulturelle Deutungen flankiert wird. Die einseitige Beschwörung der Gefahren und Bedrohungen durch Globalisierung, Wirtschaftskrise usw. macht den Verweis auf den „Zwang des Marktes" zu einem nicht mehr weiter begründungspflichtigen Argument wirtschaftlichen Handelns.

Zugleich können aber die Kehrseiten der Subjektivierung von Arbeit nicht ohne aktive Beteiligung der hiervon Betroffenen abgewehrt werden. Die klassischen Instrumente des Gesundheits- und Arbeitsschutzes ebenso wie die Stellvertreterpolitik von Betriebsräten und Gewerkschaften greifen nicht mehr. Die Fähigkeit zur Selbstbegrenzung der Arbeitsleistung und Selbsterhaltung der Arbeitsfähigkeit wird vielmehr nun ebenfalls zu einer neuen Anforderung. Staatliche Instanzen des Gesundheits- und Arbeitsschutzes und Gewerkschaftspolitik können (müssten) jedoch die Arbeitenden hierin unterstützen. Vor diesem Hintergrund sei abschließend versucht, Ansatzpunkte für eine neue Auseinandersetzung mit den Ambivalenzen der Subjektivierung von Arbeit zu umreißen.

4. WIDERSPRÜCHE DER SUBJEKTIVIERUNG VON ARBEIT ALS ANSATZPUNKTE FÜR EINE NEUE ARBEITSPOLITIK

Wie die Entwicklungen in der Vergangenheit zeigen, war der Kampf gegen Belastungen im Arbeitsbereich zumeist nur dann (vergleichsweise) erfolgreich, wenn es (auch) gelang deutlich zu machen, dass es sich dabei nicht nur um ein Problem für Beschäftigte und Gesellschaft, sondern auch für Unternehmen selbst handelt – auch wenn dieses nicht bewusst ist. Klassische Beispiele hierfür sind die Durchsetzung des 8-Stunden-Tages und die Reduzierung von Unfallgefahren.

Meine These ist, dass die mit der Subjektivierung von Arbeit verbundene Rationalisierung und Ökonomisierung von Arbeit nicht nur zu neuen Arbeitsbelastungen führt, sondern auch für diese Unternehmen selbst kontraproduktive Effekte hat. Eine grundlegende Widersprüchlichkeit der Subjektivierung von Arbeit liegt in dem Spannungsverhältnis zwischen dem Ziel, durch die Dezentralisierung der Organisationen und Selbstverantwortung die (sachliche) Flexibilität und Innovationsfähigkeit der Unternehmen zu erhöhen und gleichzeitig durch die Ökonomisierung und Rationalisierung von Arbeit Kosten zu senken.

Im Einzelnen zeigt sich dieses grundsätzliche Spannungsverhältnis in vier widersprüchlichen Entwicklungen.

1. Selbstorganisation und -koordination versus fachliche Anforderungen

Im Rahmen der Subjektivierung von Arbeit entstehen neue Anforderungen an die Selbstorganisation und -koordination der Arbeit. Zugleich bezieht sich die Selbstverantwortung aber auch auf die Bewältigung der fachlichen Anforderungen und damit den „eigentlichen" Kern der Arbeit. Die für die Selbstorganisation und -koordination notwendigen zeitlichen und personellen Ressourcen sind grundsätzlich schwer bestimmbar, da sie ex ante schwer absehbar sind. Aus der Sicht der Ökonomisierung liegt es nahe, sie möglichst knapp zu bemessen oder gar gänzlich zu ignorieren. Eine Folge ist, dass für die

Organisation und Koordinierung der Arbeit zeitliche und personelle Ressourcen notwendig sind, die zulasten der „eigentlichen" Arbeit und Bewältigung der fachlichen Anforderungen gehen. Um die fachlichen Anforderungen zu bewältigen, muss die Arbeitsleistung intensiviert oder/und die Arbeitszeit freiwillig ausgeweitet werden. Doch eine solche Bewältigung des Spannungsverhältnisses geht nicht grenzenlos. Es liegt hierin auch die Gefahr, dass die Bewältigung der fachlichen Anforderungen beeinträchtigt wird und Termine sowie Qualitätsstandards nicht (mehr) eingehalten werden können oder umgekehrt die Koordination vernachlässigt wird und es – trotz fachlich hochwertiger Arbeit – zu Abstimmungsproblemen und Fehlentwicklungen kommt.

2. Ökonomisches Denken versus Kreativität und Innovation

Die Maxime „Jeder soll wie ein Unternehmer denken und handeln" ist ein wesentliches Prinzip der Subjektivierung von Arbeit. Zugleich werden aber auch Kreativität und Innovationsfähigkeit gefordert. Unternehmerisches Denken und Handeln können durchaus Kreativität und Innovationen anstoßen; beides kann hierdurch aber auch beeinträchtigt werden. Dies ist dann der Fall, wenn nur mehr das gilt, was sich unmittelbar ökonomisch erfassen und kalkulieren lässt. Die Steuerung von Unternehmen durch Kennzahlen, Best-Practice u.a. lenkt unternehmerisches Denken und Handeln in diese Richtung. Kreatives und innovatives Handeln erfordern demgegenüber vom Gewohnten abzuweichen. Zu Beginn ist zumeist nicht präzise absehbar, welche Ziele und Ergebnisse erreicht werden. Oft zeigt sich ein Erfolg erst in langfristiger Perspektive. Der Zwang, Entscheidungen ökonomisch zu begründen und ökonomisch nachweisbare Erfolge aufzuweisen, führt daher allzu leicht zur Vermeidung von Ungewissheiten und Risiken; man bleibt eher in den gewohnten Bahnen, die zwar nicht innovativ, aber (zumindest) kalkulierbar sind. In der Praxis zeigt sich dies u.a. darin, dass kreatives und innovatives Handeln speziellen Fachbereichen zugeordnet werden. Doch zielen neue Organisationskonzepte und Subjektivierung von Arbeit gerade auch darauf ab, solche traditionellen Aus- und Abgrenzungen kreativen und innovativen Handelns zu überwinden und diese in allen Ebenen und Berei-

chen eines Unternehmens zu verankern. Neben Produktinnovationen
geraten dabei auch Verfahrensinnovationen und organisatorische
Innovationen als wichtige Voraussetzungen zur Sicherung der Wettbewerbsfähigkeit in den Blick.

3. Flexibilisierung der Beschäftigung versus Engagement und Verantwortung

Ein weiteres Konfliktfeld ergibt sich zwischen der Flexibilisierung der
Beschäftigung und der Forderung nach Eigeninitiative, Engagement
und Verantwortung. So verbinden sich mit der Subjektivierung von
Arbeit auch neue Bemühungen zur Entwicklung einer Unternehmenskultur und Corporate Identity. Zugleich führt die Flexibilisierung der
Beschäftigungsverhältnisse dazu, dass sich die Beschäftigten auch ihre
Employability auf dem Arbeitsmarkt insgesamt aufrecht erhalten und
weiter entwickeln müssen. Die vielfach geforderte Bereitschaft, jeder-
zeit zu einem Wechsel des Arbeitsplatzes bereit und fähig zu sein, ist
nur einzulösen, wenn die Identifikation mit dem aktuellen Arbeitsplatz
und Unternehmen mit einer gleichzeitigen persönlichen Unabhängig-
keit und Distanz verbunden wird. Das Wissen darum, dass bei einer
Verschlechterung der Auftragslage oder/und Auflösung von Unternehmensbereichen und Abteilungen die freigesetzten Mitarbeiter nur
mehr als „Kostenfaktor" erscheinen, lässt eine – über unmittelbare
individuelle Nutzenkalküle hinaus gehende – Identifikation mit dem
Unternehmen und ein „Engagement für die Sache" leicht als irrational
erscheinen. Engagement und Identifikation lassen sich somit ohne ein
gewisses Maß an Beschäftigungsgarantie kaum erreichen. Dies aber
wiederum macht es notwendig, die Mitarbeiter nicht nur als Kostenfaktor, sondern als eine unverzichtbare Ressource zu sehen, deren
Wert sich für Unternehmen nicht durch kurzfristig orientierte Kosten-
kalküle erfassen lässt. Ein eindrucksvoller Beleg hierfür ist die Freisetzung älterer Arbeitskräfte, durch die zwar Kosten eingespart, aber
zugleich den Unternehmen ein über viele Jahre aufgebautes Erfahrungswissen verloren geht.

4. Formalisierung und Objektivierung versus informelle Prozesse und implizites Wissen

Durch die Dezentralisierung und Flexibilisierung der Organisation wird die Komplexität der Organisation von Unternehmen erhöht. Eine weitere Steigerung der Komplexität zeigt sich im Bereich der Technisierung. Insbesondere durch die informationstechnische Vernetzung und Steuerung entstehen weit reichende komplexe technische Systeme. Eine Folge hiervon ist, dass trotz aller Fortschritte und Bemühungen um eine wissenschaftliche Durchdringung und Planung technisch-organisatorischer Prozesse Grenzen der Planbarkeit und Unwägbarkeiten in den konkreten Prozessen zur „Normalität" werden. Durch die Auflösung der Grenzen zwischen der internen Organisation und dem externen Markt sowie der Vernetzung mit anderen Standorten und Unternehmen (Unternehmensnetzwerke) wird dies weiter verschärft. Angesichts dieser Entwicklungen wird es zu einer wichtigen Funktion menschlicher Arbeit, Unwägbarkeiten in laufenden technischen und organisatorischen Prozessen auszugleichen, um das Entstehen weit reichender Friktionen und Störungen bis hin zu Zusammenbrüchen zu vermeiden. Wie empirische Untersuchungen zeigen, sind hierfür ein situatives, informelles Handeln sowie ein in der Praxis gewonnenes Erfahrungswissen unverzichtbar. Zugleich führt die Ökonomisierung der internen Steuerung von Unternehmen aber dazu, dass nur das zählt, was sich objektivieren und formalisieren lässt. Des Weiteren richten sich auch neue Formen der Kontrolle auf eine höchstmögliche Transparenz selbstverantwortlichen und selbst gesteuerten Arbeitshandelns. Seinen Niederschlag findet dies u.a. im Zwang zur Dokumentation. Informelles Handeln und Erfahrungswissen lassen sich jedoch nur begrenzt objektivieren und formalisieren.

Für die Auseinandersetzung mit den Kehrseiten der Subjektivierung von Arbeit lassen sich somit (zumindest) vier neue Konfliktfelder nennen, in denen sich negative Auswirkungen der Vermarktlichung und Ökonomisierung nicht nur für die Beschäftigten, sondern ebenso auch für die Unternehmen selbst abzeichnen. Ansatzpunkte für neue Strategien der Arbeitspolitik zur Abwehr der Selbst-Ökonomisierung und Rationalisierung könnten demnach sein:

- die Bereitstellung von zeitlichen und sachlichen Ressourcen für die (Selbst-) Organisation und Koordination von Arbeitsprozessen neben den fachlichen Kernaufgaben,
- die Entwicklung von Voraussetzungen für kreatives und innovatives Handeln in allen Unternehmensbereichen,
- die Sicherungen der Beschäftigung zur Förderung von Engagement und Identifikation,
- die Begrenzung der Objektivierung und Formalisierung selbstverantwortlichen Arbeitshandelns zugunsten informeller Prozesse und impliziten Erfahrungswissens.

5. LITERATUR

Böhle, F. (2008): Ambivalenzen und Widersprüche der „Subjektivierung von Arbeit" als Grundlagen einer nachhaltigen Arbeitspolitik. In: Becke, G. (Hrsg.): Soziale Nachhaltigkeit in flexiblen Arbeitsstrukturen. Problemfelder und arbeitspolitische Gestaltungsperspektiven. Berlin: LIT Verlag, S.87-106.

Böhle, F. / Bolte, A. / Pfeiffer, S. / Porschen, S. (2008): Kooperation und Kommunikation in dezentralen Organisationen – Wandel von formalem und informellem Handeln. In: Funken, Ch. / Schulz-Schaeffer, I. (Hrsg.): Digitalisierung der Arbeitswelt. Zur Neuordnung formaler und informeller Prozesse in Unternehmen. Wiesbaden: VS Verlag.

Bolte, A. / Neumer, J. / Porschen, S. (2008): Die alltägliche Last der Kooperation. Abstimmung als Arbeit und das Ende der Meeting-Euphorie. Berlin: edition sigma.

Haipeter, T. (2003): Erosion der Arbeitsregulierung? Neue Steuerungsformen der Produktion und ihre Auswirkungen auf die Regulierung von Arbeitszeit und Leistung. Kölner Zeitschrift für Soziologie und Sozialpsychologie 55, S.521 - 542.

Hirsch-Kreinsen, H. (1995): Dezentralisierung: Unternehmen zwischen Stabilität und Desintegration. Zeitschrift für Soziologie 24, S.422-435.

Huchler, N. (2007): Ergebnissteuerung und Zielvereinbarung. In: Huchler, N. / Voß, G.G. / Weihrich, M. (Hrsg.): Soziale Mechanismen im Betrieb. München, Mering: Rainer Hampp, S.39-60.

Kratzer, N. (2003): Arbeitskraft in Entgrenzung. Berlin: edition sigma.

Kratzer, N. / Boes, A. / Döhl, V. / Marrs, K. / Sauer, D. (2004): Entgrenzung von Unternehmen und Arbeit – Grenzen der Entgrenzung. In: Beck, U. / Lau, Ch. (Hrsg.): Entgrenzung und Entscheidung: Was ist neu an der Theorie reflexiver Modernisierung? Frankfurt a.M.: Suhrkamp, S.329-359.

Kratzer, N. / Nies, S. (2009): Neue Leistungspolitik bei Angestellten. ERA, Leistungssteuerung, Leistungsentgelt, Berlin.

Lohr, K. (2003): Subjektivierung von Arbeit. Ausgangspunkt einer Neuorientierung der Industrie- und Arbeitssoziologie? Berliner Journal für Soziologie 13, S.511-529.

Marrs, K. (2008): Arbeit unter Marktdruck – Die Logik der ökonomischen Steuerung in der Dienstleistungsarbeit. Berlin.

Minssen, H. (Hrsg.) (2000): Begrenzte Entgrenzungen. Wandlungen von Organisation und Arbeit. Berlin: edition sigma.

Moldaschl, M. (2005): Ressourcenorientierte Analyse von Belastung und Bewältigung in der Arbeit. In: Moldaschl, M. (Hrsg.): Immaterielle Ressourcen. Nachhaltigkeit von Unternehmensführung und Arbeit I. München, Mering: Rainer Hampp, S.243-279.

Moldaschl, M. / Voß, G.G. (Hrsg.) (2002): Subjektivierung von Arbeit. München, Mering: Rainer Hampp.

Peters, K. / Sauer, D. (2005): Indirekte Steuerung – eine neue Herrschaftsform. Zur revolutionären Qualität des gegenwärtigen Umbruchprozesses. In: Wagner, H. (Hrsg.): „Rentier' ich mich noch?" Neueste Strategiekonzepte im Betrieb. Hamburg: VSA.

Sauer, D. (2005): Arbeit im Übergang. Zeitdiagnosen. Hamburg: VSA.

Voß, G.G. / Pongratz, H.J. (1998): Der Arbeitskraftunternehmer. Eine neue Grundform der Ware Arbeit. Kölner Zeitschrift für Soziologie und Sozialpsychologie 1, S.131-158.

Psychische Belastung durch neue Organisations- und Steuerungsformen

Befunde aus dem Projekt PARGEMA

WOLFGANG DUNKEL, NICK KRATZER, WOLFGANG MENZ

1. DAS PROJEKT PARGEMA UND DER FOKUS DIESES BEITRAGS

Das Projekt „Partizipatives Gesundheitsmanagement – PARGEMA" sucht nach Ansätzen für einen wirksamen und nachhaltigen Arbeits- und Gesundheitsschutz. PARGEMA wird vom Bundesministerium für Bildung und Forschung im Rahmen des Förderschwerpunkts „Präventiver Arbeits- und Gesundheitsschutz" gefördert; die Projektträgerschaft liegt beim Deutschen Zentrum für Luft- und Raumfahrt (DLR) – Arbeitsbereich „Arbeitsgestaltung und Dienstleistungen". Unter Federführung des ISF München arbeiten sechs wissenschaftliche Institutionen zusammen mit acht Unternehmen an der Analyse neuer Problemstellungen und darauf aufbauend an der Erarbeitung und Erprobung neuer Ansätze des betrieblichen Arbeits- und Gesundheitsschutzes:

Abbildung 1: Das Verbundprojekt PARGEMA

Eine neue Problemstellung, die in diesem Zusammenhang von zunehmender Bedeutung ist, sind arbeitsinduzierte *psychische Belastungen*, ihre Folgen für die Arbeitskräfte und die sich daraus ergebenden Konsequenzen für den betrieblichen Arbeits- und Gesundheitsschutz. Diese wurden mit unterschiedlichen Ansätzen untersucht: einem *quantitativen Ansatz* – standardisierte Instrumente arbeitspsychologischer (Universität Freiburg) und industriesoziologischer (Universität Jena) Provenienz; einem *reflexiven Ansatz* – Workshops („Denkwerkstätten") mit Führungskräften, Betriebsräten und Beschäftigtengruppen (Cogito Berlin); einem *qualitativen Ansatz* – Expertengespräche, Gruppendiskussionen und Intensivinterviews mit Führungskräften und Beschäftigten (ISF München).

Im diesem Beitrag möchten wir uns auf die Ergebnisse der qualitativen Erhebung im IT-Bereich eines Unternehmens der Kommunikationstechnik konzentrieren, in dem wir fünf Expertengespräche und sechs Intensivinterviews geführt haben.[1] Ergänzend werden auch

---

1 Insgesamt umfasste die qualitative Untersuchung rund 110 Interviews in vier Unternehmen verschiedener Branchen (Metallindustrie, Finanzdienstleistungen, Konsumelektronik und Kommunikationstechnik). In diesem Artikel beschränken wir uns auf die Bestandsaufnahme psychischer Belastungen in diesem Betrieb und ihren Zusammenhang mit neuen Organisations- und Steuerungsformen. Zu der Vorgehensweise des Projektes PAR-

einige Ergebnisse der schriftlichen Befragung in dem Unternehmen der Kommunikationstechnik vorgestellt.[2] Mit dieser Fokussierung auf einen Ausschnitt der in Pargema erzielten empirischen Befunde eröffnet sich die Möglichkeit, Bezüge zu den Ergebnissen des Projektes pragdis herzustellen. Bei unserem Untersuchungsfall haben wir es mit einem Großunternehmen zu tun. Dessen spezifische Restrukturierungsdynamik kann, wie wir sehen werden, selbst zu einer Quelle psychischer Belastung werden. Unsicherheitserfahrungen – so eine unserer Thesen – werden dadurch ausgeweitet und generalisiert und sind heute auch kennzeichnend für solche organisationalen Kontexte, die formal weiterhin durch großbetriebliche Strukturen geprägt sind. Zudem arbeiten neue Steuerungsformen mit den Prinzipien einer „neuen Selbständigkeit in der Organisation". Im Gegenzug schwinden die Unterstützungsleistungen durch das Unternehmen – auch im Feld der Gesundheitspolitik. Leistungsverausgabung und Sorge um die Gesundheit werden mehr und mehr zur Verantwortlichkeit der Beschäftigten selbst. Auch wenn zentrale Differenzen zwischen auch formal Selbständigen weiterhin bestehen bleiben, so finden sich doch relevante Tendenzen einer Annäherung der Leistungs- und Belastungssituation beider Tätigkeitsgruppen.

In den folgenden Ausführungen wollen wir von einem Einzelfall ausgehen und anhand dessen die Gefährdungspotentiale für die psychische Gesundheit erschließen. Die Beschreibung des Einzelfalles führt zu der Frage, wie dessen betrieblicher Kontext beschaffen ist. Hierzu werden Ergebnisse aus weiteren Interviews in diesem Unternehmen herangezogen. In einem dritten Schritt wollen wir dann versuchen, die allgemeine Problematik, die wir in dem Gefährdungspotential neuer Organisations- und Steuerungsformen von Arbeit sehen, zu umreißen.

GEMA und den konkreten Maßnahmen im Fallbetrieb „Kommunikationstechnik" vgl. Kratzer/Dunkel (2009).

2 Hier wurden 47 Beschäftigte befragt, 31 ausgefüllte Fragebögen konnten ausgewertet werden, die Rücklaufquote lag damit bei 66%. Die schriftlichen Befragungen wurden von dem Freiburger Teilprojekt des Verbundvorhabens PARGEMA durchgeführt. Ein wichtiger Schwerpunkt dieses Teilprojektes lag auf der Analyse der Gesundheitssituation von Führungskräften (Wilde et al. 2009).

2. DAS FALLBEISPIEL: DER BEINAHE-BURNOUT EINER FÜHRUNGSKRAFT

Die psychische Gesundheit von Erwerbstätigen ist immer Ausdruck eines komplexen Zusammenspiels vielfältiger externer Anforderungen und individueller Dispositionen, Ressourcen und Bewältigungsformen. Insofern ist die Analyse eines individuellen Falles der passende Zugang, um ein solches komplexes Zusammenspiel erfassen zu können. Die von uns befragte IT-Fachkraft, die wir als Ausgangsfall unserer Analyse gewählt haben, hat sich an einer Stelle des Interviews, das wir mit ihr geführt haben, die Aufgabe gestellt, die eigene Situation zu analysieren. Dies ist selbst bereits so etwas wie eine Fallanalyse (aus der Sicht des Betroffenen selbst) wie auch Stoff für unsere weiteren Überlegungen. Die Fachkraft, die eine Abteilung mit etwa 10 Mitarbeitenden in der internen IT des Unternehmens leitet, soll hier deshalb ausführlich zu Wort kommen:

„Also ich werde vielleicht noch ein paar Worte dazu sagen: Ich bin jetzt im November und Dezember ausgefallen, für einen Zeitraum von sieben Wochen – und hab dann auch zwei Wochen Urlaub noch drangehängt und ich sag mal aus medizinischer Sicht bin ich halt an der Grenze zum Burnout gewesen. Ich bin immer noch in Behandlung – medikamentös – und es hat auch ein bisschen eine Historie. Also wir haben, wenn ich jetzt kucke, den Job, den ich die letzten 3 Jahre hier gemacht habe, die Verantwortung, dass die Infrastruktur funktioniert mit einem schwierigen Provider, die Mannschaft ist halbiert worden, 2 Jahre lang jeweils 20 Millionen Euro eingespart, zusätzlich ein IT-Projekt hingelegt, ein weiteres Projekt vorbereitet – dann sind das Sachen, die über einen längeren Zeitraum bei mir also enorm viel Stress hinterlassen haben, was ich teilweise gleich bemerkt habe, teilweise vielleicht auch nicht.

Also das erste mal letztes Jahr bin ich schon mal 3 Wochen ausgefallen – und bin dann entgegen dem medizinischen Rat dann wieder arbeiten gegangen – und dann irgendwann – also nachdem ich jetzt im Oktober halt eine Woche Urlaub hatte, hab ich halt die Reißleine gezogen – weil es ging halt einfach nicht mehr – aufgrund bestimmter Probleme etc. Und ich denke, wenn ich jetzt also mich anschaue, kommen zwei Sachen zusammen: Das eine, dass einfach über die Jahre zuviel Arbeit da gewesen ist – vielleicht auch, dass ich mich für zu viele Sachen verantwortlich gefühlt habe – das ist das eine.

Ich denke, so ein Auslöser war, dass man mir dann letztes Jahr, nachdem ich nach 3 Jahren das erste mal 3 Wochen Urlaub am Stück machen wollte also hat man mich wegen der Fusion am ersten Urlaubstag wieder zurück geholt – und davon hab ich mich eigentlich nicht erholt, das ist einfach so.

Das heißt, also ich hab da sicherlich ein Stück weit – also das, was ich mitschleppe, wenn ich auf die aktuelle Situation komme, dann hat das, denke ich mal – mein Stressor ist meine Mailbox, also ganz klar, das ist der Stressor Nr. 1. Also ich habe je nachdem zwischen 70 und 150 Emails am Tag, die da halt drin sind, wo ich – also wo ich immer das Gefühl Sisyphus habe – oder Don Quichotte – also weil diesen Kampf kann man eigentlich nicht, also ich kann ihn nicht gewinnen, da fehlt mir noch ein bisschen was. Und immer wieder diese Entscheidung, was ist jetzt wichtig, diese Konsequenz also der Entscheidung. Der zweite Stressor, das hatte ich schon gesagt, das ist das Chaos, das existiert, das hat auch was – meiner Meinung nach – mit der Führungsschwäche meines jetzigen Chefs zu tun, der eigentlich ein Techniker ist, aber keine Führungskraft, der eben keinen Wert darauf gelegt hat, also ein Team zu formen und das Thema Abhängigkeiten in den Griff zu bekommen. Das ist ganz klar ein Thema – und das dritte Thema ist – da weiß ich nicht, ob das bewusst so gemacht worden ist oder eher zufällig ist – ich bin halt in so einer Sandwichposition zwischen meinem Chef und einem anderen drin, wo ich nicht weiß, ist das so eine Art Parkposition, weil man mich ganz bewusst also da ausbremsen will – weiß ich nicht. Das ist aber auch ein Thema, was gelöst werden muss, das sind eigentlich so meine größten Stressoren. Ich empfinde das Thema Reise nicht als Stress, das ist eher angenehm, nach den eher wenigen Dienstreisen [in dem Unternehmen vor der Fusion], weil das wirklich den Blick weitet, also das stresst mich im Moment noch nicht. Genau. Was hab ich noch vergessen – die größten Stressoren – genau was mich noch stresst, sind halt die unselbstständigen Leute, also bei mir, die ich im Team zum Teil habe. Genau."

Unser Interviewpartner berichtet am Anfang des Interviews über seine berufliche Laufbahn in der Weise, dass er nach einigen Jahren vor allem fachlich-technisch interessierter Arbeit im IT-Bereich Karriereambitionen entwickelt und diese in dem Unternehmen zu verwirklichen versucht hat, in dem er heute noch arbeitet. Dabei hat er auch eine Leitungsposition erreicht. In der zitierten Passage nimmt er allerdings eine Reformulierung („Also ich werde vielleicht noch ein paar

Worte dazu sagen...") seiner Selbstdarstellung vor: Es handelt sich nun nicht mehr um eine Erfolgs-, sondern um eine Leidensgeschichte.

Erfolge werden zwar noch genannt (er zählt auf, was er in den letzten Jahren alles geleistet hat), im Vordergrund stehen nun jedoch die allzu hohen Kosten, die diese Erfolge mit sich gebracht haben: Seit über einem Jahr durchlebt er wiederholt Erschöpfungsphasen bis hin zu manifesten Burnoutsymptomen, die eine medizinische Behandlung notwendig machen und bis in die Gegenwart (wie er an anderer Stelle ausführt) seine Belastbarkeit einschränken. Wie erklärt er sich selbst, dass es hierzu kommen konnte?

Der Befragte sieht seine Situation als Folge einer längeren Entwicklung („Historie"), die sich dadurch auszeichnete, dass er mit einer permanenten Überlastung seiner Arbeitskraft zu tun hatte. Primär dafür verantwortlich war die Vielzahl der Aufgaben, die ihm von Seite des Unternehmens gestellt worden war. Mehrfach weist er darauf hin, dass er auch selbst zu seiner Überforderung beigetragen hat: Er hat bereitwillig Verantwortung übernommen, er hat die eigene Überlastung teilweise ignoriert, er hat gearbeitet, obgleich er nach ärztlicher Einschätzung nicht arbeitsfähig war. Das Zusammenspiel sehr hoher Anforderungen von Seiten des Unternehmens und sehr hoher Leistungsbereitschaft auf Seiten des Befragten hat dazu geführt, dass dieser die Belastungssituation so lange aufrechterhalten hat, bis er manifest krank geworden ist und ihm eine Weiterarbeit nicht mehr möglich war und er die „Reißleine gezogen" hat. Auch wenn er kritische Kommentare für sein eigenes Verhalten findet, schreibt er die Verantwortung dafür, dass es ihm schon lange nicht mehr gut geht, dem Unternehmen zu. Das Schlüsselerlebnis war für ihn, dass er aus einem dringend notwendigen Urlaub vom Unternehmen wieder zurück geholt wurde. Die Erholung, die ihm dadurch versagt blieb, konnte er nicht mehr nachholen. Außerdem wird ihm deutlich geworden sein, dass seine Arbeitnehmerinteressen an Erholung und Gesundheit für das Unternehmen ohne Belang sind und sein großes Engagement in den Jahren zuvor keine angemessene Anerkennung erfahren hat. Das Unternehmen ging offenkundig davon aus, dass dieser Mitarbeiter unbegrenzt belastbar ist. Bezahlt hat er dies damit, dass er seitdem wiederholt nicht arbeitsfähig war und weiterhin nicht so belastbar ist wie ehedem.

Im zweiten Abschnitt seiner Bestandsaufnahme geht es für die befragte Führungskraft aus dem IT-Bereich um die aktuelle Arbeitssituation. Diese ist dadurch gekennzeichnet, dass sie keine günstigen Rahmenbedingungen dafür bietet, wieder gesund zu werden: Der Befragte
nimmt seine Arbeitsumgebung vor allem als Quelle von Stress wahr
und benennt einzelne Stressoren, die ihm weiterhin das Leben schwer
machen: Die tägliche Emailflut, die verschiedenen Folgeerscheinun-
gen der Fusion seines Unternehmens mit einem anderen großen Unternehmen (die nicht nur zum Abbruch seines Urlaubs geführt hat,
sondern zu Kooperationsproblemen zwischen zwei reichlich divergen-
ten Unternehmenskulturen und die eine Kette von Restrukturierungsmaßnahmen angestoßen hat), die Führungsschwäche seiner Vorgesetzten und fehlende Selbstständigkeit der Mitarbeiter seines eigenen
Teams. Hilfreiche Ressourcen, die zu einer Verbesserung der Lage
beitragen könnten, sind aus der Sicht dieses Befragten nicht vorhanden.

Nun stellt sich die Frage, inwieweit wir es hier mit einem Einzelfall zu tun haben. Um dies besser einschätzen zu können, soll nun auf
das spezifische Profil des Unternehmens der Kommunikationstechnik
eingegangen werden, wie es sich dem Projekt PARGEMA im Zeitraum der dort durchgeführten Untersuchungen (erstes Halbjahr 2008)
dargestellt hat.

3. DAS FALLUNTERNEHMEN: ZWISCHEN HOHER ARBEITSMOTIVATION, PERMANENTER RESTRUKTURIERUNG UND UNSICHERER ZUKUNFT

Die hohe Arbeitsmotivation

Bei dem untersuchten Bereich handelt es sich um die IT, die für das
interne Funktionieren des Unternehmens zuständig ist. Bei den befragten Fachkräften dieses Bereiches haben wir eine Kombination von
Selbstorganisation der Arbeit mit Ergebnisverantwortung, Leistungssteuerung über Zielvorgaben sowie eine stark ausgeprägte Eigenmotivation vorgefunden. Eine der Befragten fasst die Verbindung von

Selbstorganisation und Ergebnisverantwortung so: „*Und insofern hab ich da schon sehr, sehr viele Freiheiten, muss ich sagen. ... unterm Strich interessiert dann wirklich nur das Ergebnis, also auf gut Deutsch das, was rauskommt*". In den standardisierten Befragungen berichteten rund 80 % der Befragten, dass ihre Arbeitsleistung vor allem am Ergebnis bemessen wird, und rund 90 % geben an, dass die konkrete Arbeitsplanung von Ihnen bzw. vom Team gemacht wird.[3] Neben der Planung der eigenen Arbeit erfolgen vor allem auch die Koordination von verschiedenen Aufgaben und Aufgabenschritten (83 %), die Terminplanung (77 %) und die Koordination der Aufgaben mit Kollegen oder anderen Teams, Abteilungen und Bereichen (70 %) weitgehend in Eigenregie.

Zielvorgaben sind ein wichtiges Steuerungsinstrument. Eine wesentliche Rolle spielen Top-down Zahlenziele. Es gibt aber auch Bottom-up-Vereinbarungen und „weiche" Ziele. Zielorientierte Steuerung wird im Prinzip als durchaus positiv bewertet, teilweise aber auch kritisiert. Die Kritik richtet sich zum einen darauf, dass die zu erreichenden Ziele als unsinnig (*„Man muss irgendwas machen oder soll irgendwas nicht machen, nur weil irgendjemand meint, dass es so sein soll ... das ist unbefriedigend"*) oder als schwer erreichbar eingeschätzt werden. Knapp 60 % der Befragten geben an, dass oft oder sehr oft nicht ausreichend Ressourcen (Zeit, Personal ...) zur Erreichung der Ziele zur Verfügung stehen; rund 80 % sagen, dass es nur selten möglich ist, zusätzliche Ressourcen zu erhalten. Und für rund 55 % der Befragten ist es normal, dass Nicht-Eingeplantes dazwischen kommt: neue Vorgaben „von oben", alltägliche Zusatztätigkeiten, Unterbrechungen, Veränderungen der Zielstellung und andres mehr.

Auffallend ist die fast durchgängige hohe Eigenmotivation der Befragten. Sie betonen, dass für sie Sorgfalt und Gründlichkeit, ein hohes Eigeninteresse an einem guten Ergebnis, die Orientierung am Kunden (auch den „internen" Kunden) sowie generell eine inhaltliche Beziehung zur Arbeit (z.B. Interesse an Technik oder an der Zusam-

---

3   Bei den standardisierten Befragungen wurde auch noch ein zweiter Unternehmensbereich neben der IT einbezogen. Die hier präsentierten quantitativen Ergebnisse differenzieren nicht zwischen den Antworten dieser beiden Bereiche, sondern stellen die Gesamtergebnisse dar. Der überwiegende Teil der beantworteten Fragebögen stammt aus dem IT-Bereich.

menarbeit mit Menschen) wesentliche Gütekriterien darstellen, an denen sie sich orientieren. Diese Orientierung an qualitativ hochwertiger Arbeit kann mit den Anforderungen des Managements in Widerspruch geraten: *„Meine Vorgesetzten hätten halt lieber, dass ich ... weniger Qualität abliefere, aber dafür schneller. Da hab ich ein bisschen mit meiner Lebensauffassung zu tun, wo ich sag, ja, ich komme dem in gewisser Weise entgegen, bin aber nicht bereit, hier nur irgendwelche schlampige Dinge abzuliefern."* Rund 35 % der Befragten geben an, dass sie oft mit widersprüchlichen Anforderungen und mit Widersprüchen zwischen den Anforderungen und ihren persönlichen Werten, Überzeugungen oder Qualifikationen konfrontiert sind.

Die Beschäftigten berichten über einen im Vergleich zu früher deutlich gewachsenen Arbeitsdruck. Ursache ist das Zusammenwirken von geringeren Personalkapazitäten, kürzeren Bearbeitungszeiten und einer größeren Arbeitsmenge. Hinzu kommen die Arbeitsanforderungen in Folge der Fusion – und ungeplante Zusatzarbeiten. Die Bewältigung wachsender und widersprüchlicher Anforderungen muss nach Ansicht der Befragten im Wesentlichen in Eigenregie erfolgen. Die große Selbstständigkeit, die von den Beschäftigten an sich positiv bewertet wird, hat damit eine Kehrseite: Man ist oft auf sich allein gestellt und kann nur begrenzt mit Unterstützung rechnen.

Die permanente Restrukturierung

Die zurückliegenden Jahre und Jahrzehnte der Unternehmensgeschichte werden von einigen der Befragten als eine Abfolge von Managementfehlern wahrgenommen. Während diese Fehler in weiter zurückliegenden Zeiten vor allem darin bestanden, dass man Marktchancen verschlafen habe, ohne dass sich dadurch die Arbeitsplatzsicherheit grundlegend verschlechtert hätte, war die jüngere Zeit vor allem von Restrukturierungsmaßnahmen gekennzeichnet, die mit Personalabbau und einer entsprechenden Verunsicherung der Belegschaft einher gingen. Die Aufgaben, die von der IT zu bewältigen waren, sind aber trotz Personalabbaus nicht geringer geworden. Die erste Folge dieser Entwicklung war eine starke Arbeitsverdichtung. Die zweite Folge insbesondere dessen, dass Restrukturierungsmaßnahmen nie abgeschlossen waren, sondern vielmehr auf Dauer gestellt wurden, besteht darin, dass keine Zeit mehr bleibt, so etwas wie einen „eingeschwungenen Zustand" zu erreichen. Bevor das System so richtig funktionieren kann, wird es schon wieder verändert. Eine Folge hiervon ist wiederum, dass das Unternehmen immer mehr mit sich selbst und seiner permanenten Neuerfindung beschäftigt ist und immer weniger mit den eigentlichen Arbeitsaufgaben. Die dritte Folge schließlich besteht darin, dass eine längerfristige Teamentwicklung nicht mehr möglich ist, da die Teams immer wieder neu zusammengestellt werden.

Die Fusion des Unternehmens mit einem zweiten internationalen Unternehmen der Kommunikationstechnik wurde zunächst von der Belegschaft positiv gesehen, da nach Jahren eher richtungslos erscheinender Restrukturierungen zum ersten Mal wieder eine bestimmte Entwicklungsrichtung und positive Zukunftsperspektiven erkennbar schienen. Diese optimistische Phase war aber schnell zu Ende und wich der Enttäuschung und Desillusionierung. Grund hierfür ist, dass es keine eindeutigen Signale von der Unternehmensleitung dafür gab, dass man längerfristig auf die Beschäftigten setzt. Von der privilegierten Beschäftigungssituation vor der Fusion (hohe Arbeitsplatzsicherheit, guter Verdienst, gewachsene Betriebskultur) ist lediglich die gute Bezahlung erhalten geblieben. Die Arbeitsplatzsicherheit ist geschwunden, die Betriebskultur besteht als Ganzes nicht mehr, es gibt aber Reste solidarischen Handelns auf der Ebene der Teams. In den Gesprächen finden sich allerdings Anzeichen dafür, dass Teamarbeit mehr und mehr durch Einzelarbeit abgelöst wird.

Wie man dies von anderen Fusionen großer Unternehmen kennt, gibt es auch hier vielfältige Kooperationsprobleme zwischen den Arbeitskulturen der beiden fusionierten Unternehmen: Ist für das eine Unternehmen ein vorsichtiges planerisch-strukturiertes Vorgehen kennzeichnend, hat das andere Unternehmen eine Kultur des schnellen Drauflos-Agierens etabliert – zwei Herangehensweisen, die wechselseitig auf Unverständnis stoßen. Allerdings wird die Konfrontation mit einer fremden Arbeitskultur mitunter auch als Bereicherung empfunden. Insgesamt wird der Zusammenschluss der Unternehmen durchaus unterschiedlich interpretiert: als Umwertung alter Werte und Strukturen; als ehrgeiziges Projekt: ein neues Unternehmen soll aufgebaut werden; oder als schlichte Übernahme – man ist nun fremdbestimmt. Die Restrukturierungen und die Fusion werden oftmals als psychisch belastend thematisiert. Die Befragten schildern Belastungen, die sie selbst erleben, aber auch Belastungen, die sie an Kolleginnen und Kollegen beobachten: Geschildert werden innere Kündigung, Müdigkeit und Erschöpfung, Existenzängste, Gefühle der Ohnmacht, Hass, Zynismus sowie psychische Erkrankungen, die zu stationärer Behandlung geführt haben. Solche Belastungen entstehen zum einen aus Arbeitsüberlastung, zum anderen aus einem Gefühl der Enttäuschung: Das Unternehmen hat den psychologischen Vertrag (also gegenseitige Erwartungen und Ansprüche von Arbeitnehmer und Unternehmen, die mit einem Arbeitsvertrag unausgesprochen eingegangen werden – zum Beispiel die Erwartung, dass sich Leistung lohnt) aufgekündigt, man fühlt sich verraten. Hierzu ein Zitat aus einem der Interviews:

„Wie würden Sie denn Ihr Verhältnis zu dem Unternehmen, wie's jetzt ist, beschreiben? Oder wie sehen Sie das?" „Müsste es vielleicht ein bisschen mit einer gescheiterten Beziehung vergleichen. Also wenn man sich jetzt vorstellt, man wäre in einer Ehe, ja, und man hat auch einige Kinderchen auf die Welt gebracht – das seh' ich jetzt mal so als meine Aufgabe, in die ich viel Herzblut ja auch schon in der Vergangenheit hineingesteckt habe, ich hab mich da teilweise sehr reingehängt. Und dann auch irgendwann funktioniert's einfach nicht mehr, also da so von heute auf morgen die Koffer packen, das pack ich halt jetzt noch nicht. Aber Scheidung irgendwann kann schon passieren. Da müsste ein Wunder passieren, wenn das nicht so weit käme."

Die unsichere Zukunft

Die Befragten wägen individuell für sich ab, wie ihre Chancen stehen, noch längerfristig beschäftigt zu bleiben (hierbei spielen Kriterien wie Qualifikation, Zukunftschancen der eigenen Abteilung, Kündigungsschutz aufgrund langjähriger Betriebszugehörigkeit eine Rolle) und wie ihre Alternativen aussehen. Die Perspektiven sind individuell unterschiedlich, aber allen ist gemein, dass sie sich damit beschäftigen. Dabei herrscht Unsicherheit darüber, ob sich die eigenen Anstrengungen auch einmal auszahlen werden oder nicht, da die Botschaft der Unternehmensleitung uneindeutig ist: Auf der einen Seite „Wir brauchen Dich, streng Dich an!", auf der anderen Seite „Keine Ahnung, ob wir Dich in Zukunft auch noch brauchen wollen". Während das Unternehmen also weiterhin die eigenen Ansprüche aus dem unausgesprochenen Vertrag aufrecht erhält, signalisiert es zugleich nicht mehr, dass es in Zukunft bereit sein wird, die entsprechende Gegenleistung zu erbringen. Die implizite Balance von Leistung und langfristiger Anerkennung und Wertschätzung ist gestört. Ein Zitat hierzu:

„Im Hintergrund arbeitet irgendeine Konkurrenztruppe dran, das System, wo ich jetzt für verantwortlich bin, mal überflüssig zu machen. Insofern ist das eine paradoxe Situation. Im Augenblick braucht man es dringend, aber an einem bestimmten Tag X kann ich dann da sehen, was ich mache."

Um die aktuelle Arbeit befriedigend zu gestalten, strengen sich die Beschäftigten an; zugleich müssten sie aber eigentlich darauf achten, ihre Arbeitskraft nicht zu verschleißen, um im Falle der Entlassung fit in den Arbeitsmarkt gehen zu können. Das wichtigste Datum ist in diesem Zusammenhang der Ablauf der Beschäftigungsgarantie, die im Jahr nach den Befragungen ansteht. Sicher ist dabei nur, dass (zumindest) ab dann nichts sicher ist. Die Beschäftigten präsentieren unterschiedlichste Überlegungen, was nach diesem Termin passieren wird: eine Entlassungswelle; der Sozialplan; eine Kerntruppe wird übrig bleiben; alles wird platt gemacht; das Unternehmen wird vorsichtig agieren, da Entlassungen bei anderen Unternehmensstandorten für schlechte Presse gesorgt haben, die man sich doch nicht noch einmal leisten könne und anderes mehr.

Gemeinsam ist den Beschäftigten, dass sie kein Vertrauen mehr in ihr Unternehmen haben. Die innere Loslösung vom Unternehmen ist bereits relativ weit fortgeschritten. Auch wenn das Ende der Beschäftigungsgarantie durchaus als kollektives Ereignis wahrgenommen wird, führt dies jedoch nicht zu kollektivem Handeln. Die Beschäftigten schätzen ihre Einflussmöglichkeiten auf die Entwicklung zum einen als äußerst gering ein; zum anderen sind sie, wenn sie angesichts des aktuellen hohen Arbeitsanfalls überhaupt Zeit zum Nachdenken haben, allenfalls mit individuellen Risikoabschätzungen und Überlegungen zu Alternativen zu ihrem gegenwärtigen Arbeitsplatz beschäftigt.

4. FOLGEN FÜR DIE PSYCHISCHE GESUNDHEIT DER BESCHÄFTIGTEN

Das Belastungsprofil des Unternehmens der Kommunikationstechnik weist zusammengefasst folgende zentrale Dimensionen auf:

- *Personalabbau als Belastung:* Über die letzten Jahre bzw. Restrukturierungen hinweg sind die Teamgrößen immer wieder geschrumpft oder wurden nicht der Anforderungsmenge entsprechend aufgestockt – knappe Personalkapazitäten und entsprechender Arbeitsdruck sind die Folge.

- *Widersprüchliche Anforderungen als Belastung:* Widersprüchliche Anforderungen werden als belastend erlebt, weil man mit einem – teilweise inneren – Konflikt konfrontiert ist, aus dem man immer als Verlierer hervorgeht: Man ist entweder überlastet oder kann die eigenen Ansprüche nicht umsetzen.

- *Arbeitsunterbrechungen als Belastung:* Über 60 % der Befragten nennen häufige Arbeitsunterbrechungen als eine wesentliche Quelle von Belastungen.

- *Hierarchie als Belastung:* Berichtet wird hier über teilweise „unsinnige" Vorgaben und nicht eingeplante hierarchische Durchgriffe, die zum einen zusätzliche Anforderungen bedeuten, zum anderen aber auch als Arbeitsunterbrechung wirksam werden.

- *Reorganisation als Belastung:* Die permanente Reorganisation des Unternehmens führt nicht nur zu einer immensen Belastung durch Verunsicherung, sondern auch zu zusätzlichen Arbeitsanforderungen und wachsenden Anforderungen an Veränderungsflexibilität.

- *Organisation als Belastung:* Für die Beschäftigten ist auf der einen Seite problematisch, dass sie über eine Vielzahl von

Regelungen und Zuständigkeiten in ein komplexes Netz ein-
gewoben sind, das als Behinderung und Erschwernis erlebt
wird; auf der anderen Seite ist es für sie aber auch problematisch, dass es – vermutlich nicht zuletzt angesichts des noch
längst nicht abgeschlossenen Integrationsprozesses – an vielen Stellen an klaren Regelungen oder Zuständigkeiten fehlt.

- *Projektarbeit als Belastung:* Projekte werden als eine ganz
wesentliche Quelle von Belastungen genannt. Ursache dürfte
hier zum einen der enorm gesteigerte Koordinationsaufwand
sein, der durch die dynamischen Rahmenbedingungen sicher
noch einmal deutlich erschwert wird. Eine zweite Ursache
sehen wir darin, dass Projektarbeit mit höheren Außen-, auch
höheren eigenen Ansprüchen verbunden ist und entsprechend der Widerspruch zu den vorhandenen Ressourcen und
Kompetenzen als größer und problematischer erlebt wird –
zumal Projekte auch einem viel intensiveren Controlling un-
terliegen.

- *Kulturunterschiede als Belastung:* Neben Unsicherheit und
Veränderungsdruck wird die Fusion mit dem internationalen
Unternehmen aus zwei weiteren Gründen als belastend erlebt: Englisch als Verkehrssprache wird von einem Teil als
positive Herausforderung wahrgenommen, von einem anderen Teil aber auch als problematische neue Anforderung, der
man sich nicht wirklich gewachsen sieht. In der alltäglichen
Arbeit sind es vor allem unterschiedliche Arbeitskulturen,
die für Reibungsverluste sorgen können und so auch als Belastung erlebt werden: Die gründliche, zwar bürokratische,
aber vertraute Herangehensweise des eigenen Herkunftsun-
ternehmens trifft auf eine flexiblere und schnellere, aber dadurch manchmal auch weniger durchdachte und auf jeden
Fall weniger vertraute Herangehensweise des „Fremd"unternehmens.

Viele dieser Belastungsquellen sind in dem geschilderten Fallbeispiel
der ausgebrannten Führungskraft zusammen gekommen und waren
zum Teil dort auch besonders ausgeprägt. Aber auch in den weiteren
Gesprächen und den schriftlichen Befragungen werden Belastungsfol-

gen immer wieder thematisiert. Es zeigt sich ein breites Spektrum an physischen und psychischen Beschwerden, die von den Befragten mit ihrer Arbeitssituation in Zusammenhang gebracht werden: Gereiztheit, Unzufriedenheit, Erholungsunfähigkeit (Wochenende reicht nicht aus), Magendruck, Schlafstörungen, Erschöpfung, Burnout. Die überwiegende Mehrzahl der Befragten gab an, in der (jüngeren) Vergangenheit oder in der Gegenwart entweder selber zumindest einmal mit entsprechenden Beschwerden oder Erkrankungen konfrontiert gewesen zu sein oder jemanden aus der Arbeit zu kennen, der betroffen ist. Die genannten Beschwerden treten in unterschiedlicher Häufigkeit und Massivität auf. Normal ist zum Glück nicht, dass man davon manifest krank wird. Normal ist hingegen schon, dass die Arbeit in der einen oder anderen Weise als (hoch)belastend erlebt wird.

In der Wissenschaft ist mittlerweile unbestritten, dass die „Fehlzeiten" nur sehr begrenzt etwas über die tatsächliche Belastungs- oder Krankheitssituation aussagen. Dies zeigt sich auch hier (wobei die hier verwendeten Daten nicht auf objektiv erfassten Fehlzeiten, sondern auf eigenen Angaben der Beschäftigten in der quantitativen Befragung beruhen): Die teils massiven Beschwerden äußern sich nicht in entsprechend hohen Fehlzeiten. Nach eigenen Angaben waren die Beschäftigten in den letzten 12 Monaten rund sieben Tage krankheitsbedingt abwesend. Auf der anderen Seite – dies wird ist in der Literatur als „Präsentismus" diskutiert – geben die Befragten an, dass sie knapp 3,5 Tage trotz Krankheit anwesend waren.

Zwei Befunde aus den Fragebögen illustrieren, dass sich in der Wahrnehmung der Arbeitssituation und ihrer Folgen sowohl die Arbeitsbelastungen im engeren Sinne als auch Belastungen durch anhaltende Reorganisation und Personalabbau widerspiegeln: Dies sind zum einen die Befunde zur psychischen Gereiztheit, die vor allem im Zusammenhang mit den Arbeits- und Leistungsbedingungen stehen. Der Mittelwert der befragten Mitarbeiter liegt bei 3,58 (SD=1,25) und damit über dem Durchschnitt der Normstichprobe. Ca. 60 % der Befragten geben Werte an, die über dem Durchschnitt der Normstichprobe liegen. Zum anderen dürfte in den extrem schlechten Zufriedenheitswerten vor allem die Wahrnehmung der vorangegangenen Reorganisationswellen und speziell der gegenwärtigen Situation zum Ausdruck kommen:

Abbildung 2: Allgemeine Zufriedenheit mit der Arbeitssituation (Prozentuale Anteile)

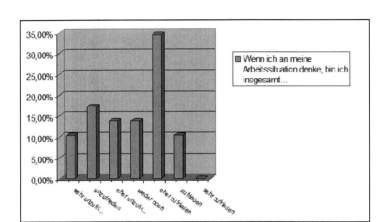

Erfahrungsgemäß fallen Zufriedenheitsumfragen in Unternehmen in aller Regel sehr positiv aus. Werte von 80 oder 90 % „Zufriedenen" oder sogar „sehr Zufriedenen" sind keine Seltenheit. Dies liegt u.a. daran, dass die Arbeitssituation sich ja aus einer Vielzahl von Faktoren zusammensetzt. Selbst wenn einige davon als negativ empfunden werden, bleiben oft noch genug positive Erfahrungen, um insgesamt für Zufriedenheit zu sprechen. Auch bei unserem Unternehmen ist in den Augen der Befragten längst nicht alles schlecht: Die Beschäftigten betonen etwa, dass sie das vergleichsweise hohe Gehalt schätzen, das unmittelbare Arbeitsumfeld gut finden, in der Regel auch ihre Arbeit gerne machen usw. Insofern ist der Umstand, dass niemand sehr zufrieden und nur zehn Prozent zufrieden sind, ein ganz klares und deutliches Signal. Dies lässt sich wohl nur mit einem Zustand erklären, der dadurch gekennzeichnet ist, dass das Unternehmen im Laufe der letzten Jahre den Beschäftigten sehr viel zugemutet und dabei den impliziten Vertrag (Loyalität und Bindung an das Unternehmen gegen Freiräume und Sicherheit) aufgekündigt hat.

Welche Rolle spielt nun angesichts der hohen Belastungen das Thema Gesundheit – für die Beschäftigten selbst und für das Unternehmen?

„Also das gesundheitliche Wohlbefinden ist unter Kollegen eigentlich nicht so das Thema komischerweise. Man sagt, dass man krank ist, aber eigentlich wird nur an der Oberfläche gekratzt. Das ist glaube ich vielleicht unter Frauen anders, aber unter Männern ist das eher so irgendwie: Man hat funktionsfähig zu sein. Man will der harte Hund sein. Aber das ist schon so, dass ich glaube, dass sehr viele sehr krank sind eigentlich und zwar aufgrund dessen, dass die Belastung doch ziemlich enorm ist."

Fragen der Gesundheit werden bislang im Kollegenkreis nur zögerlich thematisiert. Im Vergleich zu früher scheint es aber eine gewisse Enttabuisierung zu geben. Zwar bemühen sich die Mitarbeiter weiterhin darum, als leistungsfähig und gut funktionierend zu erscheinen, aber die objektive Belastungssituation wird allgemein als so stressend empfunden, dass es zunehmend als normal angesehen wird, deshalb auch krank werden zu können.

Was tut das Unternehmen, um seine Mitarbeiter gesund zu erhalten? Hier ist die Meinung der Befragten eindeutig: Das Unternehmen unternimmt nichts – jedenfalls nichts Neues. Das, was es noch gibt, sind Angebote, die aus der Zeit vor der Fusion stammen und bislang noch weiterlaufen: die betriebsärztliche Versorgung, betriebliche Sozialarbeit, Schwerbehindertenvertretung, Angebote im Bereich der Gesundheitsförderung (Fitness-Studio, Sportangebote, Kursangebote). Solche Angebote haben eine ungewisse Zukunft, da man nicht weiß, was in diesem Bereich für die Zeit nach der endgültigen Abnabelung von den Mutterkonzernen geplant ist. Die Maßnahmen von Seiten des Personalwesens, um sich mit dem Problem der mangelnden Zufriedenheit auseinanderzusetzen, werden als unzulänglich eingeschätzt: Einer der Befragten bezeichnete diese als „Coaching für Arme". Arbeitsschutz, Arbeitssicherheit, das Thema Gesundheit im Betriebsrat sind bislang institutionell noch nicht breit genug verankert. Eine Gefährdungsbeurteilung, die psychische Belastungen systematisch einbezieht, steht seit langem aus.

Insgesamt wird das Unternehmen nicht so gesehen, dass es seine Beschäftigten vor Erkrankungen schützt. Es erscheint vielmehr selbst als Erkrankungsrisiko, indem es die Arbeitsanforderungen nach oben schraubt, für unklare und dadurch die Lösung der Arbeitsaufgaben behindernde Arbeitsstrukturen sorgt sowie eine hoch unsichere Beschäftigungsperspektive bietet.

5. ÜBER DEN EINZELFALL HINAUS: PSYCHISCHE BELASTUNGEN IN ZEITEN NEUER STEUERUNGS- UND ORGANISATIONSFORMEN

Betrachtet man die Ergebnisse aus dem hier vorgestellten IT-Bereich des Unternehmens „Kommunikationstechnik" in Relation zu den anderen im Rahmen von PARGEMA untersuchten Unternehmen, erscheinen die dort konstatierten Belastungen insbesondere hinsichtlich der Auswirkungen permanenter Restrukturierung zwar als besonders ausgeprägt. Aber auch in den weiteren Unternehmen lassen sich Grundzüge eines Zusammenhangs zwischen neuen Organisations- und Steuerungsformen und psychischen Belastungen bei der Belegschaft finden, wie sie uns bereits in dem hier präsentierten Fall begegnet sind. Kennzeichnend für diese neuen Organisations- und Steuerungsformen sind vor allem drei Merkmale:

- eine zunehmende Ausrichtung von Organisations- und Arbeitsgestaltung an abstrakten und dynamischen Zielen und daran anschließend die Ablösung einer aufwandsbezogenen Leistungspolitik durch eine ergebnisorientierte Leistungssteuerung;
- eine kontinuierliche Überprüfung der Organisationseinheiten hinsichtlich Rentabilität und Zielerreichung und daran anschließend eine immer schnellere und auf Dauer gestellte Restrukturierung der Einheiten und der Organisation insgesamt;
- eine zunehmende Anforderung an die Beschäftigten, die durch Ergebnisorientierung und permanente Restrukturierung erzeugten Anforderungen selbst zu bewältigen (Prinzip der Selbststeuerung).

Diese Merkmale interpretieren wir als Momente eines umfassenden Strukturwandels in der betrieblichen Steuerung von Arbeit. Im Folgenden wollen wir sie etwas näher charakterisieren.

Ergebnisorientierung

In den Unternehmen findet gegenwärtig ein Paradigmenwechsel in der betrieblichen Leistungssteuerung statt. Ausgangspunkt der betrieblichen Planung und Steuerung sind nun nicht mehr die vorhandenen Ressourcen oder der kalkulierte Aufwand, sondern abstrakte und dynamische Ziel- bzw. Ergebnisvorgaben: Diese sind *abstrakt*, weil sie entlang des „theoretisch Möglichen" und nicht des „praktisch Machbaren" definiert werden. Basis sind pauschale Rendite- oder Absatzvorgaben, strategische Zielsetzungen (z.B. Marktführerschaft, Neukundengewinnung etc.) und sehr häufig auch Vergleiche mit den Wettbewerbern (Benchmarks). Und sie sind *dynamisch*, weil in aller Regel in die Definition der Zielvorgaben eine Steigerungsrate eingebaut wird – es muss jedes Jahr besser, mehr, schneller werden. Dieser Paradigmenwechsel beinhaltet die zunehmende Ergänzung und Ablösung aufwandsbezogener Methoden der Leistungsbestimmung, die sich an Kriterien menschlicher „Leistbarkeit" (etwa ausgedrückt im klassischen Modell der „Normalleistung") orientieren, durch solche Verfahren, die sich abstrakter und dynamischer Ziel- und Ergebnisvorgaben bedienen (Menz 2009). Das Verhältnis von Aufwand und Ergebnis wird umgedreht: am Anfang der Prozesse stehen definierte Ertrags- oder Marktziele (wie sie etwa aus systematischen Benchmarks oder Marktanalysen gewonnen werden), die kaskadenförmig über die einzelnen Organisationseinheiten aufgeteilt und heruntergebrochen werden. Die Bestimmung der Organisations- und Leistungsziele erfolgt zunächst unabhängig von den bestehenden organisationalen und humanen Ressourcen. Aus dieser grundsätzlichen Ressourcengleichgültigkeit resultiert die Gefahr einer systematischen Überforderung von Organisation wie auch der Führungskräfte und der Mitarbeiter, die verantwortlich dafür werden, mit den bestehenden Möglichkeiten wachsende Ergebnisse und Erträge zu erreichen. Sie müssen die abstrakten Ziele ins „praktisch Machbare" übersetzen und die dafür notwendigen Ressourcen selbst mobilisieren (Kratzer 2003, Kratzer et al. 2009, Kratzer/Nies 2009).

Permanente Reorganisation

Ein zweites Merkmal neuer Organisations- und Steuerungsformen ist die permanente Reorganisation der Unternehmen. Alle Unternehmensteile werden in immer kürzeren Abständen einer Bewertung unterzogen und gegebenenfalls neu strukturiert. Im Ergebnis befinden sich die Organisationen in ständiger Bewegung, werden oft jährlich restrukturiert und umgebaut. Unrentable Bereiche werden verkleinert, ausgelagert oder geschlossen, ganze Betriebe oder einzelne Betriebsteile werden ein- oder ausgegliedert, Abteilungen getrennt und neu zusammengelegt, Geschäftsfelder, Bereiche und Verantwortlichkeiten neu definiert usw. Der Prozess der permanenten Reorganisation schafft nicht nur neue Coping-Anforderungen und oft auch Zusatzarbeit durch die notwendige (Mit-)Arbeit am Reorganisationsprozess oder die Kompensation von knapperen Personalressourcen (nach Personalabbau oder der Zentralisierung von Funktionen) – permanente Reorganisation bedeutet auch Permanenz von Unsicherheit.

Selbststeuerung

Das dritte Merkmal neuer Organisations- und Steuerungsformen ist die Selbststeuerung als Modus der Bewältigung organisationeller Überforderung auf der unmittelbaren Arbeitsebene. Teils aus Not (begrenzte Steuerbarkeit komplexer, flexibler und kontingenter Anforderungen), teils aus Tugend (Steigerung von Effizienz und Motivation durch die Gewährung von erweiterten Spielräumen) setzt der Modus der Selbststeuerung auf steigende Verantwortung und Handlungsmöglichkeiten (allerdings auch steigende Anforderungen ohne entsprechend wachsende Ressourcen) – zumindest so lange, wie das Ergebnis stimmt und so lange, wie die Belastbarkeitsgrenze der Beschäftigten noch nicht überschritten ist.

Auswirkungen auf die psychische Gesundheit

Wenden wir uns abschließend noch einmal dem in Abschnitt 2 vorgestellten Fall der erschöpften Führungskraft aus der IT eines großen
Unternehmens zu. Der Befragte hatte uns dort geschildert, dass er über
Jahre hinweg mit einer übergroßen Menge von Arbeit konfrontiert
war. Diese war zum einen dadurch gekennzeichnet, dass sie ergebnis-
orientiert ausgerichtet war (Kosten einsparen, Projekte durchführen),
zum anderen, dass sie mit einer generellen Verantwortlichkeit dafür
verbunden war, „dass die Infrastruktur funktioniert mit einem schwierigen Provider". Weder die Ergebnisorientierung noch die generalisierte Verantwortung generieren aus sich heraus Grenzen der Veraus-
gabung von Arbeitskraft. Sie sind dezidiert nicht aufwandsbezogen
und damit obliegt es dem Beschäftigten selbst, Grenzen zu ziehen.
Dies hat er jedoch, wie er einräumt, über einen längeren Zeitraum
versäumt. Er hat versucht ein Übermaß an Arbeit mit einem Übermaß
an Leistungsbereitschaft zu bewältigen. Dies hat sich allerdings nicht
auf Dauer als tragfähig erwiesen. Ein zusätzlicher Grund – neben der
permanenten Überforderung im Arbeitsalltag – lag darin, dass das
Unternehmen ihm gerade dann die Chance zur Selbststeuerung nahm,
als er sie am dringendsten brauchte: Der erste größere Urlaub nach
Jahren des permanenten Stresses wurde von Unternehmensseite nach
einem Tag abgebrochen, da der Beschäftigte wegen der aktuell ver-
kündeten Fusion im Unternehmen gebraucht wurde. Die einzige Möglichkeit für die Führungskraft, sich der permanenten Überforderung zu
entziehen, lag dann darin, krank zu werden.

Auch gegenwärtig fehlen dem Interviewpartner die Ressourcen,
eine gesundheitsförderliche Gestaltung seiner Arbeit zu erreichen:
Weder erhält er von seinen Vorgesetzten noch von seinen Mitarbeitern
die Unterstützung, die er gerne hätte. Auch die Aussichten auf Karriere, die vormals ein wichtiger Antrieb gewesen waren, haben einen
Dämpfer erhalten: Der Befragte wähnt sich in einer „Parkposition", er
fühlt sich abgestellt. Aktuell arbeitet er zwar wieder, ist aber dünnhäu-
tig und leicht gereizt. Er sagt, es fehle ihm der „Abstand". Die einzige
Möglichkeit, wieder arbeitsfähig zu werden, scheint für ihn darin zu
bestehen, sich nicht von der Arbeit vereinnahmen zu lassen, sich von
den Anforderungen zu distanzieren. In einem Arbeitsumfeld, das auf

High Performer zugeschnitten ist, maximale Identifikation mit den gesetzten Zielen und dem Unternehmen erfordert und das selbst aufgrund kurzfristig aufeinander folgender Restrukturierungsmaßnahmen nicht mehr zur Ruhe kommt (kein „eingeschwungener Zustand" mehr), ist Abstand zu gewinnen eine höchst anspruchsvolle Aufgabe, die wiederum selbst gesteuert, bewältigt werden muss.

6. LITERATUR

Kratzer, N. / Dunkel, W. (2009): Neue Wege im betrieblichen Gesundheitsmanagement – Das Projekt PARGEMA. In: Schröder, L. / Urban, H.-J. (Hrsg.): Gute Arbeit. Handlungsfelder für Betriebe, Politik und Gewerkschaften. Hamburg: Bund, S.326-336.

Kratzer, N. / Dunkel, W. / Menz, W. (2009): Neue Managementmethoden – neue Belastungsformen? In: Gesellschaft für Arbeitswissenschaft (Hrsg.): Arbeit, Beschäftigungsfähigkeit und Produktivität im 21. Jahrhundert. Bericht zum 55. Kongress der GfA vom 4. - 6. März 2009. Dortmund: GfA-Press, S.539-542.

Kratzer, N. (2003): Arbeitskraft in Entgrenzung – Grenzenlose Anforderungen, erweiterte Spielräume, begrenzte Ressourcen. Berlin: edition sigma.

Kratzer, N. / Nies, S. (2009): Neue Leistungspolitik bei Angestellten. ERA, Leistungssteuerung, Leistungsentgelt. Berlin: edition sigma.

Menz, W. (2009): Die Legitimität des Marktregimes. Leistungs- und Gerechtigkeitsorientierungen in neuen Formen betrieblicher Leistungspolitik. Wiesbaden: VS-Verlag.

Wilde, B. / Bahamondes Pavez, C. / Hinrichs, S. / Schüpbach, H. (2009): Gesundheit und Arbeitsbedingungen von Führungskräften auf der unteren und mittleren Hierarchieebene – Konsequenzen neuer Steuerungsformen. In: Gesellschaft für Arbeitswissenschaft (Hrsg.): Arbeit, Beschäftigungsfähigkeit und Produktivität im 21. Jahrhundert. 55. Frühjahrskongress der Gesellschaft für Arbeitswissenschaft, Dortmund: GfA-Press.

Belastungen, Beanspruchungen und Ressourcen in der IT-Arbeit

Befragung von Beschäftigten und Freelancern
der IT- und Medienbranche

DAGMAR SIEBECKE UNTER MITARBEIT
VON ANNIKA LISAKOWSKI

Den Gesundheitsreports der Krankenkassen zufolge sind die Beschäftigten der IT-Branche sehr gesund. So haben Mitarbeiterinnen und Mitarbeiter aus dem Bereich der Datenverarbeitung und Forschung (in den Krankenkassenstatistiken gemeinsam geclustert) mit durchschnittlich 6,6 eine relativ geringe Anzahl an Arbeitsunfähigkeitstagen pro Versicherten und Jahr verglichen mit anderen Wirtschaftsgruppen (vgl. BKK Bundesverband 2008). Auch bei den einzelnen Krankheitsarten fallen sie dort nicht weiter auf.

Wie schon die differenzierten Analysen von Erika Zoike in diesem Band zeigen, trügt dieser Schein. Gerade psychische Belastungen und Beanspruchungen nehmen zu. Aktuelle Studien deuten an, dass gerade Alleinselbstständige besonders betroffen sind (siehe z.b. Gerlmaier, 2002, Pröll et a., 2003 sowie 2006).

Im Rahmen des Projektes pragdis wurde daher der Frage nachgegangen, wie es um die gesundheitliche Situation der Beschäftigten der IT- und Medienbranche steht, wo konkrete Belastungsfaktoren liegen, was Ressourcen für die Gesundheitsförderungen sein können und ob hierbei Unterschiede zwischen abhängig Beschäftigten und Freelancern bestehen. Ziel war die Erarbeitung von Ansatzpunkten für den präventiven Arbeits- und Gesundheitsschutz – insbesondere mit der Zielgruppe der diskontinuierlich Beschäftigten.

1. DAS ERHEBUNGSINSTRUMENT

Für die Erhebung wurde ein standardisierter Online-Fragebogen entwickelt, der sich an Beschäftigte (abhängig Beschäftigte wie auch Selbstständige) der IT- und Medienbranche richtet. Abgefragt wurden neben Angaben zur Person:

- Arbeitsemotionen (Wie fühlen Sie sich in Ihrer aktuellen Tätigkeit?),
- Charakteristika der Arbeit,
- Präventionsverhalten der letzten 12 Monate,
- gesundheitliche Beschwerden in den letzten 12 Monaten,
- Fragen zu betrieblichen Präventionsangeboten und ihrer individuellen Zugänglichkeit,
- Präventionswünsche und -anforderungen sowie
- Einschätzungen zur beruflichen Zukunft.

Die Zielgruppenansprache erfolgte in Kooperation mit verschiedenen Interessenvertretungen, Fachzeitschriften und Internet-Freelancer-börsen:

- mediafon – Beratungsservice der ver.di für Solo-Selbstständige,
- DNBGF – Deutsches Netzwerk für Betriebliche Gesundheitsförderung,
- Gesellschaft für Informatik e.V. – Beirat für Selbstständige,
- IT Freelancer Magazin – für Selbstständige und Existenzgründer in der Computerbranche,
- IT-Szene München – Die Computerzeitschrift für München und Oberbayern,
- GULP – Portal für IT-Projekte,
- Monday works,

- Bitverdreher.de,
- Interlance,
- Freelance-market.de.

2. DIE STICHPROBE

An der Befragung beteiligten sich 344 Personen: 113 Freelancerinnen und Freelancer, 202 abhängig Beschäftigte und 29 Unternehmerinnen und Unternehmer mit Angestellten. Das Durchschnittsalter der Antwortenden lag bei 38 Jahren. Dabei waren die Freelancerinnen und Freelancer im Durchschnitt um 7 Jahre älter als die abhängig Beschäftigten (das Durchschnittsalter der Freelancer/innen betrug 43 Jahre, das der abhängig Beschäftigten 36 Jahre). Die Altersverteilung zeigt Abbildung 1.

Abbildung 1a: Altersverteilung der befragten abhängig Beschäftigten

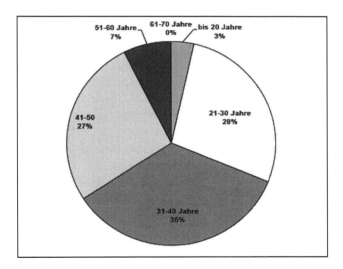

Abbildung 1b: Altersverteilung der befragten Freelancerinnen und Freelancer

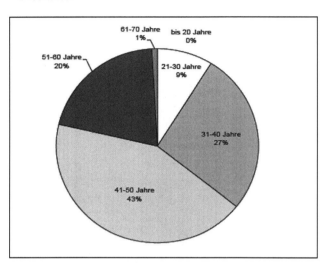

Entsprechend der Männerdominanz in der Branche beteiligten sich an der Befragung insgesamt weniger Frauen (ein Drittel). Bei den Freelancern in der Stichprobe war der Frauenanteil deutlich höher: Nahezu die Hälfte aller befragten Alleinselbstständigen waren weiblich.

Durchschnittlich waren die Personen, die sich an der Befragung beteiligten, seit 14,7 Jahren im Berufsleben (Freelancer/innen 18,7 Jahre, abhängig Beschäftigte 13,2 Jahre), davon 6,4 Jahre im aktuellen Beruf (Freelancer/innen 8,1 Jahre, abhängig Beschäftigte 5,4 Jahre). Bislang hatten die Befragten im Mittel dreimal den Arbeitsplatz gewechselt. Die durchschnittliche Verweildauer in den bisherigen Jobs betrug 6,1 Jahre (vgl. Tabelle 1).

Tabelle 1: Informationen zur beruflichen Vergangenheit der Befragten

Mittelwert	Alter (in Jahren)	Durchschnittliche Verweildauer in bisherigen Jobs (in Jahren)	Berufsjahre	Wie oft haben Sie nach der Ausbildung den Job gewechselt?	Wie lange (in Jahren) sind Sie bereits in der derzeitigen Tätigkeit beschäftigt?
gesamt	38,7	6,1	15,2	3,1	6,4
abhängig Beschäfitgte	36,2	6,2	13,2	2,6	5,4
Freelancer/innen	43,3	6,0	18,7	4,2	8,1

Für die Gruppe der Freelancerinnen und Freelancer zeigte sich zusammenfassend:

- Freelancertum ist kein „Jugendkonzept". Bei den befragten Freelancerinnen und Freelancern ist die Altersgruppe der über 40-Jährigen besonders stark vertreten (43 Prozent sind in der Altersgruppe zwischen 41 und 50 Jahren, 20 Prozent zwischen 51 und 60 sowie 1 Prozent über 60 Jahre alt).

- Etwa 50 Prozent der befragten Alleinselbstständigen sind Frauen. Bei den abhängig Beschäftigten ist der Frauenanteil deutlich geringer (ca. 26 Prozent).

- Unter den Freelancerinnen und Freelancern ist der Anteil derjenigen, die schon lange Zeit im aktuellen Beschäftigungsverhältnis arbeiten, größer als in den anderen Beschäftigungsformen (jeweils ca. 12 Prozent in den Gruppen 11 bis 15 Jahre und 16 bis 20 Jahre sowie 7 Prozent länger als 20 Jahre).

- Freelancerinnen und Freelancer haben ein „bewegteres" Berufsleben hinter sich als abhängig Beschäftigte – sie haben häufiger den Arbeitsplatz gewechselt.

- Freelancer sind sowohl in der Gruppe der Geringverdiener als auch der Spitzenverdiener häufiger vertreten als die anderen Beschäftigungsarten. (20 Prozent der Freelancer verdienen monatlich weniger als 1.000 € netto, 33 Prozent verdienen über 4.000 €).

3. BEFRAGUNGSERGEBNISSE

3.1 Diskontinuierlich Beschäftigte haben mehr Stress

Die Befragten berichten von deutlichen gesundheitlichen Problemen. So klagen etwa zwei Drittel der Befragten über Muskel-/Skelettprobleme, 40 Prozent über Verdauungsprobleme und jeweils etwa die Hälfte der Befragten über Probleme bezüglich des Atmungssystems sowie über psychische Probleme. Von den meisten Beschwerdearten sind Freelancerinnen und Freelancer im Vergleich zu abhängig Beschäftigten stärker betroffen.

Alarmierend ist der Anteil der Personen mit gesundheitlichen Problemen, die vermuten, dass die Beschwerden durch die Arbeit bedingt sein könnten (s. Abbildung 2). Hier sind besonders die Muskel-/Skelettbeschwerden und die psychischen Probleme zu nennen. Freelancerinnen und Freelancer sind hiervon deutlich stärker betroffen als abhängig Beschäftigte. So klagten 65 Prozent der Alleinselbstständigen über (nach Selbsteinschätzung vermutlich arbeitsbedingten) Muskel-/Skelettbeschwerden in den vergangenen 12 Monaten, 52 Prozent über vermutlich arbeitsbedingte psychische Probleme.[1]

Abbildung 2: Gesundheitliche Beschwerden, die nach Angaben der Befragten arbeitsbedingt sein könnten

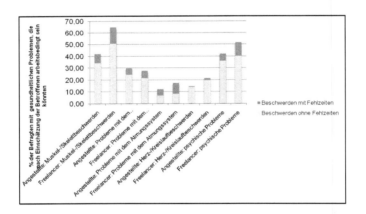

Als physiologische Ursache der erhöhten Muskel- und Skelettprobleme würden mangelhafte ergonomische Bedingungen und das Ausmaß der sitzenden Tätigkeiten in Frage kommen. Hinsichtlich der Ergonomie unterscheiden sich Freelancerinnen und Freelancer nicht von fest Angestellten. Die alleinselbstständigen Befragten sitzen durchschnittlich 12,6 Stunden pro Tag, die abhängig Beschäftigten 11,9 Stunden.

---

1   Allerdings sind nur die Abweichungen zwischen Freelancern und abhängig Beschäftigten bei den Muskel-/Skeletterkrankungen statistisch signifikant.

Dieser eher geringe Unterschied erklärt die Abweichungen in der Problemhäufigkeit nicht. Es ist daher zu vermuten, dass auch die Muskel- und Skelett-Beschwerden zu einem nicht unerheblichen Maße durch Stress und psychische Probleme hervorgerufen sind (vgl. hierzu auch Zimolong/Elke/Bierhoff 2008).

Weiterhin wurden die IT-Beschäftigten zu ihrer Einschätzung befragt, wie lange sie die Belastungen ihres Berufs werden aushalten können (Abbildung 3). Nur 30 Prozent der Freelancerinnen und Freelancer und 41 Prozent der abhängig Beschäftigten gehen davon aus, die Belastungen bis zum Rentenalter von 65 Jahren aushalten zu können. Es besteht ein signifikanter Zusammenhang zwischen dem Auftreten psychischer Probleme und der Einschätzung, wie lange jemand die Belastungen der Arbeit meint aushalten zu können (bei den Freelancer/innen stärker ausgeprägt als bei den fest Angestellten).

Abbildung 3: Einschätzung der Befragten, wie lange sie meinen, die
Belastungen der Arbeit noch aushalten zu können

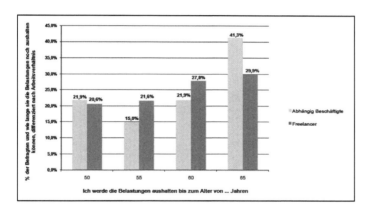

Zehn Prozent der abhängig Beschäftigten und 14 Prozent der Freelancerinnen und Freelancer gehen davon aus, dass sie die Belastungen nicht einmal bis zum 50sten Lebensjahr aushalten werden – sie meinen „Eigentlich müsste ich jetzt schon aufhören" – bei einem Durchschnittsalter von 43 Jahren. Alle Befragten, die meinen, eigentlich jetzt schon aufhören zu müssen, klagen über psychische Probleme (bei 1 Prozent statistisch signifikanter Zusammenhang zwischen psychischen Problemen und der Einschätzung „eigentlich müsste ich jetzt schon aufhören") – häufig gekoppelt mit anderen körperlichen Beschwerden.

Neben der Manifestation von beruflichen Beanspruchungen in gesundheitlichen Problemen und Erwartungen geminderter Leistungsfähigkeit zeigen viele Beschäftigten der IT-Branche verschiedenste belastende Stresssymptome – andere empfinden eher Eustress. Abgefragt wurden verschiedene Indikatoren für Stressempfindungen.

Faktorenanalytisch wurden hieraus die folgenden Faktoren generiert (Tabelle 2):

- Angst/negative Emotionen (Varianzaufklärung von 26 Prozent);
- Erschöpfung/Regenerationsunfähigkeit (Varianzaufklärung von 10 Prozent);
- Positive Leistungsorientierung (Varianzaufklärung von 7 Prozent).

Tabelle 2: Rotierte Komponentenmatrix bezogen auf die Emotionsratings

	Angst / negative Emotionen	Erschöpfung / Regenerations- unfähigkeit	positive Leistungs- orientierung
Ich bin stolz auf meine Leistungen.	-,468	-,026	,493
Meine Arbeit macht mir Spaß.	-,552	-,081	,529
Ich erwarte viel von mir.	,202	-,028	,728
Ich habe Angst zu versagen.	,669	,200	,155
Ich habe Schlafstörungen.	,272	,534	,111
Ich habe Probleme abzuschalten.	,334	,639	,207
Ich fühle mich verspannt.	,244	,587	,019
Ich fühle mich einsam / allein gelassen.	,555	,242	-,111
Ich fühle mich müde und erschöpft.	,305	,605	-,178
Die Pflege privater Kontakte wird mir zuviel.	,177	,600	-,122
Ich fühle mich überfordert.	,530	,259	-,110
Ich empfinde meinen beruflichen Stress als positiv.	-,284	-,091	,649
Ich empfinde großen Widerstand täglich zu arbeiten.	,552	,300	-,379
Ich trage den Stress der letzten Jobs noch immer mit mir herum.	,475	,309	,085
Ich fühle mich verantwortlich.	,172	,028	,584
Für Aktivitäten nach Feierabend fehlt mir die Kraft oder Zeit.	,091	,728	-,139
Ich mache mir Sorgen um meine berufliche Existenz.	,629	,124	,072
In Stressphasen bleiben meine Präventionsbemühungen auf der Strecke.	-,046	,627	-,033
Ich habe Probleme Kunden und Kollegen freundliche Gefühle entgegen zu bringen.	,551	,156	-,040

Mehr Freelancerinnen und Freelancer als abhängig Beschäftigte klagen sowohl stärker über Angst und negative Emotionen als auch über Erschöpfung und Regenerationsunfähigkeit (siehe Abbildungen 4 und 5): 35 Prozent der Alleinselbstständigen sind von Angst und negativen Emotionen sehr stark betroffen, fast ebenso viele von Erschöpfung und Regenerationsunfähigkeit. Bei den abhängig Beschäftigten sind es dagegen nur etwa 20 Prozent der Befragten.

Sowohl der Faktor „ Angst, negative Emotionen" als auch der Faktor „Erschöpfung, Regenerationsunfähigkeit" korreliert jeweils signifikant mit dem Auftreten psychischer Probleme (p=0.393; näherungsweise Signifikanz <0,001 bzw. ρ=0.326; näherungsweise Signifikanz <0,001). Dieser Zusammenhang ist naheliegend, da Burnout nach Maslach (Maslach/Leiter 2001) bestimmt wird durch die Dimensionen Emotionale Erschöpfung und Depersonalisation, welche wiederum mit den pragdis-Befragungsfaktoren Angst/negative Emotionen und Erschöpfung/Regenerationsunfähigkeit hoch korrelieren. [2]

Zu anderen gesundheitlichen Beschwerden besteht kein bedeutsamer Zusammenhang der beiden pragdis-Faktoren. Beide Faktoren korrelieren zudem hoch signifikant mit der Einschätzung, wie lange die Befragten die Belastungen des Berufs aushalten können.

Abbildung 4: Ausprägung des Faktors Angst/negative Emotionen in Abhängigkeit von der Art des aktuellen Arbeitsverhältnisses

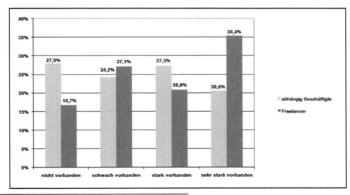

---

2   Unter den Befragten der pragdis-Erhebung waren 38 Mitarbeiter/innen zweier mittelständischer Unternehmen. Diese füllten neben dem pragdis-Fragebogen auch den MBI–GS-D nach Jürgen Glaser (o.J.) aus.

Abbildung 5: Ausprägung des Faktors Erschöpfung Regenerations-
unfähigkeit in Abhängigkeit von der Art des aktuellen
Arbeitsverhältnisses

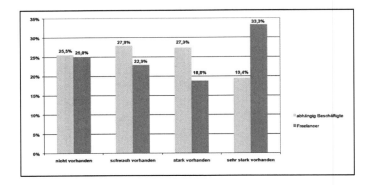

Aber der Stress und die Arbeitsemotionen werden bei den Freelancerinnen
und Freelancern nicht nur negativ eingeschätzt. Ein Viertel von ihnen
fühlt sich nicht erschöpft oder regenerationsunfähig. Zwei Drittel der
Alleinselbstständigen nennen eine starke oder sehr starke positive Leistungsorientierung (empfinden den beruflichen Stress als angenehm, fühlen
sich verantwortlich, erwarten viel von sich, haben Spaß an der Arbeit und
sind stolz auf ihre Leistungen). Bei den abhängig Beschäftigten sind dies
weniger als die Hälfte (43 Prozent) (siehe Abbildung 6).

Ein Zusammenhang zwischen positiver Leistungsorientierung und
psychischen Problemen besteht in erwarteter Richtung (geringe positive
Leistungsorientierung korreliert mit psychischen Problemen), ist aber
nicht signifikant. Statistisch bedeutsam (bei einem Signifikanzniveau von
0,01) ist dagegen der Zusammenhang mit der Einschätzung, wie lange die
Befragten meinen, die Belastungen des Berufs aushalten zu können: Personen mit positiver Leistungsorientierung glauben, den Belastungen länger gewachsen zu sein als diejenigen, die sich in diesem Bereich weniger
positiv äußern. Es zeigt sich zudem eine bedeutsame Korrelation zu der
MBI-Skala „persönliche Erfüllung", welche die subjektive Leistungszu-
friedenheit beschreibt. Sie schließt Erfahrungen der Macht, des Erfol-
ges und der Anerkennung ein. Je niedriger die MBI-Werte dieser
Skala sind, umso höher ist die Burnout-Wahrscheinlichkeit.deren
Fehlen Teil der Burnout-Symptomatik ist.

Offenbar gibt es unter den Freelancern viele, die mit großem Spaß und Einsatz dabei sind, die durch ihre Arbeit nicht erschöpft sind und die gut abschalten können. Genauso gibt es aber auch einen großen Teil, die ihre Grenzen überschreiten und bei denen dann auch die Arbeitsfreude und der Einsatzwille verloren gegangen sind.

Abbildung 6: Ausprägung des Faktors positive Leistungsorientierung in Abhängigkeit von der Art des aktuellen Arbeitsverhältnisses

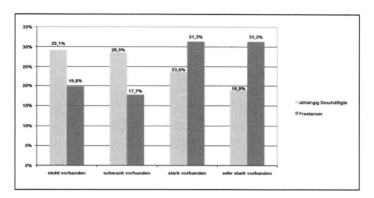

Für die Arbeitsgestaltung und den präventiven Arbeits- und Gesundheitsschutz ist von zentraler Bedeutung, welche Faktoren der modernen Wissensarbeit dafür verantwortlich sind, dass sich Freelancer bzw. Freelancerinnen oder abhängig Beschäftigte nicht mehr erholen können, dass sie negative oder positive Emotionen der Arbeit gegenüber ausbilden und dass sie arbeitsbedingt erkranken. Dabei können persönliche Faktoren, die Arbeitsbedingungen und das Präventionsverhalten einen potenziell wichtigen Einfluss haben. Da aus der Perspektive des Arbeits- und Gesundheitsschutzes persönliche Faktoren als fix anzusehen sind (das Kohärenzgefühl im Sinne Antonovskys kann beispielsweise nicht im Rahmen von Maßnahmen des Arbeits- und Gesundheitsschutzes verändert werden, solange keine psychologischen Interventionen im Sinne einer Therapie integriert werden), werden im Folgenden nur die Ergebnisse des Projektes pragdis dargestellt, die sich auf Arbeitsverhältnisse und das Präventionsverhalten beziehen.

3.2 Arbeitsbedingungen und ihre Auswirkungen auf Stress

In der Online-Befragung charakterisierten die Befragten ihre Arbeit anhand zahlreicher Items. Diese wurden faktorenanalytisch zu den folgenden sieben Faktoren gebündelt (Tabelle 3):

- Sozialer Austausch/Work-Life-Balance (Varianzaufklärung von 21 Prozent);
- Kohärenz (Varianzaufklärung von 13 Prozent);
- Freiheitsgrade/Gratifikation (Varianzaufklärung von 9 Prozent);
- Druck (Varianzaufklärung von 6 Prozent);
- wirtschaftliche Sicherheit (Varianzaufklärung von 6 Prozent);
- mobile Arbeit (Varianzaufklärung von 5 Prozent);
- Ergonomie (Varianzaufklärung von 4 Prozent).

Tabelle 3: Rotierte Komponentenmatrix der Faktoren zur Charakterisierung der Arbeit

	sozialer Austausch / Work-Life-Balance	Kohärenz	Freiheitsgrade / Gratifikation	Druck	wirtschaftliche Sicherheit	mobile Arbeit	Ergonomie
Ergebnisdruck	-,089	-,217	,188	,470	-,593	,120	-,060
Zeitdruck	,043	-,325	-,073	,588	-,412	,035	-,064
wirtschaftlicher Druck	-,176	-,131	,118	,397	-,630	-,002	-,199
wöchentliche Arbeitszeit 50 Stunden	-,223	-,060	,090	,798	,046	,081	,024
wöchentliche Arbeitszeit 45 Stunden	-,183	,063	-,042	,766	-,047	,095	,078
regelmäßige Pausen	,292	,574	-,027	-,247	-,153	-,135	,364
nachvollziehbar strukturierte Aufgaben	,219	,731	,046	-,062	-,026	-,062	,111
räumliche Trennung zwischen Arbeit und Privatleben	,790	-,043	-,148	-,205	,116	-,103	,060
zeitliche Trennung zwischen Arbeit und Privatleben	,769	,172	-,058	-,264	-,016	-,108	,084
Alleinarbeitsplatz	-,450	-,054	,549	,027	-,160	-,198	,176
Austauschmöglichkeiten mit Kollegen	,662	,174	-,034	-,016	,287	,003	,012
Wertschätzung durch Vorgesetzte und/oder Kunden	,271	,318	,482	,084	,322	,286	-,143
angemessene Vergütung	,396	,208	,421	-,097	,101	,399	-,051
ergonomische Arbeitsplatzgestaltung	,030	,169	,359	,076	,031	-,077	,667
wechselnde Arbeitsorte	-,106	-,017	-,154	,053	-,205	,808	,006
mehrtägige Außendiensttätigkeit	-,066	-,078	-,005	,182	-,037	,825	,157
ergonomisch optimale Bedingungen im Außendienst	,056	,001	,119	,010	,211	,308	,731
Möglichkeit zur selbständigen Arbeitsorganisation	-,140	,052	,782	,088	-,032	-,153	,124
vorhersehbare Aufgaben und Ereignisse	-,027	,700	-,029	,009	,145	-,001	-,007
gut zu bewältigende Aufgaben	-,033	,553	,308	-,274	,323	,028	,006
freie Einteilung der Arbeitszeiten	-,097	,039	,681	-,055	-,050	,008	,220
sinnvolle Aufgaben - mein Einsatz lohnt sich	,128	,581	,462	,109	,217	,108	-,049
hohe Arbeitsplatzsicherheit	,229	,042	,087	,146	,751	-,179	,053

Die Arbeitsbedingungen von Freelancerinnen/Freelancern und abhängig Beschäftigten unterscheiden sich zum Teil bedeutsam hinsichtlich dieser Faktoren (jeweils auf dem 0,01 Signifikanzniveau). So haben die Alleinselbstständigen deutlich weniger sozialen Austausch und eine ungünstigere Work-Life-Balance (siehe Abbildung 7). Dafür berichten sie signifikant häufiger von höheren Freiheitsgraden und adäquaterer Gratifikation (Wertschätzung und angemessene Vergütung). Ihre wirtschaftliche Situation ist deutlich unsicherer (Abbildung 8) und ihre Tätigkeit ist mehr durch mobile Arbeit gekennzeichnet.

Abbildung 7: Ausprägung des Faktors Sozialer Austausch/Work-Life-Balance in Abhängigkeit von der Art des aktuellen Arbeitsverhältnisses

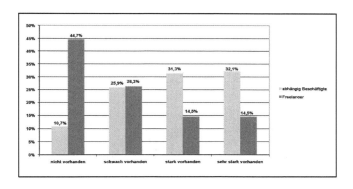

Abbildung 8: Ausprägung des Faktors Wirtschaftliche Sicherheit in Abhängigkeit von der Art des aktuellen Arbeitsverhältnisses

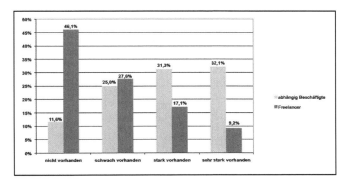

3.2.1 Charakteristiken der Arbeit, die mit Angst und negativen Emotionen korrelieren

Das Ausmaß an Angst und arbeitsbezogenen negativen Emotionen wird stark beeinflusst durch die Möglichkeit zum sozialen Austausch und der Realisierbarkeit einer Work-Life-Balance. Personen, die am Arbeitsplatz keine Möglichkeiten des Austauschs und die keine Trennung zwischen Arbeit- und Privatleben haben, neigen eher zu negativen Emotionen (die Irrtumswahrscheinlichkeit beträgt <0,001). Bei Freelancerinnen und Freelancern ist dieser Zusammenhang noch ausgeprägter als bei den abhängig Beschäftigten.

Ebenso signifikant ist der Effekt der *Kohärenz* der Arbeitsbedingungen: Je ausgeprägter Beherrschbarkeit, Planbarkeit, Kontrolle und Sinnhaftigkeit der Aufgaben sind, desto geringer ist die Wahrscheinlichkeit des Auftretens negativer Emotionen – auch hier ist der Zusammenhang bei Freelancerinnen und Freelancern stärker als bei Angestellten. Das zeigt, dass nicht nur das Kohärenzgefühl als globale Orientierung einer Person einen protektiven Faktor darstellt, sondern auch die Gestaltung von Arbeitsbedingungen, die die Aspekte der Sinnhaftigkeit, Verstehbarkeit und Handhabbarkeit berücksichtigt, das Wohlbefinden bei der Arbeit beeinflussen kann.

Ein weiterer Faktor, der zu Angst und negativen Arbeitsemotionen führt (auf einem Signifikanzniveau von 1 Prozent), ist wirtschaftliche Unsicherheit: Die Hälfte der Befragten ohne wirtschaftliche Sicherheit haben starke Angst und negative Emotionen, wogegen nur 10 Prozent derjenigen, die von großer wirtschaftliche Sicherheit berichten, sehr negativ empfinden.

Nicht zu vernachlässigen ist der Zusammenhang zwischen Arbeitsemotionen, Freiheitsgraden und Gratifikation (3,5 Prozent Signifikanz). Insbesondere bei abhängig Beschäftigten besteht ein signifikanter Zusammenhang zwischen negativen Emotionen und mangelnder Wertschätzung, unfairer Bezahlung und geringer Freiheit bei Fragen der Arbeitsorganisation und -zeit.

Keinen generell bedeutsamen Einfluss auf negative Arbeitsemotionen haben Ergonomie, Druck (Ergebnis- und Zeitdruck sowie lange Arbeitszeiten) oder mobile Arbeit. Entsprechend scheinen besonders der eingeschränkte soziale Austausch, die fehlende Work-Life-

Balance und die wirtschaftliche Unsicherheit – als besonders typisch für Freelancerinnen und Freelancer – sowie die eingeschränkte Kohärenz der Arbeitsbedingungen verantwortlich zu sein für die negativen Arbeitsemotionen der Alleinselbstständigen. Dagegen bedingen sich hohe Freiheitsgrade, adäquate Vergütung und Wertschätzung auf der einen Seite und positive Leistungsorientierung mit Arbeitsstolz und - freude auf der anderen Seite vermutlich gegenseitig (s.u.).

3.2.2 Charakteristiken der Arbeit, die mit Ermüdung und Regenerationsunfähigkeit korrelieren

Die Verursachung von Ermüdung und Regenerationsunfähigkeit scheint sich zwischen abhängig Beschäftigten und Freelancern zu unterscheiden. Signifikante Zusammenhänge zu den Faktoren, mit denen sich die Arbeitssituationen beschreiben lassen, ergeben sich nur bei den abhängig Beschäftigten. Die Ermüdung und Regenerationsunfähigkeit hängt bei dieser Personengruppe besonders mit dem empfundenen Druck (Ergebnis- und Zeitdruck) sowie lange Arbeitszeiten zusammen. So berichten beispielsweise 43 Prozent der Personen, die sich sehr stark unter Druck fühlen, auch von großer Ermüdung und Mühe, von Problemen abzuschalten.

Darüber hinaus beeinflusst bei den abhängig Beschäftigten die wirtschaftliche Sicherheit das Ausmaß an Ermüdung und Regenerationsfähigkeit: Je stärker die Befragten von ihrer wirtschaftlichen Sicherheit ausgehen, umso unwahrscheinlicher ist das Auftreten von Erschöpfungssymptomen – umgekehrt wachsen mit steigender Unsicherheit auch die Ermüdung und die Probleme damit abzuschalten. Sicherlich ist auch die umgekehrte Interpretation schlüssig: zunehmende Ermüdung und Regenerationsunfähigkeit führen aufgrund sinkender Leistungsfähigkeit zu einer eingeschränkten wirtschaftlichen Sicherheit. Auch bei der Ermüdung und Regenerationsunfähigkeit spielt mangelnde Kohärenz der Arbeitszusammenhänge eine statistisch bedeutsame Rolle (Irrtumswahrscheinlichkeit 5 Prozent).

Bei den Freelancerinnen und Freelancern wirken die Faktoren der Arbeitscharakteristik nicht in gleicher Weise auf die Ermüdung. Dadurch, dass die Arbeitszeit bei Ihnen keinen statistisch bedeutsamen Einfluss auf die Ermüdung und Regenerationsfähigkeit hat, bleibt der

Faktor Druck im Bereich nicht signifikanter Korrelationen, obgleich
Zeitdruck zusammen mit der Tatsache, ob eine Aufgabe gut zu bewältigen ist, bei ihnen die bedeutsamsten die Müdigkeit beeinflussenden
Items sind (jeweils mit 0,1 Prozent Signifikanz; beide Items gehören
zum Faktor Druck). Ebenfalls ein hoch signifikanter Zusammenhang
zu starker Erschöpfung besteht bei den Alleinselbstständigen zur
mangelnden Ergonomie. Darüber hinaus beeinflussen Ergebnisdruck
und die Möglichkeit zur selbstständigen Arbeitsorganisation das
Ausmaß der Ermüdung und Regenerationsunfähigkeit (beide Zusammenhänge sind bei 0,5 Prozent signifikant).

3.2.3 Charakteristiken der Arbeit, die mit positiver Leistungsorientierung korrelieren

Der deutlichste Zusammenhang zur positiven Leistungsorientierung
besteht in dem Vorhandensein von Freiheitsgraden und der Gratifikation (es besteht ein höchst signifikanter Zusammenhang). Allerdings
kann aus der Befragung nicht eindeutig hergeleitet werden, ob die
positive Leistungsorientierung bewirkt, dass den Befragten mehr
Wertschätzung entgegen gebracht wird und ihnen mehr Freiheitsgrade
eingeräumt werden oder ob umgekehrt die Gratifikationen und die
Freiheitsgrade zu positiver Leistungsorientierung führen oder ob es
sich um eine gegenseitige Beeinflussung handelt, die zu einem gegen-
seitigen positiven Aufschaukeln führt.

Interessant erscheint der signifikante (5 Prozent Niveau) Zusammenhang, dass bei zunehmender Ausprägung des Faktors Druck (Er-
gebnis-, Zeitdruck, hohe Arbeitszeit) die positive Leistungsorientierung zunimmt. Das heißt, Personen mit hohem Ergebnis- und Zeitdruck und umfangreicher Wochenarbeitszeit berichten insbesondere
häufig von hoher Leistungsorientierung und hoher Verantwortung.

Auch zum Faktor der positiven Leistungsorientierung besteht eine
Korrelation zur Kohärenz. Es liegt somit die Schlussfolgerung nahe,
dass gut handhabbare, beeinflussbare und sinnvolle Arbeitskontexte
die positive Leistungsorientierung unterstützen. Allerdings ist dieser
Zusammenhang nur bei den abhängig Beschäftigten statistisch bedeutsam (Signifikanzniveau 0,05). Bei abhängig Beschäftigten nimmt
zudem die positive Leistungsorientierung bei mobiler Arbeit zu.

3.2.4 Charakteristiken der Arbeit, die mit psychischen Problemen korrelieren

Das Auftreten psychischer Probleme steht zu den Faktoren Kohärenz (Irrtumswahrscheinlichkeit 1 Prozent), Freiheitsgrade/Gratifikation (Irrtumswahrscheinlichkeit 5 Prozent) und wirtschaftliche Sicherheit (Irrtumswahrscheinlichkeit 5 Prozent) in bedeutsamem Zusammenhang. Dabei hat Kohärenz bei abhängig Beschäftigten einen stärker protektiven Effekt als bei Freelancerinnen und Freelancern. Letztere haben bei wirtschaftlicher Unsicherheit deutlich mehr psychische Probleme als die abhängig Beschäftigten. Allerdings lassen sie es dabei nicht zu Fehlzeiten kommen. Dies ist möglicherweise ein Präsentismus-Phänomen, da sich Freelancerinnen und Freelancer Fehlzeiten wegen der schlechteren sozialen Absicherung nicht leisten können. Hier ist ein Risiko für das Aufschaukeln von Problemen und gesundheitlichen Beschwerden zu sehen: Werden gesundheitliche Probleme nicht auskuriert und gönnen sich die Betroffenen keine Erholung (zur Inanspruchnahme von Erholungsurlauben folgen weiter unten Ausführungen), so kann dies die gesundheitliche Situation weiter verschlechtern. Eventuell sind hier auch Ursachen für die stärkere Betroffenheit von Freelancerinnen und Freelancern durch Stress und Burnout zu sehen.

Ein weiteres Risiko des Aufschaukelns besteht in diesem Zusammenhang: Wirtschaftliche Unsicherheit begünstigt psychische Probleme. Diese führen wiederum zu mangelnder Leistungsfähigkeit, was zu einem schlechten Standing im Beruf und damit zu einem weiter erhöhten wirtschaftlichen Risiko führt, welches als Teufelskreis wiederum die Gesundheit gefährdet. Wegen der schlechteren Absicherung ist das Risiko auch hier für Freelancerinnen und Freelancer besonders groß.

Sozialer Austausch, Druck, mobile Arbeit und Ergonomie zeigen bestenfalls eine tendenzielle Beeinflussung beim Auftreten psychischer Gesundheitsprobleme.

3.3 Präventionsverhalten

Grundsätzlich betreiben etwas mehr Freelancerinnen und Freelancer Prävention als abhängig Beschäftigte (82,4 Prozent gegenüber 79 Prozent). „Präventionsmuffel" finden sich insbesondere in der Altersgruppe zwischen 20 und 30 Jahren. Befragte unter 20 Jahren betreiben noch alle Präventionsaktivitäten, ab 30 Jahren nimmt die Zahl wieder langsam zu. Ab einem Alter von 56 Jahren sind alle Befragten präventiv aktiv. Personen, die keine Prävention betreiben, haben statistisch bedeutsam weniger gesundheitliche Probleme. Offenbar bewegen nur die ersten „Wehwehchen" dazu, an der eigenen Gesundheit zu arbeiten. Präventionsverhalten ist in der Initialphase weniger als Primärprävention zu verstehen, sondern eher als Maßnahme, um weitere gesundheitliche Beeinträchtigungen zu verhindern. Gerade das Ausbleiben tatsächlicher Primärprävention – im Alter zwischen 20 und 30 Jahren – ist kritisch zu sehen, da das Durchschnittsalter für das Auftreten von Muskel- und Skelettbeschwerden bei den Befragten bei 37,5 Jahren lag. Psychische Probleme mit Fehlzeiten treten bei einem Durchschnittsalter von 40 Jahren auf. Entsprechend kann im Alter von Ende 20 Jahren mit ersten gesundheitlichen Problemen gerechnet werden. Prävention müsste entsprechend deutlich früher ansetzen bzw. dürfte erst gar nicht abgebrochen werden.

Im Vordergrund der privaten Präventionsaktivitäten stand in den letzten 12 Monaten bei den Befragten der Sport. Aber auch Ernährungsumstellungen wurden von vielen Befragten (40 Prozent) in dieser Zeit durchgeführt. Ein Viertel der Befragten praktizierte regelmäßig Entspannungstechniken. Ein Fünftel studierte Informationsmaterialien zum Thema Prävention. Ebenso viele (20 Prozent) unter den Freelancerinnen und Freelancern besuchten eine psychologische Beratung oder ein Coaching. Genauso viele Alleinselbstständige (21 Prozent) restrukturierten im privaten Umfeld ihre Arbeit. Jeweils gut zehn Prozent der Befragten haben Maßnahmen der Suchtprävention betrieben, besuchten Stressmanagementtrainings, verbesserten ihr Projektmanagement oder die ergonomischen Bedingungen des Arbeitsplatzes (jeweils als private Aktion). Einzelne Personen nutzten eine Präventionsberatung oder Internet-Präventions-Coaching-Programme. Präventionsmaßnahmen auf privater Ebene wurden von Alleinselbstständigen und abhängig Beschäftigten (AB) in relativ gleichem Ausmaß betrieben. Unterschiede zeigen sich jedoch bei:

- Anwendung von Entspannungstechniken (1 - 3mal pro Woche): Freelancer/innen 32 Prozent, AB 19 Prozent (signifikanter Zusammenhang),
- Psychologische Beratung/Coaching: Freelancer/innen 21 Prozent, AB 9 Prozent (signifikanter Zusammenhang),
- Explizite Umstrukturierung der Arbeit: Freelancer/innen 21 Prozent, AB 12 Prozent (signifikanter Zusammenhang),
- Verbessertes Projektmanagement: Freelancer/innen 19 Prozent, AB 13 Prozent,
- Neue, ergonomische Ausgestaltung des Arbeitsplatzes: Freelancer/innen 28 Prozent, AB 9 Prozent (signifikanter Zusammenhang),
- Präventionsberatung: Freelancer/innen 11 Prozent, AB 5 Prozent.

Trotz dieses relativ engagierten Präventionsverhaltens auf persönlicher Ebene sind – wie dargestellt – die gesundheitlichen Probleme in dieser Personengruppe deutlich ausgeprägter als bei Festangestellten.

Im Zusammenhang mit Präventionsfragen ist auch das Urlaubsverhalten anzuführen. 23 Prozent der Freelancerinnen und Freelancer und 29 Prozent der abhängig Beschäftigten haben im letzten Jahr *keinen* Erholungsurlaub in Anspruch genommen. Bei 44 Prozent der Alleinselbstständigen und 25 Prozent der Angestellten lag die jährliche Erholungszeit unter drei Wochen. Mehr als jeder Zehnte würde sich bei Nutzung des Urlaubs als Präventionsmittel Unterstützung wünschen – darunter doppelt so viele Freelancerinnen und Freelancer wie Angestellte. Besonders Personen, die unter Ergebnis-, Zeit- oder wirtschaftlichem Druck stehen, wünschen sich hier Hilfe. Dieses Ergebnis deckt sich auch mit den Erfahrungen von Trainern im Bereich des Stressmanagements: Viele Personen, die unter Stress leiden, wissen nicht mehr, wie sie abschalten können. Urlaubsplanungen sind vielfach von Image- und Statusüberlegungen geprägt, nicht aber davon, was wirklich Ausgleich und Entspannung verschaffen würde.

Hier sind z.T. tatsächlich Hilflosigkeit und Unterstützungsbedarf zu diagnostizieren.

Bei den betrieblichen Präventionsangeboten dominiert die neue ergonomische Arbeitsplatzausstattung, von der fast jeder Vierte abhängig Beschäftigte profitieren konnte – allerdings nur 4 Prozent der Freelancerinnen und Freelancer. Auch die ansonsten von den Betrieben angebotenen Präventionsaktivitäten wie verbessertes Projektmanagement (bei 7,7 Prozent der Befragten), Umstrukturierung der Arbeit (5 Prozent), psychologische Beratung/Coaching (6 Prozent), Stressbewältigung oder Sport (jeweils 4 Prozent) Entspannung (3 Prozent) erreichen die Alleinselbstständigen so gut wie gar nicht. Freelancerinnen und Freelancer sind offenbar bei ihren Präventionsaktivitäten auf sich allein gestellt. Entsprechend wünschen sie sich auch häufiger als abhängig Beschäftigte passende Unterstützung – insbesondere bei den folgenden Präventionsthemen:

- Internetgestützte Präventions-Coaching-Programme (36 Prozent der Freelancer/innen gegenüber 20 Prozent der abhängig Beschäftigten),
- Stressbewältigungstrainings (35 Prozent der Freelancer/innen gegenüber 27 Prozent der abhängig Beschäftigten),
- Projektmanagement (34 Prozent der Freelancer/innen gegenüber 25 Prozent der abhängig Beschäftigten),
- Psychologische Beratung/Coaching (31 Prozent der Freelancer/innen gegenüber 21 Prozent der abhängig Beschäftigten),
- Umstrukturierung der Arbeit (31 Prozent der Freelancer/innen gegenüber 24 Prozent der abhängig Beschäftigten),
- Körperlicher Ausgleich (29 Prozent der Freelancer/innen gegenüber 21 Prozent der abhängig Beschäftigten).

Freelancerinnen und Freelancer mit hoher Erschöpfung und Regenerationsunfähigkeit beschreiben ihre Arbeitsbedingungen signifikant häufiger als verbesserungsbedürftig in den Bereichen Stressbewältigung, Stressprävention, Präventionskultur sowie bzgl. des Angebotes an flexiblen Präventionsangeboten als andere Alleinselbstständige.

Häufiger als bei den abhängig Beschäftigten bleiben bei Freelancerinnen und Freelancern die Präventionsbemühungen in Stressphasen auf der Strecke (Abbildung 9).

Abbildung 9: Angaben, wie häufig in Stressphasen die Präventionsbemühungen auf der Strecke bleiben in Abhängigkeit von der Art des aktuellen Arbeitsverhältnisses

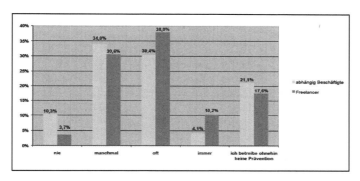

Personen, bei denen Prävention in Stressphasen häufig auf der Strecke bleibt, haben vermehrt psychische Probleme (Abbildung 10) und Muskel- bzw. Skelettbeschwerden. Sie gehen davon aus, dass sie die beruflichen Belastungen weniger lange werden aushalten können. In dieser Gruppe ist der Anteil derjenigen, die meinen, dass Sie belastungsbedingt eigentlich schon hätten aufhören müssen, größer als bei denjenigen, die ihr Präventionsverhalten stringent durchziehen.

Abbildung 10: Auftreten psychischer Probleme in Abhängigkeit vom Präventionsverhalten in Stressphasen

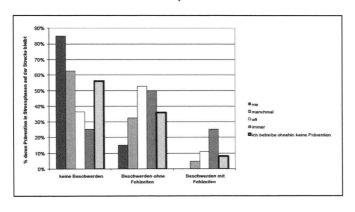

4. SCHLUSSFOLGERUNG

Zusammenfassend kann man also feststellen, dass Freelancerinnen und Freelancer stärkeren Belastungen ausgesetzt sind als abhängig Beschäftigte und entsprechend ist die Zahl der Personen mit gesundheitlichen Problemen unter ihnen größer. Insgesamt betreiben viele der Befragten erst dann Prävention, wenn erste Beschwerden auftreten. Maßnahmen der betrieblichen Gesundheitsförderung erreichen diskontinuierlich Beschäftigte kaum. Sie sind hier weitgehend auf sich gestellt.

Obgleich mehr Alleinselbstständige aktiv an ihrem Gesundheitsschutz arbeiten, bleibt bei ihnen die Prävention unter Stressbedingungen vermehrt auf der Strecke – da sie viel Stress haben, entfällt vermutlich auch die Prävention häufig. Der Anteil unter ihnen, der Unterstützung bei der Prävention wünscht, ist relativ groß. Gerade beim Einbezug der Arbeitsverhältnisse in den Arbeits- und Gesundheitsschutz besteht Handlungsbedarf.

Ziele des Arbeits- und Gesundheitsschutzes müssen vor diesem Hintergrund sein:

- *Prävention als Primärprävention betreiben.* Das heißt, dass Prävention nicht erst dann ansetzen sollte, wenn gesundheitliche Probleme aufgetaucht sind und nicht erst im Alter von 30 Jahren. Motivierung ist hier die zentrale Herausforderung.

- *Prävention auch in Stressphasen weiter betreiben.* Gerade dann ist sie besonders wichtig. Hierzu müssen Angebote hoch flexibel und niederschwellig sein.

- *Präventionsangebote erreichen Freelancerinnen und Freelancer* und diese werden bei ihrem Präventionsverhalten unterstützt. Wie oben ausgeführt artikulieren gerade unter den Freelancerinnen und Freelancern viele Befragte relativ viele Unterstützungswünsche im Bereich der Prävention. Diese müssen entsprechend der dargestellten Zusammenhänge sowohl auf Verhaltens- als auch auf Verhältnisprävention gerichtet sein.

- *Konkrete Arbeitsbedingungen auch bei den Freelancerinnen und Freelancern in Prävention einbeziehen* (sowohl bei der

primären, als auch der sekundären und tertiären). Alleinselbstständige erleben keine betriebliche Gesundheitsförderung (weder von betrieblicher Seite noch von Seiten der
Krankenkassen oder Berufsgenossenschaften) und keine ar-
beitsmedizinische Betreuung. Sie haben keine Kontaktpunk-
te zur Arbeitswissenschaft/Arbeitsforschung. Wenn sie psychische Probleme haben, ist für sie der einzige Ansprech-
partner ein Arzt oder klinischer Psychologe. Entsprechend
zielen bislang Interventionen rein auf die Verhaltens- und
Kognitionsebene. Die realen Arbeitsbedingungen bleiben
außen vor.

Wichtig ist für Alleinselbstständige, dass Präventionsangebote unabhängig vom jeweiligen Arbeitgeber und flexibel nutzbar sein sollten.
Im Projekt pragdis wurde daher unter dem Arbeitstitel „Burnout-
Zentrum" ein Konzept entwickelt, das betriebsunabhängige und inter-
disziplinäre Präventionsdienstleistungen auch für die Gruppe der
Freelancer und diskontinuierlich Beschäftigten bereitstellt und explizit
die Arbeitsgestaltung und -organisation gleichrangig mit medizinischer und psychologischer Beratung als tragende Säule versteht (vgl.
Siebecke 2010).

5. LITERATUR

Antonovsky, A. (1997): Salutogenese. Zur Entmystifizierung der
Gesundheit. Tübingen: DGVT.

BKK Bundesverband (2008): BKK Gesundheitsreport 2008. Seelische
Krankheiten prägen das Krankheitsgeschehen. Essen: BKK Bundesverband.

Burisch, M. (2006): Das Burnout-Syndrom. 3. überarbeitete Auflage,
Heidelberg: Springer.

Gerlmaier, A. (2002): Neue Selbständigkeit in der Informationsgesellschaft. Ein Vergleich von Anforderungen und individuellen Res-
sourcenpotenzialen bei autonom-flexiblen und arbeitsteiligen Arbeitsformen im IT-Bereich. Universität Dortmund: Dissertation.

Glaser, J. (o.J.): MBI-GS-D. Deutsche Fassung des Maslach Burnout Inventory – General Survey. München.

Maslach, Ch. / Leiter, M.P. (2001): Die Wahrheit über Burnout – Stress am Arbeitsplatz und was Sie dagegen tun können. Wien, New York: Springer.

Pröll, U. / Ammon, U. / Ertel, M. / Haake, G. / Kruse, O. (2006): Selbständig & gesund. Prävention und Gesundheitsförderung bei selbständiger Erwerbsarbeit. 2. Werkstattbericht zum BAuA-Forschungsvorhaben F2108 „Beiträge zur Umsetzung der Empfehlung des Rates der EU zur Verbesserung des Gesundheitsschutzes und der Sicherheit Selbständiger am Arbeitsplatz". Dortmund: Wirtschaftsverlag.

Pröll, U. / Gude, D. (2003): Gesundheitliche Auswirkungen flexibler Arbeitsformen. Schriftenreihe der Bundesanstalt für Arbeitsschutz und Arbeitsmedizin F986. Bremerhaven: Wirtschaftsverlag NW.

Siebecke, D. (2010). Verbrennungsschutz für die Seele. Burnout-Prävention für Beschäftigte und Unternehmen, in: Praeview. Zeitschrift für innovative Arbeitsgestaltung und Prävention, Nr.2 / 2010, S.18-19.

Siegrist, J. (1996): Soziale Krisen und Gesundheit. Eine Theorie der Gesundheitsförderung am Beispiel von Herz-Kreislauf-Risiken im Erwerbsleben. Göttingen: Hogrefe.

Zimolong, B. / Gabriele, E. / Bierhoff, H.-W. (2008): Den Rücken stärken. Grundlagen und Programme der betrieblichen Gesundheitsförderung. Göttingen: Hogrefe.

Entgrenzt statt entfremdet – Arbeit ohne Ende?

Ergebnisse der qualitativen retrospektiven Fallstudien im Projekt pragdis

HELGA DILL, FLORIAN STRAUS

1. EINFÜHRUNG

Die Arbeitswelt verändert sich. Wir verabschieden uns von der Idee vom „Normalarbeitsverhältnis". Sozial abgesicherte Arbeitsverhältnisse, ein Berufsleben lang, mit dem Versprechen einer anschließenden ausreichenden Alterssicherung werden mehr und mehr abgelöst von diskontinuierlicher Beschäftigung: Jobnomaden, Jobhopper, Mehrfachbeschäftigte, Alleinselbstständige, Zeitarbeitende, befristete Arbeitsverhältnisse sind auf dem Vormarsch. Ist eine innovative Branche wie die IT-Branche Vorreiter für solche Formen? Und welche Belastungen bringen diese neuen Arbeitsformen mit sich? Diesen Fragen wollen wir uns aus der Sicht der Betroffenen nähern – anhand der retrospektiven Fallstudien, die wir im Rahmen des Projektes pragdis mit diskontinuierlich Beschäftigten in der IT-und Medienbranche geführt haben. Dieser Beitrag handelt von der Seite der Subjekte, der diskontinuierlich Beschäftigten in der Wissensökonomie.

In den retrospektiven Fallstudien – ausführlichen leitfadengestützten Interviews mit narrativen Elementen – stand die Berufsbiographie mit ihren Erfolgen und Belastungen, der Vereinbarkeit von Arbeit und Familie, Privatsphäre, Freizeit und Gesundheitsvorsorge und -fürsorge im Mittelpunkt:

- Wie sehen die Befragten ihre Arbeitsbedingungen und Berufsbiographien?

- Wie nehmen die Betroffenen die Belastungen der Arbeit ohne Ende wahr? Welche Belastungen sind es, die ihnen zu schaffen machen?
- Welche Ressourcen helfen ihnen, mit Belastungen umzugehen. Und inwieweit sind diese Ressourcen interessante Ansatzpunkte für Präventionsangebote?
- Welche Gesundheitsdiskurse werden in welcher Form aufgegriffen und welche subjektiven Präventionsstrategien sind zu beobachten?

Zunächst möchten wir noch einige kurze Schlaglichter auf zwei wesentliche Aspekte der Arbeitssituation dieser Zielgruppe werfen: was heißt eigentlich diskontinuierlich beschäftigt? Und: Gibt es Besonderheiten in der IT- und Medienbranche, die diese von anderen Arbeitsfeldern unterscheidet?

2. DIE IT-BRANCHE: IMMER NOCH INNOVATIV, JUNG UND KREATIV?

Die IT-Branche gilt nach wie vor eher als junge Branche. Während die klassischen Berufe im IT-Sektor zunächst der Programmierer bzw. der Informatiker waren[1], hat sich mit der zunehmenden Nutzung der Informationstechnologien ein dominantes Segment von Beratungstätigkeiten, von Support herausgebildet. Hierzu gehören auch Unterrichtstätigkeiten, Schulungen für Anwender der Programme und digitalen Maschinen. IT-Experten dringen hier in alle Branchen vor und immer stärker werden *Hybridqualifikationen* gefordert: Fachlichkeit in einer Disziplin (z.b. Medizin), gekoppelt mit IT-Qualifikationen.

Mit dem Internet haben sich neue Berufe entwickelt, die vielfach Adaptionen traditioneller (analoger) Berufe in die digitale Welt sind. Webdesign zum Beispiel ist ein solcher neuer Beruf. Auch hier ist

---

1 Wir lassen hier bewusst die weibliche Form weg, weil diese Berufe zunächst männliche Domänen waren (und sind), obwohl die erste Rechenmaschine in der ersten Hälfte des 19. Jhs. von einer Frau programmiert wurde, Ada King, einer Mathematikerin.

Hybridqualifikation verlangt: Eine Grafikdesignausbildung verbunden mit Kenntnissen der Programmiersprachen im world wide web. Zudem werden im dualen System neue Ausbildungsberufe für die Informations- und Telekommunikationsbranche geschaffen.

Auch wenn die Internetbranche seit gut zehn Jahren existiert (und mit dem Niedergang der New Economy ihre ersten tiefen Krisen hinter sich gebracht hat), ist diese Branche noch ein eher ungewisses Erwerbsfeld. Die New Economy hat die bis dahin gültige Norm des Normalarbeitsverhältnisses hinter sich gelassen. Selbstbestimmtes, kreatives Arbeiten ist das Credo der Internetbranche. Diese nichtentfremdete Arbeit mit flachen Hierarchien und einem hohen Anteil von Freiheitsgraden heißt aber auch, frei von den Sicherungssystemen des Normalarbeitsverhältnisses zu sein. Und es bedeutet auch hohe zeitliche Arbeitsbelastungen, Termin- und Erfolgsdruck, Existenzangst und Selbstausbeutung.

Die IT-Branche hat sich zwar ihr jugendliches Image bewahrt – nicht zuletzt durch neue Kommunikations- und Vernetzungsformen im Internet wie Facebook und ähnliches. Entsprechend der demographischen Entwicklung altert aber auch diese Branche de facto. Das Durchschnittsalter lag 2008 bei 44 Jahren und damit über dem Durchschnittsalter der Gesamtbevölkerung in Deutschland von 43 Jahren. Für Jugendliche und junge Erwachsene gilt die Branche offenbar nicht als erstrebenswertes Arbeitsfeld. Fast drei Viertel glauben zwar, dass hier ein sicheres und zukunftsfähiges Arbeitsbereich liegt, darin arbeiten wollen aber nur 30% der Befragten.[2] Für die Beschäftigten bedeutet dies: Die Arbeitsbedingungen und -anforderungen sind zwar vordergründig altersunabhängig, aber sie verlangen volle Belastbarkeit, hohe Flexibilität und Mobilität. Diese ist in manchen biographischen Phasen nicht immer gleichermaßen von jedem und jeder zu erbringen.

---

2   Diese Imagestudie wurde 2008 vom Meinungsforschungsinstitut TNS Emnid mit dem IT-Dienstleister Computacenter vor dem Hintergrund des Fachkräftemangels in der IT-Branche durchgeführt. Befragt wurden 750 deutsche Jugendliche und junge Erwachsene.
    http://www.spiegel.de/wirtschaft/0,1518,577293,00.html

3. DISKONTINUIERLICHE ERWERBSVERLÄUFE – PREKÄR ODER EINFACH NUR WECHSELHAFT?

Viel Freiheit bei der Arbeit, aber auch Arbeit ohne Ende kennzeichnet vor allem die neuen Arbeitsverhältnisse, die Alleinselbstständigen, die diskontinuierlich Beschäftigten. Was bedeutet diskontinuierliche Beschäftigung? Geht es einfach nur um Wechsel? Innerhalb des Normsystems des Normalarbeitsverhältnisses (und der sozialen Sicherungssysteme) wird Diskontinuität als Bruch verstanden. Brüche in der Erwerbsbiographie sind Zeiten der Arbeitslosigkeit, Krankheit oder die Familienphase.[3] Das Normalarbeitsverhältnis ist historisch obsolet – auch wenn es als Leitbild nach wie vor Geltung hat. In der neuen Welt der flexiblen Arbeit bedeutet Diskontinuität nicht viel mehr als Wechsel: Wechsel der Arbeitgeber, Wechsel von angestellten Beschäftigungsverhältnissen in die Freiberuflichkeit/Selbstständigkeit und vice versa. Wechsel der Arbeitsinhalte, Wechsel von Erwerbstätigkeit zu Familienarbeit und zurück, Phasen von Weiterbildung, Fortbildung u.ä.

Die hybriden Qualifikationen der IT-Beschäftigten erleichtern Diskontinuität in gewissem Sinn. Die Betroffenen müssen nicht den Beruf wechseln, „umschulen" wie es früher hieß. Sie müssen ihren Schwerpunkt ändern, müssen sich für neue Aufgaben spezifisches neues Wissen aneignen. Lebenslanges Lernen ist so ein integraler Bestandteil der IT-Branche, die in diesem Sinne ganz berechtigt Wissensökonomie heißt. Diskontinuität ist kein spezifisches Merkmal der IT-Branche. Vielmehr gehört sie zu einem flexibilisierten Arbeitsmarkt notwendig dazu. Diskontinuität kann auch innerhalb eines Betriebes durch Umstrukturierungen, Übernahmen und Schrumpfungsprozesse vorkommen.

Ist Diskontinuität also nichts weiter als die neue Norm des Arbeitens? Kein Grund zur Besorgnis? Unter dem vorhin ausgeführten Aspekt der Freiheit mag das stimmen. Diskontinuität muss nicht nur

---

3   Die lange Zeit unhinterfragte Zuständigkeit der Frauen für die Familie, die Kindererziehung hat dazu geführt, dass das Normalarbeitsverhältnis für Frauen noch nie ungebrochen galt. Frauen lebten mit der beruflichen Diskontinuität (vgl. hierzu Gender-Datenreport 2005).

negativ besetzt sein – Diskontinuität heißt auch Bruch mit dem immer Gleichen, dem stabil Langweiligen, dem beamtenhaften vor sich hin arbeiten.

Unter dem Aspekt der Existenzsicherung, der gesellschaftlichen Teilhabe kann Diskontinuität schnell eine Nähe zur Prekarität entwickeln (Teilzeitarbeit, Zeitarbeit). Gerade bestimmte Formen von Alleinselbstständigkeit erzielen trotz Arbeit ohne Ende und trotz hoher Qualifikation oft nur ein unterdurchschnittliches Einkommen, müssen gleichzeitig aber besondere Anstrengungen unternehmen, um sich in soziale Sicherungssysteme einzugliedern. So sind Alleinselbstständige zwar in einer „Zwitterposition zwischen Arbeitgeber und Arbeitnehmer" (vgl. Manske 2007), die Arbeitgeberbeiträge für ihre soziale Sicherung fehlen ihnen aber immer.

Tabelle 1: Dimensionen diskontinuierlicher Beschäftigungsverhältnisse

	Normalarbeitsmodell	Diskontinuität (I)	Diskontinuität (II)
Inhaltliche Ebene: Tätigkeit/ Berufe	Das Erlernte bildet den lebenslangen Ausgangspunkt der beruflichen Tätigkeit	Lebenslanges Lernen bedeutet auch einen Wechsel von verschiedenen Tätigkeiten und Berufen	Wiederholte Entwertung des Erlernten, Erlernte Fähigkeiten haben keine Bedeutung für Beschäftigung
Formale Ebene: Beschäftigungsformen/ und – umfang	Das Ideal ist die unbefristete sozialversicherungspflichtige Vollzeitstelle	Wechsel von verschiedenen Beschäftigungsformen und des Umfangs der jeweiligen Beschäftigung	Unfreiwilliger Wechsel von Arbeit und Arbeitslosigkeit
Teilhabe und Formen der Existenzsicherung	Stabiles Erwerbseinkommen, Erwerb von ausreichenden Anwartschaften in den sozialen Sicherungssystemen	Schwankendes Einkommen, entsprechend dem Umfang der Beschäftigung und den erzielbaren Preisen	Erzwungene Wechsel von Erwerbseinkommen und Transferleistungen. Entwertung der Arbeitsleistung

Diese sozialen Risiken werden gerade mit zunehmendem Lebensalter bewusster und belastender. Das „unternehmerische Selbst", das nach

Ulrich Bröckling (2007) auch abhängig Beschäftigte mehr und mehr benötigen – im Sinne des Arbeitskraftunternehmers (Pongratz/Voss) – muss die Zeiten der Erwerbslosigkeit mit bedenken. Diskontinuierliche Beschäftigung kann so belastend werden und zur Erschöpfung mit beitragen. Quantitativ untermauern dies die Beiträge von Dagmar Siebecke und Erika Zoike in diesem Band. Wir richten unser Augenmerk auf das subjektive Erleben der oben aufgefächerten Bedingungen des Arbeitens in der digitalen, flexibilisierten Arbeitswelt. Dazu stellen wir drei Porträts aus den retrospektiven Fallstudien im Projekt pragdis vor. Im Rahmen dieser Fallstudien wurden zwölf Personen in intensiven, leitfadengestützten Interviews mit narrativen Elementen zu ihrer Berufsbiographie, ihren Belastungen, ihren persönlichen und sozialen Ressourcen, ihrem Gesundheitsbewusstsein und ihrem Gesundheitsverhalten befragt.[4] Die Interviewpartnerinnen und - partner sind alle in der IT- und Medienbranche – in der Wissensökonomie – tätig. Sie repräsentieren verschiedene Facetten des breit gefächerten Arbeitsfeldes und verschiedenste Formen des diskontinuierlichen Arbeitens. Einige sind Freelancer, einige stehen parallel in unterschiedlichen Beschäftigungsverhältnissen. Die Interviewpartnerinnen und -partner sind nahezu alle Quereinsteiger.

Wir werden drei ausgewählte Fälle auf folgenden Ebenen analysieren: Identität, Kohärenz (Ressourcen) und alltägliche Identitätsarbeit.

Fallbeispiel 1: Clemens – Freelancer aus Überzeugung

Clemens ist 40 Jahre alt. Er lebt in Partnerschaft, hat keine Kinder. Er ist Grafiker und Webdesigner. Nach verschiedenen Stationen einer angestellten Tätigkeit bei Agenturen und Großkonzernen ist Clemens seit sieben Jahren freiberuflich tätig.

---

4 In den Fallstudien dienten die Interviews der Erhebung. Im zweiten Arbeitspaket von pragdis werden weitere Interviews in Teilen gemeinsam mit den Intervanartnerinnen und –partnern ausgewertet und daraus individuelle Präventionsstrategien entwickelt, die der jeweiligen Lebenssituation angepasst sind.

Auf die Frage wie sein Arbeitsalltag aussieht, wie viele Stunden er im Durchschnitt arbeitet, antwortet er mit folgender Erzählpassage:

„Das kommt drauf an, was man als effektive Arbeitszeit und als im Bürosein definiert. Also sagen wir so, ich bin spätestens um 10 Uhr im Büro und bin um 20 Uhr zuhause, mache aber dann zuhause oft noch was. Das ist eigentlich ein sehr voller Tag. Und auch meistens bis auf ein Wochenendtag, den ich versuche frei zu halten, was nicht immer klappt, eigentlich eine sieben Tagewoche. Ich bin dann aber auch jemand, der jetzt auch nicht durcharbeiten kann. Deswegen sage ich, effektive Arbeitszeit, die man in Rechnung stellt, ist weniger. Da kommt man vielleicht auf 5 - 6 Stunden letztendlich. Weil man ist auch durch die Parallelität vieler Projekte auch oft abgelenkt und kann sich ganz schwierig auf ein Thema konzentrieren. Das geht einfach nicht, auch mit dem Kundenkontakt nicht. Also das wäre jetzt genauso, allerdings wenn ich in einer Agentur wäre. Da hat man auch mehrere Jobs gleichzeitig gehabt. Das hat jetzt nicht unbedingt was mit der Selbstständigkeit zu tun. Aber da ist es sicherlich extremer."

Damit berichtet Clemens bereits wichtige Rahmendaten seiner Arbeitssituation:

* Er arbeitet sieben Tage in der Woche.
* Es gibt für ihn keine festen Arbeitszeiten, d.h. in der Regel nimmt er Arbeit mit nach Hause, um daran weiterzuarbeiten.
* Seinem Anspruch, im Rahmen der „normalen" Arbeitszeit zu arbeiten, kann er wegen der Vielzahl paralleler Projekte nicht nachkommen.

Clemens beschreibt diese Arbeitssituation nicht als typisches Merkmal der Selbstständigkeit, sondern eher der Branche, rechnet aber die extreme Ausprägung dieser Dauerinanspruchnahme, diese Form der Entgrenzung der Arbeit dem Freelancertum zu – das ist ein Muster das uns noch öfters begegnen wird. Schauen wir uns die Folgen dieser Gleichzeitigkeit der Jobs noch einmal genauer an. Er sagt dazu:

„Weil meistens laufen zehn Jobs gleichzeitig, d.h. es ist immer was da und tagsüber kommt man halt wenig dazu zu gestalten. Weil man einfach die Ruhe nicht hat. Deswegen verlagert man das, das machen viele, in die Abendstunden oder in die ganz frühen Morgenstunden im Sommer, wenn man leicht aus dem Bett raus kommt. Ich kann auch dazu sagen, dass ich oft früh aufstehe und da schon meine Emails und so mache. Diese ganze organisatorische Geschichte."

Um die vielen Projekte organisatorisch zu bewältigen, hat er den Arbeitstag also um zwei zusätzliche Arbeitsphasen erweitert: abends macht er das, wozu er tagsüber nicht kommt. Früh morgens erledigt er die organisatorischen Arbeiten. Im Zentrum steht für Clemens die Anforderung kreativ gestaltend tätig zu sein. Die dafür notwendige Ruhe findet er vor allem abends oder dann „wenn die Muse ihn küsst" – eine weitere Begründung, warum er zwischen Arbeit und privatem Bereich nicht trennen kann.

„Das hängt viel mit dem Kreativsein, das kann man nicht abschalten, gerade, wenn es in die Entwicklung geht. Dann schwelt das halt in einem drin. Und da entstehen auch in spannenden Situationen gute Sachen. Unter der Dusche kann auch noch was passieren. Aber das zu trennen [mit Arbeit und Privater Sphäre] ist in dem Beruf schwer."

Aus der Erzählung von Clemens werden zwei weitere Muster deutlich, die seinen Arbeitsalltag dauerhaft prägen – die Akquise ohne Akquise und die Konstruktion von Erreichbarkeit. Clemens verlässt sich auf die Qualität seiner Arbeit und dass seine Kunden auch Multiplikatoren für ihn sind. Das erspart ihm einerseits extra Anstrengungen in der Akquisition. Andererseits gehört dazu, dass er es sich nicht erlaubt, Aufträge abzulehnen.

„Es wird viel weitergesagt. Ich akquiriere im Grunde genommen gar nicht, was ein Fehler ist. Ganz viele meiner Kunden kommen über Mundpropaganda. Es entwickelt sich unheimlich viel da. Gerade in letzter Zeit, da ist so viel dazugekommen. Das hat auch damit zu tun, dass ich nie bis jetzt, außer ich hatte ein schlechtes Bauchgefühl, einen Auftrag abgelehnt habe. Das heißt, ich mache jeden Käse. ...Manchmal entwickelt sich aus (...) kleinen Jobs auch wieder was Großes. Es ist eh verrückt, wie manche Sachen laufen. Da fängt man mit einer Kleinigkeit an und dann hat man einen großen Designauftrag an der Backe."

Zur Kundenbindung gehört für Clemens dazu, dass er möglichst gut ansprechbar ist. Seine Erreichbarkeit hat sich im Rahmen der neuen technischen Möglichkeiten deutlich, aus seiner Sicht sogar dramatisch erweitert.

„Das hat mit der jetzigen Zeit zu tun, das hatte ich früher nicht, das ist diese Verfügbarkeit und die gewünschte kurze Reaktionszeit auf Anrufe, Emails und sonstige Bombardements. Und das ist das, was einen stressen kann. Und der am lautesten schreit, kriegt meistens schneller was. Und das ärgert mich auch. Das ist sowas, was man als Selbstständiger hinnehmen muss, genauso wie wenig Urlaub und wenn, dann nur dort, wo es Email gibt, zumindest für mich. Das ist sicherlich anders als im Angestelltendasein."
Interviewerin: Das heißt, Sie sind überall, wo Sie gerade sind, erreichbar?
C: „Ja. Das kann man sicherlich auch abschalten. Ich mache es auch manchmal, aber halt viel zu selten. Aber man muss es für sich selber entscheiden. Ich bin schon jemand, der abends nicht mehr ans Telefon geht in der Firma, …..Wo ich halt oft viel zu viel erreichbar bin, das ist per Email. Auch aufgrund der Möglichkeit, die Emails überall abzurufen, ob es auf dem iPhone ist oder sonstiges."

Nicht dass er hier auf etwas zurückgreifen würde, was ihm nicht so liegt. Clemens liebt wie viele Männer dieser Branche alles technische Spielzeug und nimmt sich viel Zeit, hier immer auf dem Laufenden zu sein. Dennoch sieht er sich eher in der Rolle des Getrieben, der einer neuen Erreichbarkeitsnorm seine Opfer bringen muss.

„Da hat sich vieles verbessert und vieles verschlechtert. Aber von der Art und vom Kundendruck her ist es eigentlich nicht anders, aber die Kommunikationswege sind vielfältiger geworden. In Hamburg, da hat man nicht rumgeemailt. Da hat man Faxe geschickt und Reinzeichnungskopien per Post geschickt. Es ist alles schneller geworden. Allein durch die Möglichkeit der schnellen Datenübermittlung etc. Es ist schon anders. Aber im Kern des Stresses ist es ähnlich, nur dass die Komponente Erreichbarkeit dazugekommen ist, Handy und Weiterleitung, der ganze Scheiß eigentlich".

Typisch für viele Erzählungen von Clemens ist eine gewisse Ambivalenz, wie sie auch in diesem Zitat deutlich wird. Bezogen auf den

Kundendruck sagt er einerseits es sei so wie früher, andererseits kann dieser nun rund um die Uhr artikuliert werden. Zudem gibt es nicht mehr die frühere, dem Postweg geschuldete Pause zwischen Nachfrage und Reaktion. Zwar hat er keinen Chef mehr, aber die Kunden bestimmen, was, wann zu passieren hat. Einerseits liebt er Spielzeuge wie das iPhone, andererseits sind es die damit verbundenen technischen Möglichkeiten, die ihn abhängiger machen, die den „Erreichbarkeitsscheiß" erst möglich machen.

Dieser Preis der Freiheit ist ihm klar und er erbringt ihn gerne, denn Clemens ist Freelancer aus Überzeugung und würde auch nicht einfach in ein Angestelltendasein zurückwechseln. Trotzdem kann er gewisse Belastungen nicht einfach beiseiteschieben. Sie sind Teil seiner beruflichen und gesundheitsbezogenen *Identität* geworden.

Ebene 1: Identität als lebenslanger Prozess

Identität ist das vom Subjekt integrierte Ergebnis auf die drei Fragen: *„Wer bin ich?" „Wer war ich?" und „Wer werde ich sein?".* Identität wurde sehr lange in der sozialpsychologischen Identitätsforschung als Stufenmodell gesehen. Schritt für Schritt erwirbt das Kind bzw. der junge Erwachsene Kompetenzen hinzu, um dann am Ende der Adoleszenz so etwas wie eine stabile Plattform erreicht zu haben. Erik H. Erikson, der dieses Modell in den 1950er Jahren entwarf, ging zwar davon aus, dass diese Identität nicht statisch bleibt, sich aber auf der Basis der erreichten Erwachsenenidentität schrittweise weiterentwickelt. James Marcia (1967) hat dazu ein entsprechendes Phasenmodell entworfen, das der junge Mensch durchläuft. Angefangen bei der noch durch das elterliche Wertesystem geprägten Phase des *Foreclosure*, über eine Phase der Diffusion, des *Moratoriums* hin zur Phase des *Achievement*. Dieses Modell passte gut zu dem Normalarbeitsmodell, nach dem der Phase des Lernens, eine Phase des Sammelns von Erfahrungen folgt und schließlich die berufliche Etablierung – möglichst mit kontinuierlichem Aufstieg – erreicht wird.

In den 1970 und 1980er Jahren begann sich dieses Modell langsam zu verändern. Marcia (1964) stellte in einer Untersuchung fest, dass sich 40% der untersuchten Erwachsenen noch in der Phase der Diffusion befanden. Dies führte zu einem Umdenken in der Identitätsforschung. Heute sieht man Identität als lebenslangen Prozess, der wellenförmig, man könnte auch sagen diskontinuierlich verläuft.

Ebene 2: Kohärenzgefühl als personale Ressource

Etwa zur gleichen Zeit, Mitte der 1980er Jahre, begann auf einem anderem Feld, dem der Gesundheitsforschung, Aaron Antonovsky Gesundheit positiv zu konstruieren. Im Modell der Salutogenese ist Gesundheit mehr als die Abwesenheit von Krankheit. Antonovsky sieht Risiken nicht als Sonderfall, den es unbedingt zu vermeiden gilt, sondern als normalen Teil des Lebens. Ihn interessiert nicht primär, wie man Risiken aus dem Weg geht, sondern wie man sie bewältigen kann, so dass Leib und Seele keinen Schaden nehmen. Diskontinuität wird in diesem Modell nicht pathologisiert. Es wird vielmehr nach den Kräften gefragt, die helfen diese positiv zu bewältigen. Antonovsky schreibt dabei dem Kohärenzgefühl, dem *„sense of coherence"* einen zentralen Stellenwert zu. Das Kohärenzgefühl als im Subjekt generalisierte Widerstandsressource ist dafür verantwortlich, mit Umbrucherfahrungen umgehen zu können. Unter der Perspektive einer salutogenetisch geprägten Identitätsforschung lauten die zentralen Fragen:

* Über welche Ressourcen verfügt eine Person, um die mit diskontinuierlichen Prozessen verbundene Unsicherheit bewältigen zu können?
* Wie stark erlebt eine Person den Prozess der Veränderung als selbstgestaltet? Wie nachvollziehbar, d.h. verstehbar sind die Veränderungen? Hat sie ihn wesentlich ausgelöst, oder ist sie Teil oder gar Opfer einer nicht gewollten Veränderung?

Zurück zu unserem Fallbeispiel: Für Clemens zeigt sich, dass er den Wechsel in seiner Berufsbiographie als wesentlich selbstbestimmt erfährt.

Station 1: „Ich hatte ein traumhaftes Angestelltendasein in Hamburg, wo es echt Spaß gemacht hat, wo man sehr selbstständig arbeiten konnte, wo der Chef einfach auch jemand war, zu dem man aufgeblickt hat, in jeglicher Hinsicht, vom Humor, vom Können und von allem. Aber da hatte ich sehr, sehr viel gearbeitet. Da hatte ich schon, und das ist dort keine Seltenheit gewesen, eine 60/70 Stunden Woche. Da rechnet dann der Spaß, aber letztendlich arbeitet man dort wahnsinnig viel für weniger Geld."

Station 2: „Der Großkonzern, bei dem ich dann gearbeitet habe, ist ein Scheiß Laden gewesen, das kann man nicht anders sagen. (...) Großkonzern halt und profitneurotisch. Ich habe immer gesagt, jeder ist ein Karpfen und schwimmt da vor sich hin, die, die lang dort waren, das hat man richtig gemerkt."

Station 3: „Dann die Werbeagentur (...) da wurde schon sehr viel Druck gemacht auch. Und dieses ganze blöde Werbegetue, wo man alle Vorurteile, die ich hatte, wurden mir da bestätigt. Wir sind wichtig, wir sind toll, mei, ist doch geil bis zwei Uhr arbeiten. (...) Ich arbeite jetzt zwar auch manchmal bis zwei, aber für mich und nicht mit einem Vollidioten, der es recht wichtig hat."

Clemens wählt aus dieser Erfahrung heraus den Schritt in die Selbstständigkeit, kein einfacher aber ein wohlüberlegter und freiwilliger Schritt, wie er betont. Clemens hat aus der Zeit vor der Selbstständigkeit nicht nur die Fähigkeiten und Kompetenzen, in diesem Metier zu arbeiten, mitgenommen, er hat auch eine Selbsteinschätzung von sich als Graphiker entwickelt. Er sieht sich nicht als Genie, mehr als Arbeiter. Termindruck schildert er als für ihn notwendigen Arbeitsantrieb.

„Ich brauche Deadlines und Termine. Und da gehe ich teilweise ein bisschen zu hart an die Grenze und sitze schon mal bis nachts um drei. Das stresst mich im Positiven wie im Negativen. Wenn ich jetzt überhaupt keine Termine hätte, dann würde ich total schludrig arbeiten."

Clemens ist nach wie vor gerne in diesem Metier und als Selbstständiger tätig, er hegt aktuell keine neuen Identitätsentwürfe oder gar Projekte, die dazu beitragen, dass er sich verändern möchte. Aber Identität besteht ja aus der Verschränkung der drei zeitlichen Perspektiven und da fällt auf, dass er das, was er heute gegenwärtig tut und weiter tun will, mit einem zeitlichen Verfallsdatum versieht. Auf die Frage nach seiner Zukunft, sagt er:

„Das ist eine gute Frage, die ich nicht beantworten kann. Wenn es so weiter geht, wie es jetzt ist, wäre es schön mit weniger Arbeit. So stelle ich mir das vor. Ich stelle mir vor, dass ich ein bisschen mehr Zeit für mich habe oder für die Partnerin. Das ist ein großer Wunsch. (...) Ich habe mir abgewöhnt, richtig Pläne zu machen. Das ist vielleicht ein bisschen schlimm, weil es dann so dahin plätschert. (...) Schön wäre es, wenn ich in zehn Jahren berufsmäßig zwei Partner hätte, die Sachen für mich machen und ich nicht mehr selber so viel abarbeiten muss. (...) Das Komische ist aber: ich mag auch keinen Geschäftspartner haben. Da weiß ich, dass das nicht funktionieren würde. Ich habe es eh mal versucht und dazu bin ich zu eigenbrötlerisch und zu dominant, es geht eh meistens schief. (...) Aber einfach in zehn Jahren ein bisschen weniger arbeiten mit trotzdem dem nötigen Auftragsvolumen. In 20 Jahren sehe ich mich eigentlich nicht mehr als Graphiker, da möchte ich eigentlich was ganz anderes machen, fotografieren oder unterrichten oder sonst was. Was schwierig ist, weil als 60jähriger glaubt dir eh keiner mehr was. (...) Irgendwann sehe ich mich auf einer Almhütte sitzen und abends nur da sitzen und lesen und den Sonnenaufgang anschauen."

Das Auffallende an dieser Erzählpassage ist einerseits, dass das, was er will (sichere Aufträge bei gleichzeitig weniger Arbeit und mehr Zeit für das andere Leben) und das, was er dafür als notwendig erachtet (beispielsweise Partner, mit denen er Arbeit teilen und arbeitsteilig besser bewältigen könnte) von ihm angedacht und zugleich wieder verworfen wird. Ähnliche Passagen der Normalisierung des Arbeitsdrucks bzw. des Zwangs zu größtmöglicher Flexibilität finden sich häufig. Urlaub wäre schön, geht aber nicht. Weniger nach Hause mitnehmen wäre gesund, geht aber wegen der Kreativität nicht. Ein Hobby zum Abspannen müsste ganz klar vom privaten Bereich zu Hause getrennt sein (weil dieser gar nicht mehr privat ist), das geht aber nicht, weil man da seine Erreichbarkeit reduziert und so weiter.

Clemens normalisiert die von ihm beschriebene Druckphasen und Entgrenzungsphänomene als ein nicht anders zu bewältigendes Ereignis, als eine Art Naturlogik seiner Arbeit. Das wird – da ist er sich sicher – noch einige Jahre gut gehen, aber nicht mehr mit 60, da bleibt (ohne dass jetzt schon klar würde, wie das existentiell funktionieren soll) die Perspektive Ausstieg. Clemens weiß von der Endlichkeit der Energie und zugleich hat er eigentlich keinen Plan B.

Ebene 3: Alltägliche Identitätsarbeit

An dieser Stelle stoßen wir auf ein zweites wichtiges Konstrukt der Identität, die alltägliche Identitätsarbeit. Identität funktioniert nicht so, dass wir ab und zu Identität reflektieren und verarbeiten. Dies passiert vielmehr alltäglich: parallel zu unserem Handeln erfahren wir Identität und entwickeln sie weiter.[5] Unsere alltäglichen Identitätserfahrungen basieren auf fünf situationalen Selbstwahrnehmungen:

*   der kognitiven Selbstwahrnehmung,
*   der emotionalen Selbstwahrnehmung,
*   der Wahrnehmung des realisierten Produkts,
*   der Wahrnehmung der Einschätzung durch Andere,
*   der Wahrnehmung der körperlichen Bezogenheit.

Subjekte bleiben in ihrer Selbstreflexion nicht auf dieser situativen Ebene stehen, sondern bündeln die vielen Erfahrungen für sich. Aus situationalen Thematisierungen tritt unter Einbeziehung der Zukunftsorientierung das Identitätsprojekt hervor. Identitätsprojekte weisen sich durch ihren inneren Beschlusscharakter aus. Sie sind weder Utopien noch „bloßes Lust haben". Das setzt voraus, dass ein Reflexionsprozess mit Blick auf die vorhandenen Ressourcen stattgefunden hat. Indem das Projekt abgearbeitet wird, positioniert sich das Selbst ständig neu und evaluiert die Beziehung zwischen Selbstrepräsentation und kognitiver Repräsentation des Projektes. Man wird mit folgenden Arten von Identitätsprojekten zu tun haben:

*   Aufrechterhaltung des gegenwärtigen Status,
*   Realisierung von Lebensplänen,
*   Selbstbezogene Aktualisierung des eigenen Potentials,
*   Reflexive Rekonstruktion des eigenen Selbstverständnisses,
*   Identifikation mit zukünftigen Generationen.

---

5   Dieses Modell alltäglicher IDA wurde im Rahmen eines zehnjährigen Längsschnittprojekts im Rahmen des SFB 333 Entwicklungsperspektiven von Arbeit entwickelt.

Interessant für unsere Fragestellung sind neben der arbeitsbezogenen Themen die körperbezogenen Erfahrungen, die speichern, wie der Körper in bestimmten Handlungssituationen reagiert. Diese körperbezogenen Erfahrungen (natürlich stets in Koppelung mit den anderen) sind ebenso ein Teil unseres Identitätsprozesses wie die Fremd- und Selbsteinschätzung der eigenen Leistung. Die Teilidentität Gesundheit schließt sowohl die Lebens- und Erfahrungsbereiche Arbeit, Freizeit, Familie ein wie auch die gesellschaftlichen Gesundheitsdiskurse und eigene Gesundheitserfahrungen.

Abbildung 1: Teilidentität Gesundheit

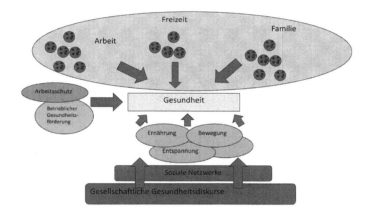

Bei Clemens finden sich viele Passagen, die oft nebenbei deutlich machen, wie stark körperlich und psychisch ihn die Arbeit belastet:

C: „Was mich im Grunde am meisten stresst negativ, wenn ich zu viel gleichzeitig fertig machen muss, dann werde ich grantig, da geht es mir selber auch nicht gut. (...) Was mich auch noch stresst sind neue Jobs und das Anfangen von einer kreativen Arbeit. (...) Klar, wenn der Druck groß ist, dann surft man schon mal mehr im Internet und verliert sich in irgendwelchen Geschichten. (...) Dann auf einmal ein großer Termindruck, der sich aus vielen zusammensetzt (...) aus fünf verschiedenen Sachen, die relativ zeitgleich gemacht werden müssen. Das ist eigentlich die typische Situation. ... aber ich werd' wirr und ein bisschen unaufmerksam und ein bisschen grantig. (...)Aber körperlich merke ich da nichts. Das spielt sich mehr im Kopf ab. (...) Und was ich mache, wenn es zu viel ist, auch wenn es nicht an Abgabeterminen liegt, sondern dass es momentan zu viel ist, dann lasse ich alles liegen und mache etwas völlig anderes. Das ist so eine Trotzreaktion in dem Moment. Ob das jetzt heute fertig ist oder morgen, da kommt dann so eine kleine, innerliche Sabotage raus (...)."

Es sind nicht die großen Leiden, der Herzinfarkt, der sich abzeichnet. Clemens fühlt sich körperlich nicht krank, es zeigen sich jedoch die vielen kleinen Erfahrungen des Erschöpftseins, die sich in seinen Erzählungen finden. Diese begleiten kontinuierlich seinen Arbeitsprozess und sie sind sicher ein Grund dafür, dass er sich in dieser Arbeitsform zwar noch für zehn, aber keine zwanzig Jahre mehr sieht.

Bei der Bewertung der körperbezogenen Erfahrungen gehört Clemens zu jenen Menschen, die – um in der Sprache des Metiers zu bleiben – den Körper eher als Hardware denn als Software begreifen. Während man Software pflegt und regelmäßig updatet, hofft man bei der Hardware darauf, dass sie möglichst lange unproblematisch funktioniert und leistungsfähig bleibt. Aus gesundheitspsychologischer Sicht ist dieses Modell problematisch, wie es Clemens in seiner narrativen Art und für ihn typischen Ambivalenz auch selbst formuliert. Auf die Frage, ob er sich als gesunden Menschen bezeichnen würde, antwortet er:

„Ja, das ist eine gute Frage. Schwierig zu beantworten. Ich weiß, dass ich viel zu ungesund lebe, aber ich versuche, gesund zu leben. Es kommt immer drauf an, welchen Bereich man abdeckt, ich glaube, dass ich mich sehr gesund ernähre, dass ich aber viel zu wenig Sport mache. Ich weiß, dass ich für das Hirn zu wenig tue, was Ablenkung angeht, lesen oder so, aber ich fühle mich nur selten nicht gesund. Manchmal merkt man schon, dass gerade wenn viele Wochen von intensiver Arbeit vorangegangen sind, dann merke ich, dass ich erschöpft bin und dann weiß ich, dass ich nicht gesund lebe. Ich lebe sicherlich nicht gesund wie jemand, der angestellt ist und abends noch eine Stunde joggen gehen kann. Aber man muss es sich halt auch selber rausnehmen. Das muss jeder für sich entscheiden und sich selber gönnen. Ich bin von Haus aus kein sportlicher Typ gewesen außer Skifahren. Mit dem Fitnessstudio hat es nach einiger Zeit nicht mehr geklappt, da habe ich mich nicht überwinden können. Ich würde mich eher als ungesund bezeichnen, wobei ich nicht rauche, dafür aber genussvoll esse und Wein trinke. Aber ich würde mich nicht als Workaholic-Wrack bezeichnen. Ich hole mir meinen Spaß schon raus. Aber die Gesundheit leidet langfristig ganz sicher."

Bei Clemens wird das komplexe Wechselspiel aus Außenanforderung, Innenantizipation, Normalisierung des Außendrucks als Handlungsanforderung mit einer guten Ressourcenausstattung der Person und einer trotzdem nicht einfachen Zukunftsperspektive überdeutlich.

Abbildung 2: Clemens – Körper als Hardware

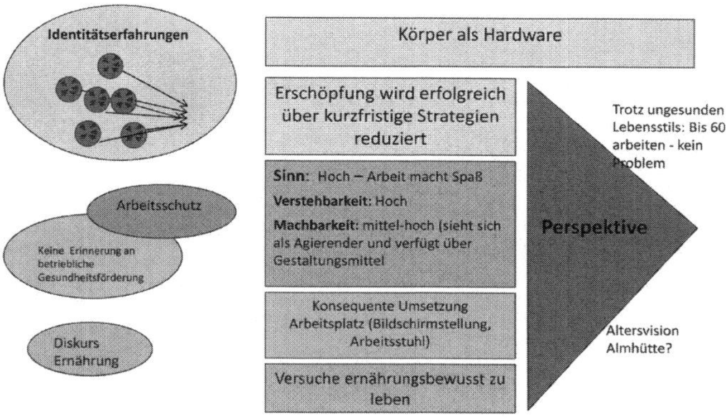

Fallbeispiel 2: Helmut – erzwungene Diskontinuität

Im Mittelpunkt der zweiten Fallvignette steht der 55jährige Helmut. Er ist Mathematiker von der Ausbildung her und hat dann nach dem Studium begonnen, zunächst als Programmierer bei einem großen Versicherungskonzern zu arbeiten. In diesem Konzern begann sein erster Karriereschritt, der ihn vom klassischen Programmieren in die

Finanzkalkulation führte, heute würde man es Performanceanalyse nennen. Weil er sich inhaltlich verändern wollte und es aber nicht durfte, wechselte er nach zehn Jahren zu einem Systemhersteller, der Software für Investmentgesellschaften entwickelte. Den Firmeninhaber hatte er vorher als Kunden. Hier arbeitete er zweieinhalb Jahre als Kundenbetreuer. Der nächste Karriereschritt führte ihn in die Finanzbranche, wo er 14 Jahre als Mitgeschäftsführer einer Kapitalgesellschaft arbeitete. Auch bei diesem Übergang profitierte er seinen Netzwerken – er wurde angeworben von einem Bekannten aus einem vorigen Job. 2006 wurde Helmut der Auflösungsvertrag präsentiert. Nach einer kurzen Phase der Arbeitslosigkeit bekam er – wieder über Netzwerke – eine selbstständige Beratertätigkeit angeboten. Dies führte zur Gründung einer eigene Gesellschaft. Dieser Schritt in die Selbstständigkeit erlebt Helmut als erzwungen, nicht als selbst gewählt. Die Art und Weise seiner Kündigung schmerzt ihn noch immer.

„Ja es ist immer dann, wenn Sie feststellen, dass Ihr Einfluss schwindet. Also wenn praktisch es die neue Führung gibt über einem, die sich nicht mehr für einen interessiert, weiß man schon, was man sagt, wird nicht mehr wahrgenommen oder hat keinen Stellenwert mehr. Das sind ähnliche Vorgänge. Man wird auch bisschen aus dem Informationsfluss genommen, das gibt's sowohl hier als auch da, also es war klar, dass da was passieren würde. Man wird dann vielleicht von den Kollegen noch akzeptiert, aber hat eigentlich nicht mehr viel Einfluss."

Diese Erfahrung stellt für Helmut die große Belastung dar, zumal er ähnliche Kränkungen auch in seiner jetzigen Beratertätigkeit hinnehmen muss: er ist nicht mehr der Macher, er ist „nur" noch der Berater. Helmut beschreibt den ungewollten Rollenwechsel vom Chef zum Berater:

„Natürlich ich bin (da jetzt) Berater, ich entscheide nicht. Vorher hab ich selber Entscheidungen getroffen, war aber auch der fachliche Kopf. Jetzt kann ich nur noch fachliche Ratschläge geben oder halt (Räuspern) ein Projekt steuern oder beeinflussen, aber ich treff natürlich keine Entscheidungen für meine Kunden mehr. (...) Das ist eine andere Sichtweise, war mir auch gar nicht so unsympathisch. Ich wollte mich eigentlich inhaltlich wieder in größerem Detail mit Dingen befassen dürfen. Vorher hatte ich immer eine sehr große Bandbreite mit sehr wenig Personal. Da können Sie nicht tief gehen.

Man kriegt eine Anfrage, in meinem Fall sogar indirekt, also nicht an mich direkt gerichtet und hat eben die Möglichkeit zu sagen: ,ja, ich interessier mich oder ich interessier mich nicht. Und man kriegt das Business oder man kriegt es nicht.''

Helmut erlebt sich als stark fremdbestimmt, als kleiner Fisch, der nachgeordnete Aufgaben zugewiesen bekommt, als ein Dienstleister unter vielen:

„Man wird eigentlich nicht wirklich wahrgenommen. Natürlich von den Leuten, mit denen man direkt zu tun hat, schon, aber von den Firmenspitzen nicht.''

Seiner Selbstständigkeit steht Helmut ambivalent gegenüber. Einerseits möchte er gar nicht mehr so viel arbeiten, sieht die eigene Firma als Überbrückung bis zu seiner Rente. Andererseits bezeichnet er sich auch als Workaholic, als jemand, der viel tut und dem die frühere schon räumlich klare Trennung von Beruf und Privatleben sehr fehlt, weil er sich die Grenzen selbst nur schwer setzen kann.

Helmut beschreibt sich als kranken Mann. Er berichtet von diversen gesundheitlichen Beeinträchtigungen und Krankheiten. So hatte er einen Hörsturz, hat Stoffwechselbeschwerden und stellt auch Übergewicht an sich fest. Er hofft auf einen vorzeitigen Ruhestand, auf den Schwerbehindertenstatus, der es ihm erlauben würde, sich aus der ungeliebten Selbstständigkeit zu verabschieden. Andererseits würde ihm die Arbeit aber auch fehlen.

Prävention betreibt er kaum, weiß aber, dass er mehr für sich tun müsste. Bei den seltenen Versuchen, sich sportlich zu betätigen, erlebt er auch Rückschläge. Beim Gerätetraining verletzt er sich. Radfahren war früher seine Leidenschaft, würde ihm Spaß machen, aber da fehlt ihm ein Partner. Die Familie spielt da nicht mit, alleine kann er sich nicht aufraffen. So führen die nicht erfüllten Präventionsaktivitäten zu schlechtem Gewissen und tragen letztlich zur Erschöpfung bei. Helmut kennt zwar Arbeitsschutzbestimmungen und Sicherheit am Arbeitsplatz gut aus seiner Tätigkeit als Geschäftsführer und Vorgesetzter, für sein eigenes Gesundheitsverhalten zieht er sich auf die Formel zurück: „Meine Frau weiß immer was gut für sie ist. Ich weiß das nicht."

Abbildung 3: Helmut: Gesundheit ist nicht krank zu sein

Fallbeispiel 3: Margret – Capuccinoworking

Margret, 58 Jahre alt, gelernte Schriftsetzerin, blickt auf eine lange Berufstätigkeit zurück. Diskontinuität hat sie in ihrem Beruf nicht zuletzt dadurch erlebt, dass sich aufgrund des technischen Wandels die Inhalte ihres Berufes, die Tätigkeiten vollständig verändert haben. Der Setzerberuf war einer der ersten Berufe, die durch die Digitalisierung aufgelöst und neu definiert wurden.

Margret nahm die Herausforderungen an und lernte die neuen Techniken, neuen Programme, neuen Inhalte. Dieses Wissen brachte sie in die Firma ihres Mannes ein, in der sie gut 20 Jahre angestellt war. Die Firma hat Höhen und Tiefen erlebt. Die Talsohle wurde 2002 erreicht, Margret kann nicht mehr bezahlt werden. Sie wird arbeitslos und erlebt bei der Stellensuche alle Nachteile des höheren Alters.

„Dann wurde ich arbeitslos und habe 1,5 Jahre verzweifelt einen Job gesucht, der meinen Fähigkeiten entspricht. Und habe mir sogar meine grauen Haare wegfärben lassen, weil ich gedacht hätte, das hilft. Aber die haben immer auf mein Geburtsdatum geschaut und dann war das gegessen."

Die Arbeitslosigkeit, die Diskontinuität als Bruch, versetzte sie in Panik und existenzielle Angstzustände. Sie bekommt eine Depression, die medikamentös und therapeutisch behandelt werden muss. Als sie aus dem „tiefen Tal" wieder heraus findet, startet sie in die Freiberuflichkeit.

„Und dann habe ich Gas gegeben. Dann habe ich mir die ganzen neuen Programme reingezogen, und dann habe ich beschlossen, dieses Angebot mit der Ich-AG anzunehmen und das habe ich jetzt gemacht."

Margret splittet ihre Arbeit. Sie unterrichtet Frauen und Auszubildende in den verschiedenen Druck- und Publishingprogrammen. Sie arbeitet in einer Agentur und ist auch weiterhin – jetzt freiberuflich – für ihren Mann und dessen Geschäftspartner tätig.

„Und das ist mein buntes Arbeitsleben. Zwischendrin habe ich Phasen höchster Hektik. Und es ist Eustress, Stress der gut tut. Und dann habe ich Phasen, da bin ich so erschöpft, tue gar nichts und lasse auch meinen Haushalt verkommen, was okay ist, weil mein Mann und ich leben in zwei Wohnungen im gleichen (Haus)."

Margret hat nicht nur verschiedene Auftraggeber, wie es sich gehört, um eine Scheinselbstständigkeit zu vermeiden, Margret führt verschiedene Tätigkeiten aus und gehört damit zu den modernen Cappuccinoworkern.[6] Mittlerweile hat sie sich an ihr neues Leben gewöhnt:

„Und ich war die glücklichste Festangestellte, die man sich vorstellen kann. Und wenn ich (…) Freiberuflerinnen getroffen habe, da habe ich mir über-

---

6 Ein Cappuccino-Worker ist ein Arbeitnehmer, der verschiedene Jobs bei verschiedenen Auftraggebern hat. Die Zusammensetzung ist wie bei einem Cappuccino: Der Hauptjob, der die Miete sichern sollte, entspricht dem schwarzen Kaffee. Dazu kommen als Milchschaum Nebentätigkeiten und als Schokopulver unregelmäßige Sonderprojekte.

haupt nicht vorstellen können, wie man sein Leben so organisieren kann. Ja, hätte ich nie gedacht, dass ich so eine glückliche Freiberuflerin werde."

Margret arbeitet in Hochphasen bis zu 60 Stunden. Ist sie erschöpft, zieht sie sich kurzfristig ganz zurück, lässt alle häuslichen und privaten Verpflichtungen bleiben und liest. Margret berichtet von Schlafstörungen, Müdigkeit. Und von mehreren ernsthaften Erkrankungen, die in der Vergangenheit liegen. Ungeachtet dessen hält sich Margret für gesund. Ihr Credo lautet „Ich habe gute Gene". Dank dieser guten Gene fühlt sie sich körperlich fit – obwohl Ihr Lebensstil eher riskant ist: sie raucht, ernährt sich viel von Fastfood und treibt aus Überzeugung keinen Sport. Mit dieser Verweigerung von Prävention vermeidet Margret das schlechte Gewissen. Dieses hat sie ausgelagert: Für Prävention ist ihr Mann zuständig, der mahnt immer wieder gesundere Lebensweise an. Anfällig zeigt sich Margret aber höchstens für Wellnessangebote und Entspannung.

Margret hofft darauf, ihre augenblicklichen Tätigkeiten bis 65 weiter ausüben zu können und dann in Rente zu gehen. Manchmal überfallen sie Ängste, dass die guten Gene doch nicht durchhalten, dass sie hilfs- oder pflegebedürftig werden könnte, dass ihre Agilität nachlässt.

Mit ihrer diskontinuierlichen Tätigkeit, mit viel Arbeit, mit wechselnden Anforderungen kommt Margret gut zurecht. Sie hat durch die Erfahrung mit dem Setzerberuf Diskontinuität als etwas Normales erlebt, auch wenn sie lange an einer Stelle beschäftigt war. Arbeitslosigkeit, der Verlust von gesellschaftlicher Teilhabe, von Identität durch Arbeit war dagegen ein starker Bruch. Diese Diskontinuität machte sie krank.

Abbildung 4: Margret: Gute Gene erhalten gesund

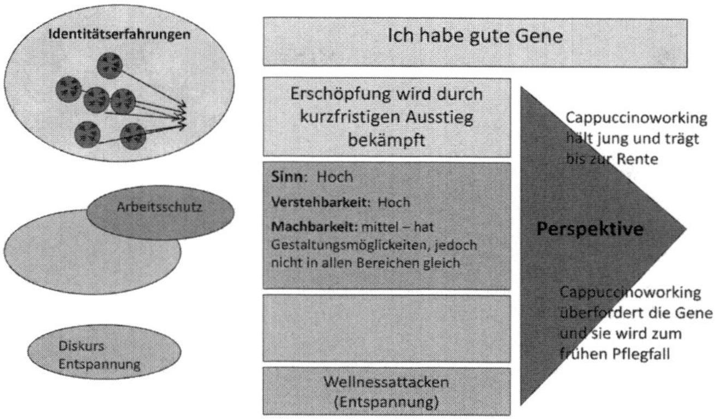

4. FAZIT

Unsere drei Fallbeispiele zeigen unterschiedliche Facetten der Belastungen und Bewältigungsmodelle diskontinuierlich Beschäftigter in der IT-Branche. Dabei zeigt sich folgendes.

Freiberufler/innen finden zunächst ideale Arbeitsbedingungen vor: keine unmittelbar hierarchische Struktur, selbst gewählte Arbeitsbedingungen, kurz: nicht-entfremdete, selbstbestimmte Arbeit. Aber die Arbeitsbelastungen sind hoch, Selbstausbeutung, Termindruck, Existenzangst führen zu verschiedenen Facetten der Erschöpfung.

Belastungen aus der diskontinuierlichen Arbeit werden umso stärker empfunden, je weniger die diskontinuierliche Arbeitsform frei gewählt wurde. Wie stark Diskontinuität in der Berufsbiographie belastet, hängt sehr davon ab, wie nahe sie der gesellschaftlichen Ausgrenzung, der Prekarität kommt.

Je stärker das Kohärenzgefühl, desto besser können die Belastungen aus der Arbeitsform bewältigt werden. Eine als sinnvoll erlebte Arbeit, das Gefühl, die Fäden in der Hand zu halten, kompensiert hohe zeitliche Arbeitsbeanspruchung und Termindruck.

Mitarbeiter/innen in der IT-Branche können sich als Angehörige einer als innovativ, zukunftsweisend und unkonventionell geltenden Branche, als gesellschaftliche Vorreiter fühlen. Gleichzeitig sind sie direkt oder indirekt an der technischen Entwicklung beteiligt unter der sie leiden: ständige Erreichbarkeit, mobile und flexible Arbeitsbedingungen unabhängig von einem bestimmten Arbeitsort oder einer bestimmten Arbeitszeit nennen die Interviewpartner/innen als eine zentrale Belastung, die zu Erschöpfung beiträgt.

Mit dem Altern der Branche nehmen die gesundheitlichen Belastungen bei den Akteuren zu, ebenso wie Zukunftssorgen. Dieser Leidensdruck genügt aber noch nicht, um vorsorgender mit sich umzugehen.

Dazu kommt, dass Freiberuflerinnen und Freiberufler, diskontinuierlich Beschäftigte in der Regel vollständig auf sich selbst verwiesen sind, wenn es um Gesundheitsförderung geht. Selbstsorge heißt für sie zunächst, keine unterstützenden Partner vorzufinden, die die Präventionsstrategien unterstützen. Der Betrieb fällt als Partner aus, da diskontinuierlich Beschäftigte nicht zur Belegschaft zählen, auf die sich betriebliches Gesundheitsmanagement in erster Linie richtet. Diskontinuierlich Beschäftigte brauchen andere Partner für ihr persönliches Gesundheitsmanagement. Das können die Krankenkassen und Hausärzte sein. Für Selbstachtsamkeit und Selbstsorge müssen neue Partner gesucht werden: Berufliche und überbetriebliche Netzwerke kommen hier genauso in Frage wie der Selbsthilfebereich und das private Umfeld.

Die Verarbeitung der Belastungen und damit das Ausmaß der Erschöpfung hängt von personalen und sozialen Ressourcen wie Kohärenzgefühl, erfahrener und aktivierbarer sozialer Unterstützung, materiellen Rahmenbedingungen und der persönlichen Einstellung zur diskontinuierlichen Beschäftigung ab. Nicht die Risiken alleine sind das Problem, sondern die fehlenden (Widerstands)Ressourcen, wie das Kohärenzgefühl, damit umzugehen.

Die zumeist hoch qualifizierten Wissensarbeiter sind gute Rezipienten der verschiedenen Gesundheitsdiskurse. Dies hat aber keine Konsequenzen für das Gesundheitsverhalten. Die klassischen Präventionsappelle (etwa mehr Bewegung, gesünder Essen, weniger Genussmittel) führen bei Clemens zu einem schlechten Gewissen, das weitgehend folgenlos bleibt. Bei Helmut tragen die gescheiterten Versuche des „angemessenen" Gesundheitsverhaltens eher noch zusätzlich zur Erschöpfung bei und Margret blendet die Präventionsappelle schlichtweg aus und verlässt sich auf ihre guten Gene. Dies ist ein Indiz dafür, dass die fertigen Präventionsstrategien nicht in die alltägliche Lebensführung integrierbar sind. Sie bleiben Fremdkörper. Passgenaue, alltagstaugliche Präventionsstrategien sind für Freelancer und Jobnomaden deswegen unerlässlich. Dennoch kann Prävention nicht nur in die alleinige Verantwortung der diskontinuierlich Beschäftigten gelegt werden. Diskontinuierlich Beschäftigte benötigen neue Partner für Prävention.

5. LITERATUR

Antonovsky, A. (1987): Unraveling the Mystery of Health. How people manage stress and stay well. San Francisco: Jossey-Bass.

Böhle, F. (2006): Zur Entwicklung und zu neuen Herausforderungen der Arbeitsforschung. Eine Standortbestimmung. In: W. Dunkel, D. Sauer (Hrsg.): Von der Allgegenwart der verschwindenden Arbeit. Neue Herausforderungen für die Arbeitsforschung. Berlin: edition sigma, S.22-27.

Bröckling, U. (2007). Das unternehmerische Selbst. Soziologie einer Subjektivierungsform. Frankfurt am Main: Suhrkamp.

Erikson, E. H. (1973): Identität und Lebenszyklus. Frankfurt am Main: Suhrkamp.

Gender Datenreport (2005): 1. Datenreport zur Gleichstellung von Frauen und Männern in der Bundesrepublik Deutschland. München, November 2005. Erstellt durch das Deutsche Jugendinstitut e.V. in Zusammenarbeit mit dem Statistischen Bundesamt unter der Leitung von Waltraud Cornelißen. Hrsgg. von der Internetredaktion des Bundesministeriums für Familie, Senioren, Frauen und Jugend: www.bmfsfj.de/bmfsfj/generator/Publikationen/genderreport/Servi ce/impressum.html.

Manske, A. (2007): Prekarisierung auf hohem Niveau. Eine Feldstudie über Alleinunternehmer in der IT-Branche. Arbeit und Leben im Umbruch. München und Mering: Hampp. Schriftenreihe zur subjektorientierten Soziologie der Arbeit und der Arbeitsgesellschaft, Bd. 13, hrsgg. von Günter Voß.

Marcia, J. (1967): Ego, identity, status: relation to change in self-esteem, "general maladjustment" and authoritarianism. In: journal of personality 35, S.118-133.

Pongratz, H.-J. / Voß, G.G. (2003). Arbeitskraftunternehmer – Erwerbsorientierungen in entgrenzten Arbeitsformen. Berlin: edition sigma.

Straus, F. / Höfer, R. (1997): Entwicklungslinien alltäglicher Identitätsarbeit. In: Keupp, H. / Höfer, R. (Hrsg.): Identitätsarbeit heute. Klassische und aktuelle Perspektiven der Identitätsforschung. Frankfurt a.M.: Suhrkamp, S.270-307.

Prävention in diskontinuierlichen Erwerbsverläufen: Wer trägt die Verantwortung?

KURT-GEORG CIESINGER

1. EINLEITUNG

Dieser Beitrag hat nicht zum Ziel, die formale Verantwortung für betriebliches Gesundheitsmanagement, Arbeitsschutz oder Prävention zu systematisieren. Die rechtliche Regelung der Verantwortung für den betrieblichen Arbeits- und Gesundheitsschutz ist zusammenfassend auf der Webseite des Bundesarbeitsministeriums dargestellt, wo alle Gesetze und Verordnungen sowie die sich daraus ergebenden Pflichten von der *„Arbeitsmedizinischen Vorsorge-Verordnung"* bis zur *„Verordnung über das Inverkehrbringen von persönlichen Schutzausrüstungen"* gelistet sind. Auch Verantwortungen, die sich aus Novellierungen der Gesetze im Bereich der Krankenversicherung oder Gesundheitsvorsorge ergeben, sollen nicht Gegenstand des Beitrags sein. Hier wird verwiesen auf die ständig aktualisierten Darstellungen des Bundesgesundheitsministeriums. Die rechtlichen Regelungen sind jedoch nur die eine Seite der Präventionsverantwortung. Die andere Seite sind die faktisch erwartbaren Beiträge zur Prävention – unabhängig davon, welche gesetzlichen Verpflichtungen bestehen.

In diesem Beitrag soll daher die Frage erörtert werden, welche Akteure in einem komplexen Präventionssystem für diskontinuierlich Beschäftigte welche Rolle übernehmen sollten, können und werden, und welche besondere Rolle hier die Unternehmen spielen. Ziel ist die Bestimmung erwartbarer Beiträge verschiedener Präventionsakteure, um daraus ein realistisches Handlungsmodell für die Erarbeitung und Umsetzung konkreter, funktionsfähiger Präventionssysteme zu entwickeln. Der Handlungsrahmen wird dabei durch die Betrachtung der Spezifika diskontinuierlicher Erwerbsverläufe gegenüber „Normalarbeitsverhältnissen" deutlich verändert.

2. KENNZEICHEN DISKONTINUIERLICHER ERWERBSBIOGRAFIEN

„Neue" oder „diskontinuierliche" Erwerbsbiografien oder auch Patchworkbiografien werden seit einigen Jahren in der Arbeitssoziologie wie auch der Arbeitspolitik zunehmend und kontrovers diskutiert. Was versteht man unter einer „normalen" Erwerbsbiografie?

Die klassische Karriere beginnt mit einem Schulabschluss, eine betriebliche oder Hochschulausbildung mit einem formalen Abschluss schließt sich nahtlos an. Ein Beschäftigungsverhältnis wird aufgenommen und bleibt langfristig stabil: Arbeitgeberwechsel sind nicht die Regel, sondern die Ausnahmesituation, eine innerorganisatorische Karriere steht im Vordergrund.

Die Erwerbstätigkeit wird flankiert von (eher seltenen) extern induzierten Anpassungsweiterbildungen bzw. punktuellen Aufstiegsfortbildungen. Der Arbeitsmarktwert erhöht sich dabei mit zunehmender Berufserfahrung. Man erreicht eine Endposition, knapp unter- oder oberhalb der eigenen Kompetenzgrenze und „settelt" sich in dieser Position. Zunehmend werden Erfahrung und Routine ausgespielt, um die Arbeit angenehmer zu gestalten, was Freiräume schafft für die Vorbereitung auf den Berufsausstieg. Das lange Arbeitsleben wird gekrönt vom Endziel, der Rente.

Diese zugegebenermaßen stark pointierte Darstellung verdeutlicht die Linearität und Stetigkeit der klassischen und von vielen als ideal stilisierten Karriereverläufe. Die Linearität der Erwerbstätigkeit setzt jedoch Kontinuität des Umfeldes voraus, was heute insbesondere im Medien- und IT-Bereich nicht mehr gegeben ist. Hier ändert sich das berufliche Umfeld in immer kürzeren Abständen, eine Entwicklung, die sich von der Tendenz her mittlerweile in weiteren, vor allem in den Zukunfts-Branchen abzeichnet.

Erwerbsbiografien zumindest in hochinnovativen Wirtschaftsbereichen verlaufen heute unter neuen, veränderten Rahmenbedingungen:

- Die technische Dynamik hat drastisch zugenommen, Innovationszyklen verkürzen sich noch immer.
- Die Arbeit in der Informationsgesellschaft wird durch Virtualisierungstendenzen verändert.
- Die Orientierung an klassischen, stabilen Berufsbildern wird immer problematischer, Berufsbilder verfallen.
- Neue Arbeitsverhältnisse außerhalb der traditionellen, abhängigen Beschäftigung nehmen an Attraktivität zu.

Die folgende Tabelle systematisiert diese veränderten Rahmenbedingungen von Erwerbsbiografien:

Tabelle 1: Gegenüberstellung der Rahmenbedingungen der Entwicklung von Erwerbsbiografien.

	Früher	Heute
Technische Dynamik	...dauerten Innovationszyklen mehrere Jahre oder gar Jahrzehnte. ...galt der Grundsatz: „Ein Mann, eine Maschine!" ...war Berufserfahrung der wichtigste Faktor des Arbeitsmarktwertes. ...waren Produktionsprozesse linear und standardisiert.	...sind Produktionssysteme kaum länger als einige Wochen stabil. ...sind Produktionssysteme hochvernetzt. ...sind unbelastete, flexible und hochgebildete Quereinsteiger gefragt. ...sind immer mehr Aufträge projektförmig.
Virtualisierung der Arbeitsprozesse	...waren Produktionsprozesse zeitstabil. ...waren Arbeit und Betrieb raumzeitlich gekoppelt. ...war ein Arbeitnehmer mit einem Unternehmen quasi physisch	...sind Produktionsprozesse auftragsabhängig aufzubauen. ...sind Raum und Zeit der Arbeit frei disponibel. ...arbeiten Mitarbeiter in virtuellen, unternehmensübergreifenden Teams. ...sind die Arbeitsbedingun-

| Berufsbild-verfall | verkoppelt. ...determinierte die Zugehörigkeit zu einer Organisation die Arbeitsbedingungen. ...war der Beruf betriebliches wie auch persönliches Ordnungskriterium. ...war ein Berufsbild über Jahre stabil. ...waren Zertifikate zeitstabiler Beleg des Bildungserfolgs. ...begleitete der einmal erlernte Beruf den Menschen ein Leben lang. ...war Facherfahrung wichtig. | gen von der konkreten Einbindung in Projekte abhängig. ...sind Berufsbilder umfassend und geben wenig Orientierungsmöglichkeit. ...sind Berufsbilder Abbild der Wirklichkeit von gestern. ...sind Zertifikate so vergänglich wie die Technologien. ...überschreitet die permanente Kompetenzaktualisierung alle Berufsbildgrenzen. ... ist Lernbereitschaft wichtig. |

Auch die Bewertung eines Arbeitsverhältnisses an sich ist im Wandel begriffen. Die Rente als alleinige Versorgungsplattform im Alter ist gefährdet. Private Vorsorgesysteme werden sogar politisch präferiert. Die sozialversicherungspflichtige Beschäftigung verliert an Attraktivität.

Aus Unternehmersicht erzwingt der zunehmend internationalisierte Wettbewerb Kostenreduktionen, wobei z.b. Freelancerarbeit als eine Möglichkeit dazu verstanden wird. Zum anderen führen die projektförmige Arbeit und die zunehmend geringere Standardisierung zu hochdifferenzierten Anforderungen an Mitarbeiter. Konkret bedeutet dies, dass ein Unternehmen für jedes Projekt die Mitarbeiterstruktur umstellen müsste.

Auf der individuellen Ebene resultieren daraus in der Längsschnittbetrachtung Biographien mit

- Abfolgen verschiedener Tätigkeiten und Berufe und/oder
- Abfolgen verschiedener Beschäftigungsformen (Selbständigkeit, sozialversicherungspflichtige Beschäftigung, befristete/unbefristete Vollzeit-/Teilzeitstellen, Zeitarbeit, Arbeitslosigkeit).

In Positivszenarien werden diese Abfolgen als koordiniert, chancen- und aufstiegsorientiert definiert, in den wesentlich verbreiteteren

Negativszenarien als zufällige, krisenhafte Entwicklung mit dem Charakter einer Abwärtsspirale. Die damit verbundenen Chancen und Risiken sollen an dieser Stelle ebenso undiskutiert bleiben wie die Frage des Verbreitungsgrades solcher Biographien. Hier sei beispielhaft verwiesen auf die Arbeiten von Bosch (1986, 2003), Bolder (2004), Keupp et al. (1999), Zachert (1988), zu den Potenzialen aber auch insbesondere Neuendorff/Ott (2006), Ciesinger/Klatt (2006), Klatt (2004), Klatt/Neuendorff/Nölle (2005), Nölle (2006), Benikowski (2004).

Diese Erwerbsbiografien setzen grundsätzlich neue Bedingungen für die Gestaltung von Präventionssystemen und den präventiven Arbeits- und Gesundheitsschutz in Betrieben. Der Betrieb als Präventionsort wird angesichts diskontinuierlicher Erwerbsverläufe und der Virtualisierung der Arbeitsstrukturen zumindest für die davon Betroffenen zunehmend obsolet. Damit werden auch die gängigen Präventionsansätze (Gesundheitszirkel, betriebliche Präventionsangebote, betrieblich organisierte Schulungen/Vorsorgemaßnahmen), in denen der Betrieb der Ort ist, an dem Gesundheitsprävention greifen soll, anachronistisch. Für die „Jobnomaden" ist der Betrieb keine Konstante mehr, denn Beschäftigungsformen und Arbeitgeber wechseln. Daher sind Träger neuer Erwerbsbiografien von einer stabilen, kontinuierlichen Prävention und der Beobachtung kumulativer Gesundheitsrisiken ausgeschlossen (vgl. dazu den Beitrag von Rüdiger Klatt in diesem Band sowie die von Dagmar Siebecke dargestellten Ergebnisse der Beschäftigtenbefragung im IT-Bereich). Und da nicht alle Betriebe – selbst wenn sie Prävention anbieten, und dies ist selten genug der Fall – gleiche Strategien haben, bedeutet ein Wechsel des Unternehmens den Verlust der Präventionskontinuität.

Auf der anderen Seite bieten neue, diskontinuierliche Erwerbsbiografien aber auch die Chance, durch Arbeits- und Beschäftigungswechsel die Kumulation von Belastungsfaktoren zu vermeiden, die Arbeit an die Ansprüche einer Work-Life-Balance anzupassen und so die Arbeitsfähigkeit und Gesundheit gerade durch die Diskontinuität langfristig zu erhalten. Dies setzt die Gestaltungsfähigkeit einer Karriere voraus.

Der aus Sicht dieses Beitrages, also aus Sicht der Frage „Wer trägt die Verantwortung?", gravierendste Unterschied zwischen „Normal"-

und „Patchworkbiografien" sind jedoch die unklaren und im Berufsleben zudem wechselnden Akteurskonstellationen im Bereich der Prävention.

3. AKTEURE IN DER „WELT DER PRÄVENTION"

In Anlehnung an eine Systematik von Hans Uske (RISP Duisburg) können viele Akteursebenen differenziert werden, die alle potenzielle Kandidaten für die Übernahme von Präventionsverantwortung sind.

- Zunächst haben die Träger des Gesundheitssystems (Kassen, Berufsgenossenschaften, der Gesetzgeber, die öffentliche Hand in verschiedenen Gestalten und die von diesen Institutionen beauftragten bzw. abhängigen Akteure) erheblichen Einfluss auf das Präventionsgeschehen und regeln die (auch finanziellen) Rahmenbedingungen.

- Die Unternehmen stehen in der Abbildung nicht nur grafisch im Zentrum, sie sind in vielen Fällen das Bindeglied zwischen den Präventionsebenen: Viele Maßnahmen anderer Akteure setzen am Betrieb als „Präventionsort" an: Vom klassischen Arbeitsschutz bis zu aktuellen Steuerbegünstigungen für Präventionsmaßnahmen ist der Betrieb die „Durchleitungs- und Umsetzungsstelle".

- Im Betrieb selbst gibt es neben dem Individuum als handelndem Akteur auch die Geschäftsleitungen und den Betriebsrat, deren Vorstellungen von Prävention und betrieblichem Gesundheitsschutz/Gesundheitsmanagement nicht identisch sein müssen.

- Diese betrieblichen Akteure sind „angeschlossen" an Verbände und Gewerkschaften, die wiederum eigene Ziele, Interessen und Konzepte verfolgen können.

- Zudem gibt es Projekte zu verschiedenen Themen des betrieblichen Arbeits- und Gesundheitsschutzes, die quer auf diesen Akteursebenen liegen, idealer Weise Impulse setzen und das Denken und die Handlungen der Akteure beeinflussen.

- Über allem steht der gesellschaftliche Diskurs über Prä... on und Gesundheit, der Verhaltenstendenzen auf allen anderen Ebenen entscheidend prägt.

Abbildung 1: Präventionsakteure (nach Hans Uske, RISP, BMBF-Projekt ITG)

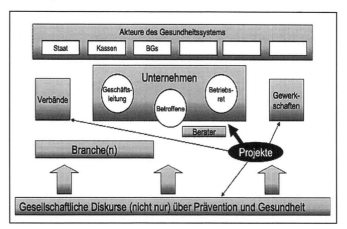

Von welchem dieser Akteure dürfen wir nun, wenn wir Präventionskonzepte für diskontinuierlich Beschäftigte entwerfen und umsetzen, welchen Beitrag zur Verantwortung erwarten und verlangen? Diese Frage ist komplexer als sie zunächst erscheint.

4. PRÄVENTIONSVERANTWORTUNG

Nähert man sich der Frage nach der Verantwortung zunächst definitorisch, so stellt man fest, dass Verantwortung nicht zwangsläufig Handeln bedeutet:

„Verantwortung bedeutet die Möglichkeit, dass jemand für die Folgen eigener oder fremder Handlungen Rechenschaft geben muss. Sie drückt sich darin aus, bereit und fähig zu sein, später Antwort auf mögliche Fragen zu deren Folgen zu geben. Eine Verantwortung zieht immer eine Verantwortlichkeit nach sich, d. h. dafür Sorge zu tragen, dass die Entwicklung des Verantwortungsbereichs im gewünschten Rahmen verläuft. Juristisch wird Verantwortung als die Pflicht einer Person verstanden, für ihre Entscheidungen und Handlungen Rechenschaft abzulegen.

Wird einer Person eine Aufgabe und die zugehörige Kompetenz zugewiesen, so muss sie diese ausführen und bei Fehlern für die Folgen einstehen."[1]

Der Begriff der Verantwortung wird definitorisch – und vielleicht typisch deutsch – „von hinten aufgezäumt". Es geht um das Einstehen für Folgen des Handelns oder Unterlassens. Nicht um das Handeln selbst. Die Definition lässt vielmehr zwei Alternativen im Umgang mit Verantwortung zu.

Die erste Möglichkeit besteht darin, das zu tun, was mit der Verantwortungsübernahme eigentlich intendiert wird, nämlich „... dafür Sorge zu tragen, dass die Entwicklung des Verantwortungsbereichs im gewünschten Rahmen verläuft." D.h. man handelt entsprechend den Zielen des Verantwortungsbereichs und stellt damit das mit der Verantwortungsübernahme intendierte Ergebnis sicher. Auf unseren Fall bezogen bedeutet dies, man organisiert in seinem Einflussbereich Präventionsmaßnahmen und sichert so die Gesundheit der Beschäftigten.

Die zweite Möglichkeit ist auch in der Definition impliziert: nicht zu handeln und nicht Sorge für die Entwicklung des Verantwortungsbereiches zu tragen, sondern sich darauf vorzubereiten, „... fähig zu sein, später Antwort auf mögliche Fragen zu deren (eigener oder fremder Handlungen) Folgen zu geben."

Dass jemand Verantwortung trägt, bedeutet damit nicht zwangsläufig, dass er sein Handeln danach ausrichtet, die Ziele, die er mit der Verantwortung eigentlich übernehmen und verfolgen sollte, tatsächlich zu erreichen. Er kann auch – statt das Ziel zu verfolgen – sich auf die Rechenschaftslegung vorbereiten. In unklaren und komplexen Verantwortungskonstellationen kann dies durchaus ressourcenschonender sein.

Was sich hier zunächst als zynische Strategie liest, ist durchaus gängige Praxis – in Unternehmen wie in der Politik und letztlich auch beim Einzelnen. Insbesondere die Strategien des Aussitzens, des minimalistisch-formalen Handelns, der weiteren Verantwortungsdelega-

---

1 Definition nach Wikipedia, http://de.wikipedia.org/wiki/Verantwortung

tion und des Suchens nach und Bezichtigens von anderen „Schuldigen" sind Verhaltensweisen, die eben nicht auf die Zielerreichung gerichtet sind, sondern explizit auf die spätere Rechenschaftslegung.

Der Gesetzgeber beispielsweise erfüllt seine Verantwortung zum Schutz von Arbeitern im Baugewerbe durch die Regelung einer Helmpflicht, der Unternehmer delegiert an den Betriebs-, dieser an den Baustellenleiter, dieser an den Polier. Die Gesetze und Pflichten werden in dieser Kette bekannt gemacht, Informationsblätter verteilt und Schutzmittel bereit gestellt. Dennoch trägt der Maurer keinen Helm, was innerhalb der ganzen Verantwortungskette als Ergebnis auch so erwartet wurde. Alle Akteure haben sich durch formal korrektes Handeln exkulpiert, keiner jedoch hat im Sinne der Zielerreichung gehandelt.

Hinzu kommt, dass die finalen Auswirkungen unterlassener Prävention (z.B. schlechtere Gesundheit im Alter) weit in der Zukunft liegen, nicht eindeutig auf einzelne Faktoren rückbeziehbar sind und daher Sanktionen im Sinne der Definition von Verantwortung kaum zu erwarten sind. Die formale Übernahme von Präventionsverantwortung und das faktische Unterlassen jeglicher entsprechender Handlung ist also keine sonderlich risikoreiche Strategie.

Im Zuge der Modellierung neuer Präventionssysteme für diskontinuierliche Erwerbsbiografien nutzt also die Frage nach der formalen Verantwortung wenig. Tatsächlich handeln werden die Akteure immer nur dann, wenn sie ein originäres, aus welchen Gründen auch immer resultierendes *Interesse* an Prävention haben. Wenn unsere Präventionsansätze Verantwortung aber so „verteilen", dass sie nicht den Interessen der Akteure entspricht, werden diese im Zweifelsfall zwar nicht widersprechen, aber auch nicht handeln. Man hat lediglich definiert, wer bei einem Scheitern die Schuld trägt, zur Zielerreichung jedoch nicht beigetragen.

Arbeitsgestaltung und Präventionsforschung müssen also nicht die Frage nach formaler Verantwortung, sondern nach tatsächlichem Interesse stellen:

- Wer hat Interesse an der Gesunderhaltung der Beschäftigten?
- Wer hat welche Einflussmöglichkeiten?
- Wer kann – und wird – welche Rolle übernehmen?

5. INTERESSENKONSTELLATIONEN IM PRÄVENTIONSSYSTEM UNTERNEHMEN

Diese Fragen scheinen auf den ersten Blick einfach und pauschal zu beantworten zu sein: „Unternehmen haben ein originäres Interesse an gesunden, leistungsfähigen Mitarbeitern, sie können gesunde Arbeitsumgebungen bieten und werden dies wohl auch tun." Dennoch finden sich nach einer aktuellen Befragung von mehr als 500 IT-Unternehmen Präventionsinfrastruktur und Präventionswillen in nur einem Viertel der Betriebe. 82 % der Unternehmen haben kein betriebliches Gesundheitsmanagement, 79 % haben auch nicht die Absicht dies einzuführen.[2]

Dieser scheinbare Widerspruch zwischen Interessenlage und Handeln löst sich auf, wenn man verschiedene Formen von Beschäftigungsverhältnissen analysiert. Es verschieben sich die grundsätzlich kongruenten Interessenlagen und Einflussmöglichkeiten der Akteure. Und es zeigt sich, dass Unternehmen nicht grundsätzliches Interesse an gesunden Mitarbeitern haben müssen, ja dass sogar bestimmte Bedingungen vorliegen müssen, damit ein solches Interesse ökonomisch sinnvoll wird. Im Nachfolgenden sollen daher Interessenlagen von Unternehmen unter der Bedingung verschiedenartiger Beschäftigungsverhältnisse untersucht werden.

5.1 Stabile Langzeitbeschäftigung

In stabilen Langzeit- bzw. Lebenszeitbeschäftigungen planen Unternehmen ihre Entwicklung mit einem festen Mitarbeiterstamm und gehen langfristige Verträge und Verpflichtungen ein. Sie sind damit auf die kurz-, mittel- und langfristige Gesunderhaltung ihrer Beschäftigten angewiesen. Die Geschäftsleitungen haben damit ein sehr hohes Interesse, dass die Beschäftigten gesund und leistungsfähig bleiben. Unternehmen können Arbeitsanforderungen und -belastungen abschätzen und planen. Karrierepfade sind gestaltbar und entlang von

---

2 Ergebnisse des Projektes PräKoNet inPfaff, H. & Jung, J. (2008): Definition der Präventionsreife.
(http://www.praekonet.de/web/doku/MS2_Praes_Prae Diag.pdf).

Entwicklungsplänen vorgezeichnet. Im Prinzip sind kumulative Belastungen für Beschäftigten jahrelang im Voraus prognostizier- und gestaltbar. Die betrieblichen Präventionsangebote und der Gesundheitsschutz im Unternehmen rechnen sich betriebswirtschaftlich, weil die Folgen im Unternehmen eintreten werden: Erfolgreiche Prävention wird zu einem Erhalt der Leistungsfähigkeit der Mitarbeiter in späteren Jahren führen, Unterlassen von Gesundheitsförderung hingegen zu einem Absinken der Leistungsfähigkeit und zu erhöhten Krankenkosten. Diese Zusammenhänge sind ökonomisch weitgehend berechenbar und sogar monetär zu bewerten. Die Beschäftigten selbst planen ihre Entwicklung und ihre Lebensgestaltung mit dem Unternehmen. Sie haben langfristige berufliche Stabilität und können selbst die Arbeitsanforderungen der Zukunft abschätzen und in großem Rahmen mitgestalten. Sie können damit ihre Belastungen und Präventionsstrategien planen und lebensphasenabhängig modifizieren, z.b. durch Lebensarbeitszeitkonten. In diesen stabilen Arbeitsstrukturen (zum Beispiel im Öffentlichen Dienst oder Großunternehmen) finden wir die umfangreichsten betrieblichen Präventionsangebote und die höchste Akzeptanz und Inanspruchnahme seitens der Mitarbeiter.

5.2 Befristete Beschäftigung

Im Rahmen befristeter Arbeitsverhältnisse planen Unternehmen nur begrenzte Zeiträume mit einem Mitarbeiter, nämlich für die Laufzeit des Arbeitsvertrages. Selbst wenn die Unternehmen eine Vertragsverlängerung intendieren, ist der reale Planungszeitraum auf die Laufzeit des Vertrages limitiert, weil unklar ist, ob der Beschäftigte ein Verlängerungsangebot annehmen wird. Der Planungszeitraum des betrieblichen Arbeits- und Gesundheitsschutzes ist damit auch wesentlich kürzer, limitiert eben durch die Laufzeit des Arbeitsvertrages.

Besonders die Folgenabschätzung betrieblicher Prävention ist daher vollkommen anders als in stabiler Langfristbeschäftigung: Positive oder negative Folgen der Prävention liegen oft weit in der Zukunft und treten erwartbar erst nach dem Auslaufen des Vertrages ein, und damit in der Regel nicht mehr im eigenen Unternehmen, sondern bei einem nachfolgenden Arbeitgeber. Die sich daraus ergebende Präventionsperspektive ist damit auf die kurz- oder bestenfalls mittelfristige Erhaltung der Gesundheit und Leistungsfähigkeit gerichtet. Präventionskosten müssen sich in diesem Zeitraum amortisieren, sonst kommen die Erfolge gar der Konkurrenz zugute.

Befristet Beschäftigte selbst sehen das Unternehmen nur als eine Etappe in ihrer Karriere. Sie wissen nichts über die Belastungen der Zukunft und optimieren so lediglich das aktuelle Beschäftigungsverhältnis – hinsichtlich Entgelt, Karriere oder auch Privatleben – in sich und ohne Bezug auf zukünftige Belastungen. Ob Prävention dabei eine zentrale Rolle spielt, ist von den anderen Zielen abhängig. Es ist zu vermuten, dass dies eher nicht der Fall ist, weil befristete Beschäftigungen seitens der Betroffenen als Sprungbrett in ein neues Arbeitsverhältnis gesehen werden müssen. Beschäftigte werden daher eher hohe Belastungen und Gesundheitsgefährdungen in Kauf nehmen um eine Vertragsverlängerung oder eine neues Stellenangebot zu erreichen.

Betriebliche Prävention und Arbeits- und Gesundheitsschutz sind damit aus der Perspektive der Beschäftigten wie der Unternehmen punktuell, kurzfristig angelegt und auf keinen Fall strategisch geplant. Der Ressourceneinsatz auf beiden Seiten ist stark limitiert.

5.3 Freelancer

Unternehmen planen explizit nicht langfristig mit einem Freelancer. Dies ist diesem Beschäftigungsmodell inhärent. Sie haben zwar das Interesse, dass der Auftrag schnell, kompetent und günstig ausgeführt wird – und dazu soll der Freelancer „fit und ausgeschlafen" sein. Sie sehen Freelancer jedoch als austauschbare Flexibilitätsreserve, die eine Stammbelegschaft ergänzt.

Aber selbst wenn Unternehmen auf die Gesundheitssituation des Freelancers positiven Einfluss nehmen wollten, sie könnten es gar nicht. Denn sie wissen nichts über die Belastungssituation eines Freelancers – außer in dem Bereich, der den eigenen Auftrag betrifft. Sie wissen nicht, welche Aufträge der Freelancer hatte, hat und haben wird. Und – nicht zuletzt – sie haben keine Einflussmöglichkeit auf die Präventionsanstrengungen oder die Auftragssituation des Freelancers. Zusammenfassend: Das Unternehmen als Auftraggeber hat kein ökonomisches Interesse an der Gesunderhaltung eines Freelancers – und selbst wenn, überhaupt keinen Einfluss.

Freelancer auf der anderen Seite wissen, dass sie lebenslang gesund und leistungsfähig bleiben müssen, weil sie nur ihre Arbeitskraft zu verkaufen haben (vgl. hierzu die Beiträge von Dagmar Siebecke und Helga Dill/Florian Straus in diesem Band). Sie haben aber nur dann eine Wahl, Aufträge unter dem Aspekt der Gesunderhaltung anzunehmen oder abzulehnen, wenn sie sehr erfolgreich sind. In der Befragung des Projektes pragdis zeigte sich, dass es zwei Gruppen von Freelancern gibt: Die einen gut verdienend und gesund, die anderen Burnout gefährdet und mit unterdurchschnittlichem Einkommen. Hier ist offensichtlich eine Abwärtsspirale zu verzeichnen: Bei weniger erfolgreichen Freelancern wird aus wirtschaftlichen Gründen oftmals jegliche Prävention vernachlässigt, obwohl dies langfristig dramatische gesundheitliche Folgen hat und daher für die Einzelunternehmer, die nur ihre eigene Arbeitskraft vermarkten können, auch wirtschaftlich bedrohlich ist.

5.4 Zeitarbeit

Bei der Betrachtung von Zeitarbeitsverhältnissen müssen die Interessen von Ver- und Entleihunternehmen differenziert werden: Die entsendenden Personaldienstleister verdienen nur an verkauften Arbeitstagen, d.h. an den Tagen, an denen der Zeitarbeitnehmer tatsächlich im Entleihbetrieb arbeitet – müssen aber selbstverständlich im Rahmen der Lohnfortzahlung für Krankenstände aufkommen. Sie haben daher wie jeder andere Arbeitgeber ein Interesse an der Gesunderhaltung ihrer Beschäftigten innerhalb des geplanten Beschäftigungszeitraums. Fatalerweise sind ihre Einflussmöglichkeiten gering, da die Arbeitsbedingungen zum großen Teil im Entleihbetrieb definiert werden, wo der Arbeitsvollzug stattfindet.

Die Entleihunternehmen hingegen beauftragen Zeitarbeitsunternehmen, gerade weil sie selbst keine Personalverantwortung übernehmen wollen. Sie haben überhaupt kein Interesse an der Gesunderhaltung der Zeitarbeitnehmer. Im Gegenteil: Sie schonen oftmals die Stammbelegschaft durch den Einsatz von Zeitarbeitern.

Zeitarbeitnehmer selbst haben keinen Einfluss auf zukünftige Arbeitsbelastungen. Sie können aufgrund unklarer Einsatzorte und Aufgaben ihre Prävention nicht planen. Zudem sieht der überwiegende Teil der Zeitarbeitskräfte diese Beschäftigungsform als Übergang in ein „Normalarbeitsverhältnis" an. Prävention findet damit in der Zeitarbeit die kompliziertesten und schwierigsten Rahmenbedingungen aller Beschäftigungsverhältnisse.

5.5 Zusammenfassung der Interessenlage

Die Betrachtung der verschiedenen Beschäftigungsverhältnisse soll nur exemplarisch aufzeigen, wie different allgemeine Interessenlagen sich in der Praxis ausbilden können. Ein generelles Interesse von Unternehmen an der Gesunderhaltung der Beschäftigten kann sich im Einzelfall nahezu in das Gegenteil oder zumindest in Desinteresse wandeln. Nur unter bestimmten Bedingungen finden wir ein unbedingtes Interesse an Prävention.

Die folgende Abbildung fasst die Interessenlagen zusammen und stellt dar, in welchen Bereichen tragfähige Beiträge der Unternehmen erwarten werden können. Dabei werden Präventionsinteresse und Handlungsmöglichkeiten gegenübergestellt. Denn nur in Bereichen, in denen Interesse und Handlungsmöglichkeiten gegeben sind, können tragfähige Beiträge der Unternehmen erwartet werden.

Abbildung 2: Präventionsinteresse und Handlungsmöglichkeiten in verschiedenen Beschäftigungsverhältnissen

| | Präventionsinteresse | | | Handlungsmöglichkeit |
	kurz-,	mittel-,	langfristig	
Langfristbeschäftigung	+	+	+	+
befristete Beschäftigung	+	+/-	–	+
Freelancearbeit	+	–	–	–
Zeitarbeit	+	+/-	–	?

Es zeigt sich, dass vor allem im Bereich der Langfristprävention realistischerweise kaum Beiträge der Unternehmen zu erwarten sind. Lediglich in Langfristbeschäftigungen, die am Arbeitsmarkt von der Regel zur Ausnahme werden, treffen sich Interessen und Handlungsmöglichkeiten der Betriebe.

6. EINE RADIKALE LÖSUNG

Bei dieser eher nüchternen, ökonomischen Betrachtung stellt sich eine Reihe von Fragen:

- Kommen moralisch-ethische Aspekte in dieser Analyse zu kurz?
- Was ist mit der gesellschaftlichen Verantwortung der Unternehmen? Brauchen wir Konzepte, die aus dem Bereich der Corporate Social Responsibility übertragen werden könnten?
- Wer tritt an die Stelle der Unternehmen? Unternehmensverbände? Krankenkassen? Gewerkschaften?
- Oder brauchen wir neue Gesetze, andere Gesetze?
- Oder stringentere Umsetzungen der bestehenden gesetzlichen Grundlagen (z.b. durch stärkere Kontrolle und höhere Strafen), um so die Verantwortung wirksam zu delegieren?
- Oder muss die Arbeitsgestaltung und Präventionsforschung neue Argumente entwickeln, neue Benefits für die Unternehmen herausarbeiten, um sie doch für Prävention zu mobilisieren?

Diese Fragen gehen immer von dem klassischen, betrieblichen Präventionsansatz aus. Ort der Prävention, Empfänger und Verwalter der Ressourcen, Organisator und Promotor der Prävention und des Arbeits- und Gesundheitsschutzes ist der Betrieb. Aus Sicht des Projektes pragdis ist es dringend geboten, einen neuen, anderen, radikaleren Weg der Prävention zu *denken*: Wenn in den mit Minus besetzten Zellen der oben dargestellten Grafik niemand außer den Beschäftigten/Freelancern selbst ein Interesse an Gesunderhaltung und die entsprechenden Handlungsmöglichkeiten hat, dann muss aus unserer Sicht das Präventionssystem eben „auf den Kopf gestellt" werden:

- Die Präventionsressourcen müssen beim Beschäftigten platziert werden (z.b. durch Steuervorteile oder Gutscheinsysteme), nicht beim Unternehmen.
- Die Individuen müssen darin unterstützt werden ihre eigene langfristige Präventionsstrategie zu entwickeln und in den

wechselnden Beschäftigungskontexten selbstgesteuert umzusetzen.

Das Präventionssystem wäre dann wirklich Dienstleister des Einzelnen, nicht der Einzelne als Betroffener Objekt des Systems. Es wäre jedoch zynisch, den Einzelnen bei dieser Aufgabe selbstgesteuerter Prävention allein zu lassen. Vielmehr müssen Unterstützungsstrukturen geschaffen werden, die den Einzelnen in die Lage versetzen seine Präventionsverantwortung auszuüben und die ihm zur Verfügung stehenden Ressourcen effektiv und effizient einzusetzen. Solche Unterstützungssysteme und -strukturen fehlen für den Bereich der Prävention vollkommen. Während bei Erkrankungen eine geordnete Struktur zur Diagnose, Therapie und Rehabilitation zur Verfügung steht, deren Prozesse mehr oder weniger geordnet und koordiniert anlaufen, sobald ein „Patient" die Struktur in Anspruch nimmt, gibt es keine Anlaufstelle für Prävention, die in ähnlicher Weise arbeitet.

Vielmehr ist ein Mensch, der individuelle Prävention betreiben will, darauf angewiesen, selbst eine Diagnose zu stellen und sich entsprechende Dienstleistungen, die er als Maßnahmen für sinnvoll erachtet, zu suchen. Zwar kann er Unterstützung bei der Diagnose bekommen, die Wahl des Diagnostikers (z.B. Coach, Arbeitsberater, Betriebsarzt, Psychotherapeut, Yogalehrer usw.) legt jedoch in weiten Bereichen schon die Diagnose und damit die Form der Maßnahme fest, da die genannten Akteure vollkommen unterschiedliche Perspektiven auf Ursachen und Interventionsansätze haben. Es entsteht die absurde Situation, dass zwar eine Struktur von Präventionsdienstleistern in der Breite besteht, diese aber vollkommen unkoordiniert, unverbunden und z.t. gegenläufig arbeitet und der Einzelne sich als Laie die für ihn passenden Präventionsdienstleistungen suchen muss. Dies bedeutet in der Regel einen langen Prozess von Versuch und Irrtum – mit der Gefahr des Scheiterns ebenso wie der Resignation.

Eine Lösung sind integrierte Präventionszentren, die – ähnlich wie medizinische Versorgungszentren – folgende Leistungen anbieten:

- Entwicklung persönlicher und beruflicher Entwicklungspläne mit den Beschäftigten/Freelancern – und Ableitung von individuellen Präventionskonzepten;

- Koordination und Angebot von Präventionsdienstleistungen für den Beschäftigten (Coaching, Beratung, Information, Training, Schulung, Therapie, Reha);
- Beratung und Zusammenarbeit mit Unternehmen (Präventionsangebote, aber auch Arbeitsgestaltung, Organisation, Personalentwicklung, Führung, ...).

Ein solches Modell wird im Projekt pragdis entwickelt und erprobt. Ziel dieses Ansatzes ist es den Beschäftigten zum Gestalter seiner eigenen Prävention zu machen und zur Umsetzung individueller Präventionsstrategien in wechselnden betrieblichen Umfeldern zu befähigen.

7. LITERATUR

Benikowski, B. (2004): Neue Erwerbsbiografien – neue Aufgaben und Herausforderungen für zukünftige Bildungsinstitutionen. In: PÄDForum Juli / August, 32. / 23. Jahrgang, Heft 4.

Bolder, A. (2004): Abschied von der Normalerwerbsbiographie – Rückkehr zur Normalität. In: Behringer, F. / Bolder, A. / Klein, R. / Reutter, G. / Seiverth, A. (Hrsg.): Diskontinuierliche Erwerbsbiographie. Zur gesellschaftlichen Konstruktion und Bearbeitung eines normalen Phänomens. Hohengehren: Schneider, S.15-26.

Bosch, G. (1986): Hat das Normalarbeitsverhältnis eine Zukunft? In: WSI Mitteilungen 39, S.163 - 176.

Bosch, G. (2003): Das Normalarbeitsverhältnis in der Informationsgesellschaft. In: Institut Arbeit und Technik (Hrsg.): Jahrbuch 2002 / 2003, Gelsenkirchen, S.11 - 24.

Ciesinger, K.-G. / Klatt, R. (2006): Kompetenzprofile und Personalentwicklung in neuen Erwerbsbiografien – Ergebnisse des Projektes NErVUM. In: Neuendorff, H. / Oberquelle, R. / Ott, B. / Schlick, C. (Hrsg.): Arbeitsgestaltung in der Netzwerkökonomie. Flexible Arbeit, virtuelle Arbeit, entgrenzte Arbeit. Stuttgart: Schneider, S.95-128.

Keupp, H. / Ahbe, T. / Gmür, W. / Höfer, R. / Mitzscherlich, B. / Kraus, W. / Straus, F. (1999): Identitätskonstruktionen. Das Patchwork der Identitäten in der Spätmoderne. Reinbek: Rowohlt.

Klatt, R. (2004): Die unentdeckten Potenziale nichtlinearer Erwerbsverläufe. In: PÄDForum Juli / August, 32. / 23. Jahrgang, Heft 4.

Klatt, R. / Neuendorff, H. / Nölle, K. (2005): Kompetenzprofile in diskontinuierlichen Erwerbsverläufen. In: Neuendorff, H. / Ott, B. (Hrsg.): Unternehmensübergreifende Prozesse und ganzheitliche Kompetenzentwicklung. Neue Forschungsergebnisse und visionäre Instrumente zur Unterstützung virtueller Zusammenarbeit. Frankfurt a.M.: Lang.

Neuendorff, H. / Ott, B. (Hrsg.) (2006): Neue Erwerbsbiografien und berufsbiografische Diskontinuität. Identitäts- und Kompetenzentwicklung in entgrenzten Arbeitsformen. Stuttgart: Schneider.

Nölle, K. (2006): Gewinner oder Verlierer. Kompetenzprofile in diskontinuierlichen Erwerbsbiografien. Tönning: Der Andere Verlag.

Pfaff, H. / Jung, J. (2008): Definition der Präventionsreife. (http://www.praekonet.de/web/doku/MS2_Praes_PraeDiag.pdf).

Zachert, U. (1988): Die Zerstörung des Normalarbeitsverhältnisses. Arbeit und Recht 36, S.129 - 137.

Betriebliche Gesundheitsförderung in der Wissensökonomie – Zwischen „halbierter Modernisierung" und nachhaltiger Arbeitsqualität

GUIDO BECKE

1. EINLEITUNG

Seit den 1970er Jahren ist in den meisten modernen Industriegesellschaften ein Trend zur Verwissenschaftlichung von Erwerbsarbeit zu beobachten, der durch eine Bedeutungszunahme von formalen und theoretischen Wissensbeständen im Bereich von Dienstleistungstätigkeiten, aber auch in Bezug auf industrielle Arbeitstätigkeiten geprägt ist (siehe Senghaas-Knobloch 2008a: 28 ff.). Seit Mitte der 1990er Jahre sind in der Bundesrepublik Deutschland bereits mehr als die Hälfte aller Erwerbspersonen in Berufen tätig, in denen die Informationsverarbeitung von zentraler Bedeutung ist (ebd.: 28). Die Verwissenschaftlichung der Erwerbsarbeit hat die Herausbildung der Wissensökonomie[1] begünstigt (siehe Stehr 2001). Sie basiert auf der

1 Bei der Wissensökonomie handelt es sich um einen heterogenen Wirtschaftssektor, der unterschiedliche Wirtschaftsbereiche umfasst, wie z.b. die Medienbranche, die IT-Wirtschaft, den Bereich der Unternehmens- und Wirtschaftsberatung sowie außeruniversitäre Forschungseinrichtungen. Universitäre Forschungseinrichtungen sind dem Sektor der Wissensökonomie insoweit zuzurechnen, als innerhalb des universitären Wissen-

Generierung, Analyse und Verarbeitung sowie Verteilung und Nutzung bzw. Anwendung von Wissen[2] und Informationen für unternehmensbezogene und kundenspezifische Zielsetzungen. Wissen wird hierbei in erster Linie als ökonomischer Produktionsfaktor betrachtet (Soete 2006). Wissensarbeit wird primär durch hoch qualifizierte Angestellte und Alleinselbstständige ausgeübt. Das infrastrukturelle Rückgrat der Wissensarbeit bilden neue Informations- und Kommunikationstechnologien und deren technische Infrastruktursysteme.

Für die Wissensökonomie ist die Teilbranche der IT- und Software-Dienstleistungen von paradigmatischer Bedeutung: Es handelt sich hierbei um eine wettbewerbsintensive und dynamische, überwiegend klein- und mittelbetrieblich strukturierte Teilbranche (siehe Plantenga/Remery 2005), in der wissensintensive kundenindividuelle, d.h. nicht standardisierbare technische Problemlösungen entwickelt werden. Diese Dienstleistungen werden oftmals vor Ort bei Kunden erbracht. In dieser IT-Teilbranche dominieren flexible Arbeitsstrukturen, d.h. zeitlich diskontinuierliche, organisationsübergreifende Formen der projektförmigen Zusammenarbeit zwischen fokalen Unternehmen als Auftraggebern und einem Kranz von rechtlich selbstständigen Klein- oder Kleinstunternehmen oder Alleinselbstständigen als Auftragnehmer (Becke 2007). Die in sich heterogene Erwerbsform der Alleinselbstständigkeit (siehe hierzu Bleses 2008) ist in dieser Teilbranche im Vergleich zur deutschen Gesamtwirtschaft überproportional stark verbreitet (siehe Plantenga/Remery 2005: 194). Unternehmen greifen bedarfsorientiert auf Alleinselbstständige zurück, um

---

schaftssystems der Auf- und Ausbau projektbasierter Forschungs- und Entwicklungskooperationen mit Unternehmenspartnern erheblich an Bedeutung gewonnen hat (siehe Krücken 2002).

2   Wissen wird hier im Anschluss an Nico Stehr (2001: 62 ff.) als Handlungsvermögen, d.h. als die Fähigkeit zum sozialen Handeln verstanden. Wissen ist in diesem Sinne vor allem in Handlungsprozessen und sozialen Situationen bedeutsam, in denen Entscheidungsspielräume oder -bedarfe bestehen. Das Verhältnis von Wissen und sozialem Handeln ist kontingent, d.h. Wissen kann Handeln bewirken, ist aber nicht mit diesem identisch. Wissen bildet nicht nur eine Voraussetzung oder ein Potenzial für tatsächliches Handeln, sondern ist zugleich das Ergebnis des sozialen Handelns (ebd.: 64).

Auftragsspitzen abzudecken und aus Kostengründen bestimmte Spezialqualifikationen unternehmensintern nicht selbst vorhalten zu müssen.

Die „Projektifizierung von Arbeit" (Kalkowski/Mickler 2002: 122) wird durch eine erhöhte Kundennachfrage nach nicht standardisierten technischen Problemlösungen gefördert. Projektarbeit ist dabei durch die zeitlich befristete und finanziell budgetierte, kooperative Bearbeitung komplexer und neuartiger Aufgabenstellungen gekennzeichnet. Sie wird durch Zielvorgaben oder -vereinbarungen zwischen Auftraggebern oder Arbeitgebern auf der einen und Auftragnehmern oder Beschäftigten auf der anderen Seite gesteuert. Letztere sind gehalten, die ökonomischen Ziele bei einer weitgehenden zeitlich-inhaltlichen Selbstorganisation im Sinne „ergebniskontrollierter Autonomie" (Becke 2008a) termingerecht zu realisieren.

Die Arbeitstätigkeiten hoch qualifizierter Angestellter in der Wissensökonomie scheinen prima vista paradigmatisch die arbeitswissenschaftlichen Kriterien einer kompetenz- und gesundheitsförderlichen Arbeitsgestaltung einzulösen. Hierbei ist jedoch Vorsicht geboten, denn in der Unternehmenspraxis und in der Arbeitsforschung mehren sich Indizien und empirische Befunde, die auf einen erheblichen Bedarf an gesundheitsförderlicher Arbeitsgestaltung und Prävention hinweisen (vgl. Becke et al. 2008; Ciesinger et al. 2008; Gerlmaier/Latniak 2007). Es wird dabei vor allem auf ein hohes Niveau psychischer und psychosozialer Belastungen bei hoch qualifizierter Wissensarbeit verwiesen (siehe auch BKK 2008). Gesundheitliche Gefährdungspotenziale bei Wissensarbeit in IT-Service-Unternehmen werden durch die interne Marktsteuerung bzw. die Simulation von unternehmensinternen Märkten und Selbstverantwortungsdruck für die Realisierung ökonomischer Ziele verstärkt: Arbeitsintensivierung, eine informelle Verlängerung der eigenen Arbeitszeit oder „Arbeiten trotz Krankheit" bilden in gesundheitlicher Hinsicht problematische Handlungs- und Bewältigungsmuster von Beschäftigten, mit Zeit- und Kostendruck bei projektförmiger IT-Arbeit sowie mit ungeplanten Unwägbarkeiten im Arbeitsprozess (z.B. unvorhersehbare zusätzliche Kundenanforderungen) umzugehen. Potenzielle gesundheitliche Folgen bilden hierbei Burnout, (stressbedingte) Depression oder andere psychische Störungen und Erkrankungen (vgl. Burisch 2006; Ehrenberg 2008; Benkert 2009).

Im Bereich tendenziell großbetrieblicher Produktionsunternehmen hat sich die betriebliche Gesundheitsförderung weitgehend als ein Gestaltungsansatz bewährt, der zu einer nachhaltigen Reproduktion der gesundheitsbezogenen Ressourcen von Beschäftigten beiträgt. In diesem Beitrag wird daher erstens untersucht, inwiefern sich dieser Gestaltungsansatz auch für kleine und mittlere Unternehmen der Wissensökonomie eignet. Dabei wird verdeutlicht, dass die betriebliche Gesundheitsförderung aufgrund ihrer „halbierten Modernisierung" hierfür nur begrenzt geeignet ist. Zweitens wird analysiert, inwiefern die betriebliche Gesundheitsförderung für Unternehmen der Wissensökonomie im Sinne nachhaltiger Arbeitsqualität weiterentwickelt werden kann.

2. GESUNDHEITSFÖRDERUNG: VOM NORMATIVEN KONZEPT ZUR BETRIEBLICHEN PRAXIS

Die Realisierung des normativen Konzepts der Gesundheitsförderung wurde in der Bundesrepublik Deutschland ansatzweise durch zwei rechtliche Innovationen gefördert. Es soll eruiert werden, inwiefern diese rechtlichen Innovationen im betrieblichen Präventionsalltag umgesetzt wurden und welche Implikationen sich daraus mit Blick auf die Bewältigung arbeitsbezogener Gesundheitsrisiken ergeben, die mit hoch qualifizierter Wissensarbeit verbunden sind.

2.1 Das normative Konzept der Gesundheitsförderung

Das normative Konzept der Gesundheitsförderung kommt in der Ottawa-Charta der Weltgesundheitsorganisation (1986) zum Ausdruck. Der emanzipatorische und partizipative Anspruch der Gesundheitsförderung äußert sich darin, dass die Gesundheitsförderung auf „einen Prozess, allen Menschen ein höheres Maß an Selbstbestimmung über ihre Lebensumstände und Umwelt zu ermöglichen und sie damit zur Stärkung ihrer Gesundheit zu befähigen", abzielt (zit. nach Bamberg et al. 1998: 18). Gesundheit wird vor diesem normativen Hintergrund als Entwicklung individueller Handlungsfähigkeit verstanden (siehe Greiner 1998: 46 ff.).

Der partizipative Anspruch des normativen Konzepts der Gesundheitsförderung äußert sich darin, dass Menschen als Subjekte adressiert werden, die befähigt werden sollen, ihr Gesundheitspotenzial zu realisieren. Dies schließt eine aktive interessenbewusste Mitgestaltung von Menschen an der Schaffung gesundheitsförderlicher Lebensbedingungen ein (Bamberg et al. 1998: 18 f.). Gesundheitsförderung richtet sich nicht nur auf Risikogruppen (z.B. Beschäftigte, die in ihrer Berufstätigkeit mit Gefahrstoffen befasst sind), sondern bezieht prinzipiell alle Bevölkerungsgruppen ein.

Das positive Gesundheitskonzept der Ottawa-Charta reicht über gesundheitliche Prävention im Sinne der Verhütung bzw. Vermeidung von Arbeitsunfällen, Berufskrankheiten und arbeitsbezogene Erkrankungen hinaus. Im Unterschied zum pathogenetisch geprägten Präventionsansatz, der gesundheitliche Belastungen und Erkrankungsursachen in den Mittelpunkt stellt, bezieht das normative Konzept der Gesundheitsförderung auch protektive Gesundheitsressourcen, d.h. Gesundheit erhaltende Faktoren und Bedingungen ein. Im Hinblick auf Arbeit fokussiert diese salutogenetische Perspektive vor allem personale Ressourcen (z.B. individuelle Selbstwirksamkeits- und Kontrollüberzeugungen bzw. Kohärenzgefühl), aufgabenbezogene bzw. organisatorische Ressourcen (vor allem arbeitsbezogene Autonomiespielräume) und vielfältige Formen der sozialen Unterstützung (z.B. durch Kollegen und Kolleginnen am Arbeitsplatz) als soziale Ressourcen (siehe als Überblick Ducki 1998).

Das normative Konzept der Gesundheitsförderung integriert physische, psychische und soziale Dimensionen von Gesundheit und Krankheiten verursachende Faktoren (siehe Greiner 1998: 40 f.). Es eröffnet damit beispielsweise Erklärungszugänge der Entstehung psychosomatischer Erkrankungen. Dieses biopsychosoziale Gesundheitsmodell geht von einem mehrdimensionalen Kontinuum von Gesundheit und Krankheit aus, da es psychische, physische, soziale bzw. verhaltensbezogene Aspekte gleichermaßen einschließt. Vor dem Hintergrund dieser multidimensionalen Konzeptualisierung von Gesundheit können Gesundheits- und Krankheitsmerkmale zeitgleich existieren. Das biopsychosoziale Gesundheitsmodell ist als kritische

Abgrenzung zum mechanistischen biomedizinischen Gesundheitsmodell zu verstehen, in dessen Fokus die Pathogeneseperspektive und biologische Ursache-Wirkungszusammenhänge mit Blick auf die Genese von Krankheiten stehen. Gesundheit wird im Rahmen des biomedizinischen Modells lediglich als Abwesenheit von Krankheit, d.h. als messbare Abweichung von einem in medizinischer Hinsicht als gesund geltenden Zustand des menschlichen Organismus betrachtet.

In der Ottawa-Charta wird die Beziehung zwischen der Qualität des Arbeitslebens und der Lebensqualität von Menschen explizit hervorgehoben. Die Qualität der Arbeit bildet demnach einen integralen Bestandteil menschlicher Lebensqualität. Im Konzept der Gesundheitsförderung erhält die Organisierung und Gestaltung von Arbeit einen zentralen Stellenwert, um „sichere, anregende, befriedigende und angenehme Arbeits- und Lebensbedingungen" zu realisieren (zit. nach Ulich/Wülser 2004: 17). Im Unterschied zu früheren soziohistorisch und sozialkulturell geprägten Auffassungen von Arbeit, in der diese primär als Quelle von Mühen, Leid bzw. Krankheit betrachtet wurde, wird Arbeit nun (auch) als eine potenzielle Quelle der Gesundheit verstanden. Diese Perspektive auf Arbeit bzw. Erwerbsarbeit knüpft an arbeits- und sozialpsychologische Befunde an, welche die Relevanz von Arbeit bzw. Erwerbsarbeit für die psychosoziale Stabilisierung und Identitätsbildung von Menschen hervorheben (siehe bereits Jahoda et al. 1975). Empirische Befunde arbeitspsychologischer Studien verdeutlichen, dass menschengerechte Formen der Arbeitsgestaltung, die auf eine Veränderung existenter tayloristisch-fordistischer Arbeitsstrukturen angelegt sind, nicht nur der Persönlichkeitsentwicklung arbeitender Menschen zugutekommen, sondern zugleich gesundheitsförderliche Potenziale beinhalten (siehe als Überblick Ulich 2001).

In konzeptioneller Hinsicht integriert die Gesundheitsförderung Maßnahmen der personenorientierten Verhaltensintervention und der situationsbezogenen Verhältnisintervention, da beide Interventionsformen sich wechselseitig bedingen (siehe Schmidt 2009b: 41). In der Fachliteratur wird zuweilen deutlich zwischen Prävention und Gesundheitsförderung unterschieden (siehe Ulich/Wülser 2004). Ich schließe mich hier einer Position an, die Gesundheitsförderung als ein übergreifendes Konzept gesundheitsbezogener Intervention versteht. Gesundheitsförderung in diesem Sinne umfasst Maßnahmen der gesundheitlichen Prävention und der Reproduktion Gesundheit erhaltender Ressourcen (vgl. Kuhn 1993: 23; Bamberg et al. 1998: 19). Auf der betrieblichen Ebene bedeutet dies, Arbeitsschutz und Maßnahmen der Gesundheitsförderung stärker zu integrieren und miteinander zu verflechten. Dies schließt eine stärker koordinierte Kooperation zwischen den daran beteiligten institutionellen Akteuren sowie zwischen diesen und Beschäftigten als „Gesundheitsexperten in eigener Sache" ein.

2.2 Rechtliche Innovationen im Bereich der Gesundheitsförderung

Im Sinne eines solchen übergreifenden Verständnisses von Gesundheitsförderung erfolgte in den 1990er Jahren eine Modernisierung des betrieblichen, arbeitsmedizinisch und sicherheitstechnisch dominierten Arbeitsschutzes in Deutschland, der bis dato weitgehend durch ein pathogenetisches und biomedizinisches Gesundheitsmodell geprägt war (siehe Greiner 1998: 40 f.). Diese Modernisierung basierte auf zwei zentralen politischen Regulierungsvorhaben: das europäische Arbeitsumweltrecht bzw. die EG-Richtlinien zum Arbeitsschutz (siehe Faber 1998) und deren Umsetzung in das neue Arbeitsschutzgesetz (1996) sowie das nationale Gesundheitsreformgesetz, das mit der Einführung des fünften Sozialgesetzbuchs die Verhütung von Krankheiten und die Gesundheitsförderung in den Leistungskatalog der gesetzlichen Krankenkassen integrierte (siehe Kuhn 1993). Die personenbezogene wie betriebliche Gesundheitsförderung wurde damit zu einer Aufgabe der Krankenkassen. Auf Basis des § 20 SGB V sollen die Krankenkassen ihre Versicherten über Gesundheitsgefährdungen aufklären, mit Blick auf deren Vermeidung beraten sowie den Ursachen von gesundheitlichen Gefährdungen und Erkrankungen auf den Grund gehen und auf deren Beseitigung hinwirken (ebd.: 22). Die gesetzlichen Krankenkassen wurden auf dieser rechtlichen Grundlage zu einem institutionellen Hauptakteur der betrieblichen Gesundheitsförderung, da ihr Präventionsauftrag die Mitwirkung bei der Verhütung arbeitsbedingter Gesundheitsrisiken vorsieht. Arbeitsbedingte

Gesundheitsgefahren umfassen dabei nicht nur gesundheitliche Risiken, die mit der biologischen, physikalischen und chemischen Arbeitsumwelt verbunden sind, sondern sie schließen zugleich psychosoziale Risikofaktoren ein.

Das neue Arbeitsschutzgesetz schafft eine einheitliche Rechtsgrundlage für alle Tätigkeitsbereiche, Branchen, Betriebsgrößen der privaten und öffentlichen Wirtschaft. Die gesundheitsbezogene Schutzverpflichtung der Arbeitgeber bezieht sich nicht nur auf die abhängig Beschäftigten, die für einen Arbeitgeber tätig sind, sondern auch auf Beschäftigte von Fremdfirmen, die in Unternehmen arbeiten (Rosenbrock 2001: 18). Das neue Arbeitsschutzgesetz bedeutet eine „Verbetrieblichung" des Arbeitsschutzes, da es die Arbeitgeber zu einer selbst gesteuerten kontinuierlichen Verbesserung des betrieblichen Arbeitsschutzniveaus, dessen Überwachung und Anpassung an die selbst gewählten Sicherheits- und Gesundheitsziele verpflichtet. Dieser kontinuierliche Verbesserungsprozess soll durch den Aufbau entsprechender Managementstrukturen (z.b. betriebliche Sicherheitsplanung), die Anwendung avancierter Verfahren und Instrumente der betrieblichen Prävention (z.b. Gefährdungsbeurteilungen nach Art der Arbeitstätigkeiten) sowie die Integration des Arbeitsschutzes in betriebliche Führungsstrukturen und eine verstärkte Mitarbeiterbeteiligung realisiert werden (vgl. Faber 1998: 213; Rosenbrock/Müller 1998: 15). Der Arbeitgeber ist dabei zur gesundheitsbezogenen Gefahrenermittlung an Arbeitsplätzen verpflichtet. Das Gesetz geht von einem substanziell erweiterten Arbeitsschutzverständnis aus, das neben der Unfallverhütung und technisch-stofflichen gesundheitlichen Schädigungsrisiken auch an der Prävention arbeitsbedingter Gesundheitsgefahren auf der Grundlage multifaktorieller Wirkungszusammenhänge zwischen Erwerbsarbeit und Gesundheit ansetzt. Damit wird die menschengerechte Gestaltung von Arbeitsorganisation und Technik sowie Arbeitszeit und sozialer Beziehungen am Arbeitsplatz zu einem Dreh- und Angelpunkt betrieblicher Prävention. Dabei werden nun auch psychosoziale Arbeitsbelastungen und Gesundheitsgefahren einbezogen (vgl. Rosenbrock/Müller 1998; Faber 1998), die sich beispielsweise aus der Arbeitsorganisation und Arbeitsinhalten, der Arbeitszeit, dem Führungsverhalten und der betrieblichen Organisationskultur ergeben. Die Gesundheitsförderung bzw. das moderni-

sierte Arbeitsschutzrecht erweitern damit ihren Fokus auf psychosoziale Stressfaktoren, wie z.b. Zeit- und Leistungsdruck oder Mobbing
(siehe Marstedt/Müller 2003). Die EU-Richtlinien zum Arbeits- und
Gesundheitsschutz übten zudem einen institutionellen Anpassungs-
und Innovationsdruck auf die Berufsgenossenschaften als Träger der
gesetzlichen Unfallversicherung aus. Sie erhielten auf Basis des novel-
lierten siebten Sozialgesetzbuches einen erweiterten Präventionsauftrag, dessen inhaltliches Spektrum auch dem Arbeitsschutzgesetz
zugrunde liegt (siehe Rosenbrock 2001).

2.3 Die betriebliche Praxis der Gesundheitsförderung

Die betriebliche Umsetzung des modernisierten Arbeitsschutzgesetzes
sowie von Maßnahmen der betrieblichen Gesundheitsförderung wurden bisher nicht systematisch und umfassend evaluiert. Gleichwohl
existieren zumindest zwei empirische Vorhaben, die annäherungswei-
se Rückschlüsse auf die Reichweite der Gesundheitsförderung auf
betrieblicher Ebene zulassen. Es handelt sich dabei erstens um eine
qualitative Untersuchung des Wissenschaftszentrums Berlin[3], in deren
Mittelpunkt Betriebsfallstudien zur betrieblichen Umsetzung des
neuen Arbeitsschutzgesetzes stehen (siehe Lenhardt 2001). Zweitens
werden seit 2001 vom Medizinischen Dienst der Krankenkassen-
Spitzenverbände jährliche Berichte über die primärpräventiven und
gesundheitsförderlichen Leistungen der gesetzlichen Krankenkassen
erstellt. Ihre vorwiegend quantitative Datenbasis beschreibt die Verbreitung und Struktur der GKV-Präventionsaktivitäten auf Basis des §
20 SGB V (vgl. hierzu Lenhardt 2004 und 2007).

---

3   Diese Studie umfasste neben Literaturauswertungen qualitative Betriebs-
    fallstudien in sechs mittelständischen bzw. größeren Betrieben aus ver-
    schiedenen Produktionssektoren im Bundesland Sachsen-Anhalt sowie
    Dialogworkshops, in deren Rahmen Zwischenergebnisse der Studie mit
    diversen institutionellen wie betrieblichen Arbeitsschutzakteuren erörtert
    wurden (siehe Rosenbrock 2001: 18). Trotz der übersichtlichen Anzahl der
    Betriebsfallstudien gelangt die Studie zu sich verdichtenden Trendaussa-
    gen über die betriebliche Praxis des modernisierten Arbeitsschutzes. Lei-
    der bezieht die Studie keine Betriebe aus dem Dienstleistungssektor ein.

Diese beiden empirischen Grundlagen verdeutlichen, dass die rechtlichen Innovationspotenziale des modernisierten Arbeitsschutzrechts und der betrieblichen Gesundheitsförderung in der betrieblichen Alltagspraxis bisher nur begrenzt ausgeschöpft werden, denn gerade die avancierten Ansätze wurden nur unzureichend auf betrieblicher Ebene umgesetzt. Daher kann hierbei allenfalls von einer „halbierten" gesundheitsbezogenen Modernisierung von Unternehmen die Rede sein. Zunächst soll die Annahme der „halbierten Modernisierung" mit Blick auf das Arbeitsschutzgesetz von 1996 empirisch unterfüttert werden, bevor danach ihre empirische Evidenz für die betriebliche Gesundheitsförderung im engeren Sinne verdeutlicht wird.

Die betriebliche Umsetzung des Arbeitsschutzgesetzes von 1996

Die WZB-Studie verdeutlicht, dass betriebliche Arbeitsschutzakteure auf der einen Seite das neue Arbeitsschutzgesetz in der betrieblichen Praxis für eine Systematisierung und Optimierung von Strukturen und Praxisroutinen in tradierten Handlungsfeldern, vor allem im technischen Arbeitsschutz und der Unfallverhütung, genutzt haben. Zudem haben sie ihren präventiven Handlungshorizont selektiv um technische bzw. physikalisch-stoffliche Problemfelder erweitert, die bislang eher am Rande des Arbeitsschutzgeschehens standen. Hierzu zählen beispielsweise die ergonomische Gestaltung von Bildschirmarbeitsplätzen und der Umgang mit Gefahrstoffen (Lenhardt 2001: 25 f.). Die WZB-Studie verweist auf der anderen Seite auf betriebliche Umsetzungsdefizite des Arbeitsschutzgesetzes von 1996 (siehe Rosenbrock 2001: 15 f.): Als besonders problematisch erwies sich dabei die Durchführung der gesetzlich obligatorischen tätigkeitsbezogenen Gefährdungsbeurteilungen. Diese werden tendenziell in der Hälfte der Betriebe nicht oder nur sehr unvollständig vorgenommen. Diese Studie kommt überdies zu dem Ergebnis, dass Innovationspotenziale des modernisierten Arbeitsschutzrechts bisher zu wenig ausgeschöpft werden, da die betrieblichen Akteure sich in ihrer Alltagspraxis noch vorwiegend an einem traditionellen Arbeitsschutzverständnis orientieren (Lenhardt 2001: 26 f.). Es mangelt daher auf Seiten betrieblicher Arbeitsschutzakteure oft an Innovationspromotoren. Etablierte und bewährte Handlungsroutinen in klassischen Feldern des institutionalisierten betrieblichen Arbeitsschutzes vermitteln betrieblichen Arbeitsschutzakteuren ein hohes Maß an Handlungssicherheit, während neue Themenfelder mit Unsicherheit verbunden sind. Das Festhalten an etablierten Arbeitsschutzpraktiken und Handlungsorientierungen lässt sich daher teilweise auch als Abwehrverhalten von externen (Berufsgenossenschaften, Gewerbeaufsicht) und innerbetrieblichen Arbeitsschutzakteuren (z.b. Betriebsärzte, Fachkräfte für Arbeitssicherheit, ehrenamtliche Sicherheitsbeauftragte, Management und Betriebsrat) im Umgang mit Neuerungen zugunsten ihres jeweiligen „klassischen Kerngeschäfts" erklären (vgl. Argyris 1997; Becke 2007). Das dominante traditionelle Problem- und Aufgabenverständnis öffnet sich erst ansatzweise im Sinne allmählicher institutioneller und akteursbezogener Lernprozesse für das rechtlich erweiterte Handlungsspektrum.

Neue Felder gesundheitlicher Prävention (z.B. Arbeitsorganisation, Arbeitszeitgestaltung betriebliche Leistungspolitik, Führungsverhalten) werden nur selektiv in das Themenspektrum der betrieblichen Arbeitsschutzpraxis aufgenommen. Dies hat zur Folge, dass psychosoziale Belastungen im betrieblichen Präventionsgeschehen selten thematisiert werden. Psychische Gesundheitsgefährdungen bilden auch eine Schwachstelle des neuen Präventionsinstruments der Gefährdungsbeurteilungen (siehe Rosenbrock 2001: 15): Häufig werden psychische Belastungen durch existente Instrumente nicht erfasst oder ihre Analyse beschränkt sich auf informatorische psychische Belastungen (z.b. Wahrnehmbarkeit und Verarbeitungsfähigkeit von Symbolen bei rechnergestützten Tätigkeiten), die sich mit Hilfe technischer Parameter messen lassen. Andere psychische Belastungen, deren Ursachen z.b. in der betrieblichen Leistungspolitik, der Arbeitszeitgestaltung oder im Führungsverhalten liegen, werden hierbei oft nicht erfasst. Aus Sicht der Unternehmen erweisen sich die von den Berufsgenossenschaften entwickelten Instrumente der Gefährdungsbeurteilung oft als zu ungenau und zu unvollständig, um sie in der Präventionspraxis anwenden zu können.

Die unzureichende thematische Erweiterung des Arbeitsschutzes auf psychosoziale Belastungen ist allerdings nicht nur den dominanten Handlungsorientierungen und Alltagspraktiken der betrieblichen Arbeitsschutzakteure geschuldet. Die WZB-Studie gibt Aufschluss über zwei besonders problematische unternehmensinterne Umgangsweisen mit *psychischen bzw. psychosozialen Belastungen* bei der Arbeit (siehe Lenhardt 2001: 27). Das erste problematische Bewältigungsmuster besteht in der stillschweigenden *Normalisierung* derartiger Belastungen. Psychische Belastungen werden demnach zwar in gewisser Weise als problematisch wahrgenommen. Sie erscheinen Beschäftigten zugleich als normales, quasi unabänderliches Charakteristikum der eigenen Arbeitssituation und werden daher letztlich hingenommen. Arbeitsbedingter psychischer Stress erscheint im Lichte dieser Normalisierung kaum als reduzierbar, noch als Gegenstand des Arbeitsschutzes, der Handlungsbedarf hervorruft. Das zweite Bewältigungsmuster manifestiert sich in einer *Tabuisierung* psychischer bzw. psychosozialer Belastungen. In der Wahrnehmung von betrieblichen Arbeitsschutzakteuren bzw. Beschäftigten handelt es sich dabei um besonders „heikle" Themen (ebd.), da sie die betriebliche Leistungspolitik, Aspekte der Arbeitsorganisation oder aber das Verhalten von Führungskräften berühren. Wenn ihre betriebsöffentliche Thematisierung mit der Erwartung negativer Sanktionen durch Unternehmensrepräsentanten verbunden ist, werden Beschäftigte derartige belastende Arbeitsbedingungen kaum kritisch ansprechen. Leistungs- und konkurrenzorientierte Arbeitskulturen können eine betriebsöffentliche Artikulation psychischer Belastungen durch Beschäftigte einschränken (siehe Becke 2009b). Die Thematisierung eigener psychischer Belastungen, z.B. gegenüber Vorgesetzten, unterbleibt hierbei, wenn befürchtet wird, dies könne von Vorgesetzten bzw. Kolleginnen und Kollegen als Zeichen von Schwäche bzw. unzureichender Belastungsfähigkeit ausgelegt werden.

Die Umsetzung von Maßnahmen der betrieblichen Gesundheitsförderung

Die Auswertung von Maßnahmen der betrieblichen Gesundheitsförderung (BGF) nach § 20 SGB V verdeutlicht, dass der konzeptionelle Anspruch der Gesundheitsförderung, Verhältnis- und Verhaltensinterventionen miteinander zu verknüpfen, in der betrieblichen Praxis nur begrenzt eingelöst wird. Im Rahmen der betrieblichen Gesundheitsförderung dominierten in 2005 – bei leicht rückläufiger Tendenz –

nach wie vor Maßnahmen der Verhaltensintervention (Lenhardt 2007). Ihr Fokus lag auf Kursinhalten zum Thema Bewegung, gefolgt von Angeboten zu Entspannung bzw. Stressreduktion und Ernährung.

Gleichwohl erhalten Maßnahmen der Verhältnisintervention im Rahmen der betrieblichen Gesundheitsförderung eine zunehmende Bedeutung, denn nur noch bei knapp einem Drittel aller Maßnahmen handelt es sich um eine reine Verhaltensprävention (ebd.).

Ein Blick auf die Ausrichtung dieser verhältnispräventiven Maßnahmen verdeutlicht jedoch, dass Aktivitäten dominieren, die sich im Kern auf eher klassische Domänen des betrieblichen Arbeitsschutzes beziehen. Im Vordergrund steht die Reduzierung belastender Arbeitsumgebungseinflüsse (mehr als zwei Drittel derartiger Maßnahmen) und die Arbeitssicherheit im engeren Sinne (z.B. Schutzausrüstungen, Unfallverhütung). Verhältnisbezogene Maßnahmen mit einer hohen Relevanz für psychische Arbeitsbelastungen (Arbeits- und Betriebsorganisation, betriebliche Informations- und Kommunikationsstrukturen, tätigkeitsbezogene Handlungs- und Autonomiespielräume) stagnieren auf einem insgesamt allerdings beachtlichen Niveau, d.h. zwischen 30 und 50 % aller Maßnahmen der Verhältnisprävention.

Aktivitäten der betrieblichen Gesundheitsförderung nach § 20 SGB V wurden 2005 in 606.000 Betrieben in Deutschland realisiert. Klein- und Kleinstbetriebe (unter 50 Beschäftigte) sind in Relation zu ihrer volkswirtschaftlichen Bedeutung nach wie vor unterrepräsentiert, da sie nur knapp ein Drittel jener Betriebe stellen, die sich an Maßnahmen der Gesundheitsförderung beteiligen. Betriebliche Gesundheitsförderung ist nach wie vor eine Domäne größerer Unternehmen des Produktionssektors (56 % aller Maßnahmen). Trotz der quantitativen Stagnation der betrieblichen Gesundheitsförderung zeichnet sich eine qualitative Verbesserung des BGF-Angebots der gesetzlichen Krankenkassen ab, da die längerfristig orientierten Maßnahmen im Vergleich zum Vorjahr in 2004 deutlich zugenommen haben.

Als problematisch erweist sich die innerbetriebliche Anwendung avancierter Instrumente und Verfahren der betrieblichen Prävention bzw. Gesundheitsförderung. Gefährdungsbeurteilungen sind zwar gesetzlich vorgeschrieben, werden aber nur in 30 % der Betriebe eingesetzt (Lenhardt 2007: 39). Gesundheitszirkel als partizipatives Verfahren der Gesundheitsförderung wurden 2005 nur noch in 25 %

der BGF-Betriebe praktiziert (2004: 40 %). Aus der Perspektive betrieblicher Entscheidungsträger erscheinen Gesundheitszirkel aufgrund der damit verbundenen bezahlten Freistellung von Beschäftigten von der Arbeit oft als zu kostenaufwändig. Zudem haftet diesem
partizipativen Verfahren aus der Sicht des Managements das Risiko
ungeplanter Folgekosten und -maßnahmen der Personal- und Organi-
sationsentwicklung an (siehe Göbel 2004: 38 f.). De facto bedeutet
dies, dass der partizipative Anspruch der Gesundheitsförderung auf
der betrieblichen Ebene zunehmend weniger eingelöst wird.

3. Grenzen betrieblicher Gesundheits-
förderung für organisierte
Wissensarbeit

Die bisher dargestellten empirischen Befunde zur „halbierten Modernisierung" der betrieblichen Gesundheitsförderung nähren in mehrfa-
cher Hinsicht Zweifel daran, dass sich die BGF als gesundheitsbezogener Gestaltungsansatz unmittelbar auf klein- und mittelbetriebliche
Strukturen in der IT- und Medienbranche übertragen lässt. Eine maß-
gebliche Grenze bildet der großbetriebliche Entstehungskontext der
BGF. Dieser Entstehungskontext spiegelt sich unter anderem in dem
komplexen und voraussetzungsvollen Einführungsprozess der BGF in
Unternehmen wider. Dieser Prozess beinhaltet die vier Phasen der
Analyse der Belastungen und Ressourcen von Beschäftigten in ihrer
Arbeitssituation, der Planung und Durchführung gesundheitsbezogener Interventionen und schließlich die Evaluation der Maßnahmen, die
ihrerseits wiederum einen neuen BGF-Zyklus in Gang setzen kann
(vgl. Schmidt 2009a: 49 f.; Ritter 2003: 110 ff.). In der Analysephase
wird besonders auf eine differenzierte Erfassung der arbeitsbezogenen
Belastungen und gesundheitlichen Ressourcen von Beschäftigten Wert
gelegt. Hierbei werden subjektorientierte (z.b. Gesundheitszirkel) und
objektivistische Erhebungsverfahren (z.b. die Auswertung von Ar-
beitsunfähigkeitsdaten) miteinander kombiniert. Zur Planung, Koordination und Evaluation gesundheitsbezogener Interventionen wird auf
Unternehmensebene in der Regel ein Arbeitskreis Gesundheit gebil-
det, in dem Vertreter des Managements, des Betriebsrats und Experten

im Bereich des betrieblichen Arbeits- und Gesundheitsschutzes miteinander kooperieren. Dieses Gremium hat zugleich die Aufgabe, Betriebsöffentlichkeit über die BGF und deren Umsetzung herzustellen.

Die Evaluation der Interventionsmaßnahmen richtet sich auf deren geplante und ungeplante Effekte, die Angemessenheit der Maßnahmen sowie die Identifizierung neuer oder veränderter gesundheitsbezogener Handlungsbedarfe, für die neue Maßnahmen zu entwickeln und umzusetzen sind.

Probleme, diese BGF-Systematik auf kleine und mittlere Unternehmen zu übertragen, resultieren erstens aus der vergleichsweise geringen Anzahl von Mitarbeitenden. Bestimmte gesundheitsbezogene Analyseinstrumente, wie Krankenstandsanalysen oder Mitarbeiterbefragungen, setzen eine hinreichend große Anzahl von Beschäftigten voraus, um Anonymität und Aussagefähigkeit der Ergebnisauswertung sicherzustellen. Solche Instrumente sind daher bei kleinen Belegschaftsgrößen nicht anwendbar. Zweitens erfordert der projektförmige BGF-Zyklus personelle, organisatorische, zeitliche und auch finanzielle Ressourcen, die in Kleinunternehmen schlichtweg nicht vorhanden sind. So existieren in kleinen und mittleren Unternehmen häufig keine Stabsstellen oder Abteilungen, die über derartige Ressourcen verfügen und diese für die BGF bereitstellen könnten. Hinzu kommt, dass der BGF unternehmensintern oftmals ein Sonderstatus im Sinne einer Parallelstruktur zukommt, die nicht in betriebliche Alltagsroutinen und Arbeitsprozesse integriert ist (siehe als Überblick zu diesen Problemen Schmidt 2009b: 50 ff.).

Adaptionsprobleme der BGF ergeben sich nicht nur aus der primär klein- und mittelbetrieblich geprägten Struktur der IT-Service-Unternehmen, sondern auch aus deren flexiblen Arbeitsstrukturen, die folgende Merkmale aufweisen:

- Die Projektförmigkeit der Arbeit basiert auf zeitlich befristet geleisteter Wissensarbeit, bei der relativ allgemein gehaltene Problembeschreibungen von Projektteams in konkrete Aufgabenstellungen zu transformieren sind, um innovative und effiziente technische Problemlösungen für Kunden zu entwickeln (siehe Becke 2007). Beschäftigte sind dabei oft in mehrere, parallel zu bearbeitende Projekte eingebunden, in denen sie mit anderen hoch qualifizierten Angestellten und oft auch mit Alleinselbstständigen kooperieren. Aufgrund der Ökonomisierung und der Unwägbarkeiten der Innovationsarbeit ist Projektarbeit mit sich vergleichsweise dynamisch verändernden Arbeitsanforderungen und Arbeitsinhalten sowie oft sehr komplexen und diskontinuierlichen Belastungskonstellationen verbunden (vgl. Bleses 2009; Schmidt 2009a; Scase 2003). Die BGF ist in konzeptioneller Hinsicht nicht auf flexible, projektförmige Arbeitsstrukturen ausgerichtet.

• Die BGF orientiert sich primär an Verhältnisinterventionen und arbeitswissenschaftlichen Gestaltungskriterien, die in Auseinandersetzungen mit tayloristisch-fordistisch geprägten Arbeitsstrukturen entwickelt und erfolgreich umgesetzt wurden (siehe Ulich 2001). Bei vermarktlichter Projektarbeit treten jedoch situative Grenzverwischungen zwischen Belastungen und Ressourcen auf (vgl. Becke 2007; Schmidt 2009a). Die vermeintliche Universalressource der Arbeitsautonomie büßt z.b. bei Vorgaben einer strikten Kundenorientierung ihren Ressourcencharakter ein, wenn sie primär als flexibler Reagibilitätspuffer zur Erfüllung von Kundenerwartungen genutzt werden soll. Der BGF fehlt es daher derzeit noch weitgehend an Kriterien und Interventionsansätzen, die auf eine gesundheitsförderliche Gestaltung von Projektarbeit unter Bedingungen ergebniskontrollierter Autonomie gerichtet sind (siehe Becke 2008b).

• Projektarbeit in der Teilbranche der IT-Services ist geprägt durch mobile Telearbeit, z.b. durch längere Anwesenheitszeiten von Beschäftigten bei Kunden oder wechselnde Arbeitseinsatzorte (siehe Brandt 2009). Die BGF setzt hingegen permanent im Betrieb tätige Beschäftigte als Adressaten von Interventionsmaßnahmen voraus. Ungeklärt bleibt daher innerhalb des BGF-Ansatzes, wie mobile Beschäftigte eingebunden werden können.

• In der IT- und Medienbranche wird in technischen Entwicklungsprojekten häufig mit Alleinselbstständigen als Wissensträger kooperiert. Obwohl die betriebliche Strukturierung der

Kooperationsbeziehungen zu Solo-Selbstständigen deren Arbeitsqualität maßgeblich beeinflussen kann, bestehen in der BGF bisher keine Ansätze zur Integration von Alleinselbstständigen (siehe Bleses 2009).

Organisationskulturen in der IT- und Medienbranche können als betriebliche Leistungskulturen beschrieben werden. Die Kultur prägende Bedeutung von Arbeitsleistung resultiert erstens daraus, dass in diesen Unternehmen häufig marktorientierte Steuerungsformen praktiziert werden, bei denen marktliche Anreiz- und Steuerungsmechanismen auf unternehmensinterne Binnenstrukturen und Projektarbeit übertragen, interne Märkte simuliert werden, Unternehmenseinheiten und Projektteams zudem mit externem Marktdruck sowie oftmals unmittelbar mit Kunden konfrontiert werden (vgl. Becke 2008a; Lehndorff/Voss-Dahm 2006). Als Leistung wird hierbei der Beitrag von hoch qualifizierten Angestellten zum Markterfolg des Unternehmens definiert (siehe Voswinkel 2000). Dieser Beitrag konkretisiert sich in der weitgehend selbstorganisierten Realisierung kundenorientierter innovativer technischer Problemlösungen bei einer ökonomisch eigenverantwortlichen, möglichst effizienten Bewirtschaftung der betrieblich zugewiesenen Finanzbudgets und der Einhaltung zeitlicher Fristen. Wie bereits dargelegt, ist die interne Marktsteuerung für Beschäftigte mit gesundheitlichen Risiken aufgrund einer Arbeitsverdichtung und informellen Verlängerung von Arbeitszeiten verbunden, die oftmals selbstgesteuert in Kauf genommen wird, um Unwägbarkeiten der Projektarbeit zu bewältigen und Projekte fristgerecht zu beenden (siehe Gerlmaier/Latniak 2007).

Die Leistungskulturen von Unternehmen der IT- und Medienbranche werden zudem durch die Professionskulturen der hoch qualifizierten Angestellten geprägt. In ihrer beruflichen Sozialisation haben diese Angestellten professionelle Leistungs- und Qualitätsstandards erworben und verinnerlicht, die sie bestrebt sind, bei der Projektarbeit zu realisieren. Häufig wird ihre Aufnahme einer beruflichen Tätigkeit in kleineren und mittleren IT- und Medien-Unternehmen dadurch motiviert, dort professionelle Standards und Erwartungen verwirklichen zu können (siehe Scase 2003). Dies schließt Professionalitätsvorstellungen ein, die eigene Kreativität und Innovativität in der Projektarbeit entfalten zu können, um sich persönlich weiterzuentwickeln, Anerkennung zu erfahren und zugleich innovative technische Problemlösungen zu entwickeln, die ihren hohen Qualitätsansprüchen möglichst weitgehend gerecht werden. Das Bestreben, hohe professionelle Standards auch unter den Bedingungen der internen Marktsteuerung und damit verbundenen Tendenzen einer stärkeren Standardisierung von Arbeitsprozessen und Produkten verwirklichen zu können, erweist sich mitunter als eine Quelle psychischer Überforderung. So kann eine ausgeprägte Orientierung an professionskulturell geprägten Standards und Normen Beschäftigte dazu veranlassen, auf informellem Wege, d.h. außerhalb ihrer regulären Arbeitszeit, die Qualität der von ihnen zu entwickelnden Software- und Designlösungen so zu verbessern, dass sie über betrieblich definierte Erwartungen hinausgehen, um ihren eigenen professionellen Ansprüchen gerecht zu werden. Diese „stille Leistung" (Lullies et al. 1993: 91 f.) ist mit einer informellen, selbstgesteuerten Arbeitszeitverlängerung verbunden, welche die gesundheitliche Regenerationsfähigkeit hoch qualifizierter Angestellter schwächt.

Hinzu kommt, dass in betrieblichen Leistungskulturen der IT- und Medienwirtschaft psychische Belastungen und Erkrankungen tendenziell normalisiert und tabuisiert bzw. geleugnet werden, da dies branchen-, organisations- und professionskulturell geprägten Handlungsorientierungen entspricht, wonach psychische Belastungen wie Stress ein unabänderliches Merkmal der Arbeitssituation und ihr Ertragen eine Quelle von Leistungsstolz und sozialer Zugehörigkeit bilden (Becke 2009b). Die BGF hat bisher die gesundheitlichen Belastungskonstellationen und Folgen der internen Marktsteuerung konzeptionell noch zu wenig integriert. Sie steht zudem vor dem Problem, betriebliche Leistungskulturen für einen reflektierten unternehmensinternen Umgang mit psychischen Belastungen und Erkrankungen zu öffnen (vgl. Becke 2007; Schmidt 2009b).

4. NACHHALTIGE ARBEITSQUALITÄT ALS MODERNISIERUNGSPERSPEKTIVE DER BGF

Das gestaltungsorientierte Konzept nachhaltiger Arbeitsqualität (siehe ausführlich Becke 2009a) bietet sich als Modernisierungsperspektive für den BGF-Ansatz mit Blick auf organisierte Wissensarbeit an. Dieses Konzept knüpft an Potenziale der BGF an und entwickelt diese für flexible Arbeitsstrukturen in der Wissensökonomie weiter. Adaptionsfähige Potenziale der BGF beziehen sich auf deren Instrumente und Verfahren, die konsequente Beteiligungsorientierung der BGF sowie deren salutogenetische Grundorientierung.

Das Konzept nachhaltiger Arbeitsqualität rekurriert auf die politische und arbeitswissenschaftliche Debatte um „gute Arbeit". Es geht von einem spezifischen Verständnis der Arbeitsqualität aus, d.h. wie Beschäftigte und freie Mitarbeiter aus ihrer Subjektperspektive ihre Arbeitssituation erleben und bewerten, was für sie eine „gute Arbeitsqualität" ausmacht. Arbeitsqualität umfasst für Beschäftigte aus dieser Perspektive zwei Dimensionen, d.h. die Prozessqualität und die Ergebnisqualität der Erwerbsarbeit. Die Ergebnisqualität meint die Qualität eines hergestellten Produkts oder einer erbrachten Dienstleistung. Die Prozessqualität bezieht sich auf die Qualität der Arbeitsprozesse zur Erstellung eines Produkts oder zur Erbringung von Dienstleistungen.

Die Ergebnisqualität ist von zentraler Bedeutung für IT-Unternehmen und ihre Wettbewerbsfähigkeit. Hierbei gilt es, innovative und qualitativ hochwertige IT-Dienstleistungen termingerecht und zu marktgängigen Preisen zu erbringen. Eine hohe Ergebnisqualität setzt eine gute Prozessqualität voraus. Diese wird realisiert, wenn die Arbeitsprozesse selbst gesundheitsförderlich gestaltet werden, d.h. Beschäftigte ihre gesundheitlichen wie qualifikatorischen Ressourcen reproduzieren und weiterentwickeln und damit zugleich ihre Leistungsfähigkeit als Voraussetzung für Produktivität und Innovativität erhalten können.

Prozessqualität bezieht sich vor allem auf zwei Aspekte: Sie wird erstens durch die Qualität der Handlungskoordination geprägt. In wissensintensiven und durch hoch qualifizierte Facharbeit geprägten Organisationen erweist sich weniger Macht zur Durchsetzung betrieb-

licher Herrschaft als bedeutsam, sondern vielmehr erhalten gerade in
Unternehmen der Wissensökonomie andere Medien der Handlungskoordinierung (siehe Zündorf 1986), d.h. Einfluss, Vertrauen und
Verständigung eine zentrale Bedeutung, da diese Organisationen in
besonders hohem Maße auf den subjektiven Eigenbeitrag von Beschäftigten und ihre Spezialqualifikationen angewiesen sind. Die
Prozessqualität wird zweitens durch die Qualität der Arbeitsbedingungen beeinflusst, die sich z.b. auf die Arbeitsplatzausstattung, Arbeitsanforderungen sowie Autonomie- und Kreativitätsspielräume in der
Arbeit bezieht. Zur Qualität der Arbeitsbedingungen gehören auch die
Möglichkeiten, unterschiedliche Lebensbereiche, also zum Beispiel
die Erwerbsarbeit und familiäre Aufgaben und Ansprüche, in Einklang
zu bringen.

Offen ist bisher geblieben, in welcher Hinsicht der Nachhaltig-
keitsgedanke auf Arbeitsqualität bezogen wird. Nachhaltigkeit wird
hier als „Dauerhaftigkeit im Wandel" verstanden (ausführlich hierzu:
Senghaas-Knobloch 2008b). Gerade in der IT-Branche verändern sich
Markt- und Kundenanforderungen an Unternehmen oft schnell und
dynamisch. Dies bedeutet, dass Arbeitsstrukturen und -prozesse de-
mentsprechend anzupassen und zu verändern sind. Einmal gefundene
Lösungen für eine gute Arbeitsqualität sind daher nicht von Dauer.
Vielmehr kommt es darauf an, auch bei sich verändernden Rahmen-
bedingungen eine gute Arbeitsqualität zu realisieren und zu erhalten.
Dabei geht es also nicht um das Konservieren des Bewährten, sondern
um eine möglichst vorausschauende Anpassung, Überprüfung und
Gestaltung der Erwerbsarbeit mit dem Ziel, auch im Wandel eine gute
Arbeitsqualität zu verwirklichen. Gute Arbeitsqualität ist daher kein
Selbstläufer, sondern muss immer wieder erneut angestrebt werden.

Das Konzept der nachhaltigen Arbeitsqualität ist primär auf gesundheitsförderliche Verhältnisinterventionen ausgerichtet. Es nimmt
dabei vor allem Arbeitsprozesse sowie Kommunikations- und Koope-
rationsstrukturen in flexiblen Arbeitsstrukturen in den Blick. Das
Konzept greift die salutogenetische Perspektive der betrieblichen
Gesundheitsförderung auf und entwickelt sie weiter. Für (kleine und
mittlere) Unternehmen der Wissensökonomie liegt das Innovationspo-
tenzial der Salutogenese-Perspektive der BGF darin, nicht nur die
Nachhaltigkeit gesundheitlicher Ressourcen von Individuen, d.h.

Führungskräften, Beschäftigten und mit Unternehmen kooperierenden Alleinselbstständigen, zu fördern. Vielmehr bietet diese Perspektive Ansatzpunkte, über die Individualebene hinaus gesundheitsförderliche organisatorische Ressourcen zu entwickeln. So konzeptualisiert Antonovsky (1997) den Kohärenzsinn handelnder Subjekte als eine zentrale personale, die Gesundheit erhaltende Ressource. Sie umfasst drei Salutogenese-Dimensionen: Verstehbarkeit, Handhabbarkeit und Sinnhaftigkeit. Diese drei Dimensionen können auf die organisatorische Ebene im Sinne einer Heuristik der Gesundheitsförderlichkeit übertragen werden (vgl. Becke 2009a; Bengel et al. 2001; Autorengruppe FB 4 sfs 2009). Sie lassen sich jeweils mit den Dimensionen der Ergebnis- und der Prozessqualität verknüpfen (siehe hierzu Becke 2009a: 18 f.), Von zentraler Bedeutung ist die Frage nach der salutogenetischen Qualität von Unternehmen in flexiblen Arbeitsstrukturen der Wissensökonomie, d.h. inwiefern können in Unternehmen gesundheitsförderliche Ressourcen der Verstehbarkeit, Handhabbarkeit und Sinnhaftigkeit (weiter) entwickelt werden? Diese organisatorische Ressourcenperspektive bedarf zwar noch der weiteren Konzeptualisierung, gleichwohl können vorläufige Konkretisierungen vorgenommen werden:

- Verstehbarkeit als organisatorische Ressource richtet sich auf organisatorische Verfahren, Vorkehrungen und Maßnahmen, die (mittleren) Führungskräften und Beschäftigten eine Transparenz über die strategische Grundausrichtung von Unternehmen, ihre zentralen marktbezogenen Anforderungen und ihre geschäftliche Situation ermöglichen. Verstehbarkeit bezieht sich zudem auf die Generierung von Arbeitsprozesswissen in flexiblen Arbeitsstrukturen. Arbeitsprozesswissen ermöglicht Beschäftigten, ihre eigene Arbeitsaufgabe bzw. Arbeitstätigkeit in einen größeren übergreifenden Arbeitskontext einzuordnen. Verstehbarkeit wird gefördert, wenn fokale Unternehmen in flexiblen Arbeitsstrukturen für alle daran Beteiligten eine Transparenz über die Gesamtheit der Arbeitsprozesse herstellen, die für eine kooperative Erstellung von Produkten oder die Erbringung von Diensten notwendig sind.

- Handhabbarkeit als organisatorische Ressource setzt eine organisationsinterne und projektbezogene Klärung von Zuständigkeiten und Verantwortlichkeiten als Basis arbeitsbezogener Kooperation voraus. Sie kann Beschäftigten z.b. als „Schutzmantel" gegenüber unangemessenen und nicht vereinbarten betrieblichen Leistungsansprüchen oder Kundenanforderungen dienen (siehe Senghaas-Knobloch 2001). Sie beugt zudem der Entstehung psychosozialer Belastungen vor, die aus Konflikten infolge ungeklärter Zuständigkeiten und Verantwortlichkeiten resultieren (so Meschkutat et al. 2002). Handhabbarkeit verweist darüber hinaus auf die organisatorische Bereitstellung bzw. Verfügbarkeit von Ressourcen, die eine Bewältigung von Arbeitsaufgaben und Arbeitsprozessen ermöglichen. Beispiele hierfür bilden die Verfügbarkeit hinreichender zeitlicher Ressourcen, arbeitsbezogene Qualifizierungsmöglichkeiten, sozialer Rückhalt durch Kolleg/inn/en und Führungskräfte zur Bewältigung von (widersprüchlichen) Arbeitsanforderungen sowie geeignete technologische Infrastrukturen und Arbeitsmittel (siehe Becke 2009a).

- Organisationen können das Erleben von Sinnhaftigkeit auf Seiten von (mittleren) Führungskräften und Beschäftigten in Bezug auf Arbeitsprozesse und Aufgaben fördern, wenn diese Feedback sowie soziale Anerkennung als Person und für ihre Arbeitsleistung durch die Unternehmensleitung bzw. Führungskräfte erfahren. Das Erleben von Sinnhaftigkeit kann gestärkt werden, wenn vermieden wird, dass Beschäftigte im Arbeitsprozess in moralische Dilemmata geraten, z.B. wenn zur Realisierung ambitionierter ökonomischer Zielvorgaben von Beschäftigten erwartet wird, Kunden zu übervorteilen. Sinnhaftigkeit kann zudem gestärkt werden, indem Unternehmen mit ihren Produkten und Dienstleistungen zur Lösung gesellschaftlicher Probleme beitragen (z.B. Umweltschutzinnovationen) (siehe auch Ulich 2001). Sinnhaftigkeit kann schließlich die Produktion organisatorischer Zuversicht beinhalten, die darauf gerichtet ist, Beschäftigten auch in Unternehmenskrisen und in betrieblichen Veränderungsprozessen Handlungs- und Beschäftigungsperspektiven aufzuzeigen bzw. solche Perspektiven beteiligungsorientiert zu entwickeln.

Ein für die Unternehmen der Wissensökonomie bedeutsames entwicklungsfähiges Modernisierungspotenzial des BGF-Ansatzes besteht in dessen direkter Partizipationsperspektive, wonach Beschäftigte bei der Entwicklung gesundheitsrelevanter Gestaltungslösungen als „Experten in eigener Sache" anerkannt werden. Dieser Beteiligungsansatz kommt auf der einen Seite dem ausgeprägten arbeitsbezogenen Selbstvertretungsanspruch hoch qualifizierter Angestellter in der IT- und Medienbranche entgegen (siehe hierzu Abel/Bleses 2005). Auf der anderen Seite ist dieser Partizipationsansatz weiter zu entfalten, damit Beschäftigte in partizipativ angelegten Gestaltungsprozessen auch eigene Verhaltensmuster sowie organisatorische Basisannahmen einer Normalisierung und Tabuisierung psychischer Belastungen und Erkrankungen reflektieren und „verlernen" können.

Das Konzept der nachhaltigen Arbeitsqualität sieht hierfür eine zweistufiges Beteiligungsverfahren auf der Basis betrieblicher Dialogräume vor: Auf der ersten Stufe tauschen sich Beschäftigte in einem „geschützten Dialograum" über ihre Arbeitssituation sowie existente gesundheitsförderliche Ressourcen, aber auch über Arbeitsbelastungen, widersprüchliche Arbeitsanforderungen, erlebte Reziprozitätsungleichgewichte zwischen dem eigenen Arbeitsengagement und betrieblichen Gegenleistungen (vgl. Siegrist 1996; Becke 2008a) bei der internen Marktsteuerung von Projektarbeit. Auf dieser Basis können organisationskulturelle Grundannahmen der Tabuisierung und Normalisierung psychischer Belastungen und Erkrankungen vertrauensbasiert reflektiert werden. Im Rahmen dieses Dialograums entwickeln Beschäftigte schließlich möglichst konkrete Veränderungsvorschläge zur Stärkung gesundheitlicher Ressourcen bei der Arbeit bzw. zur Reduzierung und besseren Bewältigung von Arbeitsbelastungen. Der Dialograum ist „geschützt", da die Beschäftigten hierbei unter sich bleiben, sich gegenseitig zur Vertraulichkeit verpflichten und gemeinsam klären, welche Dialogergebnisse sie nach außen weitergeben. Auf der zweiten Stufe werden die von den Beschäftigten erarbeiteten Veränderungsvorschläge ihrer Arbeitssituation mit der womöglich vorhandenen betrieblichen Interessenvertretung, der Unternehmensleitung und ggf. betrieblichen Experten im Arbeits- und Gesundheitsschutz im Hinblick auf ihre Realisierbarkeit erörtert. Für die konsensfähigen Vorschläge wird ein konkretes Arbeitsprogramm verabschiedet, in dem zeitliche Fristen, Aufgaben und wechselseitige Verpflichtungen der Beteiligten sowie Zuständigkeiten und Verantwortlichkeiten für die Umsetzung der gesundheitsförderlichen Maßnahmen definiert und vereinbart werden. Bisherige Ergebnisse im Kontext des durch das Bundesministerium für Bildung und Forschung geförderten Verbundvorhabens „Prävention in Unternehmen der Wissensökonomie" (PRÄWIN) mit der betrieblichen Erprobung dieses zweistufigen Dialogverfahrens verdeutlichen, dass die von den Beschäftigten entwickelten Veränderungsvorschläge sich häufig auf eine Verbesserung der Arbeitsprozessgestaltung, der innerbetrieblichen Kommunikation, der Arbeitskooperation sowie eine erhöhte Transparenz über die strategische Ausrichtung der Unternehmen beziehen. Im Zentrum stehen daher Aspekte der Arbeitssituation, die auf eine Stärkung organisatorischer Ressourcen der Verstehbarkeit, Handhabbarkeit und Sinnhaftigkeit gerichtet sind. Häufig handelt es sich dabei um Vorschläge, die nicht nur der Gesundherhaltung von Beschäftigten zugutekommen, sondern auch die Effektivität innerbetrieblicher und unternehmensübergreifender Arbeitsprozesse erhöhen.

Der BGF-Ansatz stellt eine Systematik, Verfahren und Instrumente bereit, die als Plattform für eine betriebsspezifische gesundheitssensible Gestaltung von Arbeitsbedingungen und Arbeitsprozessen genutzt werden kann. Der BGF-Ansatz kann auch in kleinen und mittleren Unternehmen der IT- und Medienbranche mit einem vergleichsweise niedrigen oder fehlenden institutionalisierten Arbeits- und Gesundheitsschutz als Impulsgeber für eine gesundheitsbezogene organisatorische Achtsamkeit dienen, die sich gleichermaßen auf arbeitsbezogene Belastungskonstellationen und gesundheitliche Ressourcen richtet (siehe hierzu Becke et al. 2008). Hierzu ist allerdings erforderlich, dass die Verfahren und Instrumente der BGF auf die Kontextbedingungen kleiner und mittlerer Unternehmen der IT- und Medienbranche hin adaptiert werden. Dies setzt eine Analyse und Bewertung von Instrumenten und Verfahren der BGF mit Blick auf ihre Pass- und Adaptionsfähigkeit für derartige Unternehmens- und flexible Arbeitsstrukturen voraus (siehe hierzu ausführlich Schmidt 2009a). Es erfordert zudem eine Weiterentwicklung bzw. Anpassung von BGF-Verfahren und Instrumenten für solche flexiblen Arbeits- und Unternehmensstrukturen. Für die Einführung solcher Verfahren und Instrumente erweist sich die „Huckepack-Strategie" als besonders zielführend (siehe hierzu Evers et al. 2009): Die Grundidee dieser BGF-orientierten Einführungsstrategie besteht darin, soweit wie möglich an klein- und mittelbetrieblich vorhandene Potenziale, d.h. Arbeitsprozesse, Organisationsstrukturen und Gremien sowie betriebliche Verfahren und Managementinstrumente anzuknüpfen und diese gezielt für die Thematisierung gesundheitsbezogener Aspekte und für die Anwendung gesundheitsförderlicher Instrumente und Verfahren zu öffnen bzw. zu erweitern. Die „Huckepackstrategie" erleichtert es kleinen und mittleren Unternehmen der IT- und Medienbranche gesundheitsbezogene Veränderungsprozesse zu realisieren, da an existente Verfahren und Strukturen weitgehend angeknüpft werden kann und sich die mit dieser Strategie verbundenen Umsetzungs- und Transaktionskosten begrenzen lassen. Beispiele hierfür sind die Integration und Thematisierung von gesundheitsrelevanten Aspekten in Projektreviews, Projektstart- und -ablaufgespräche oder aber in regelmäßige Mitarbeitergespräche. Zentrale Voraussetzungen für ein Gelingen der „Huckepackstrategie" sind nach den Erfahrungen des PRÄWIN-Verbundvorhabens eine beteiligungsorientierte und vertrauensförderliche Gestaltung des Einführungsprozesses sowie eine Unterstützung dieses alternativen BGF-Ansatzes durch die Unternehmensleitung und Führungskräfte (siehe Evers et al. 2009). Zudem wird eine solche Strategie wesentlich durch eine gesundheitssensible Öffnung betrieblicher Leistungskulturen gefördert (vgl. Schmidt 2009b; Becke 2009b). Das Konzept der nachhaltigen Arbeitsqualität beinhaltet daher im Verein mit der „Huckepackstrategie" zentrale Modernisierungspotenziale für die BGF in klein- und mittelbetrieblich geprägten flexiblen Arbeitsstrukturen der Wissensökonomie.

5. LITERATUR

Abel, J. / Bleses, P. (2005): Eine Variante unter vielen? Zur Gegenwart der dualen Struktur der Interessenvertretung; in: WSI-Mitteilungen, H. 5, S.259-264.

Antonovsky, A. (1997): Salutogenese. Zur Entmystifizierung der Gesundheit. Tübingen: DGVT.

Argyris, C. (1997): Wissen in Aktion. Eine Fallstudie zur lernenden Organisation. Stuttgart: Klett-Cotta.

Autorengruppe FB4 sfs (2009): Arbeitsorganisatorische Leitbilder. Initiative Neue Qualität der Arbeit. Initiativkreis Arbeitssysteme in der Produktion, Dortmund, www.inqua.de.

Bamberg, E. / Ducki, A. / Metz, A.-M. (1998): Handlungsbedingungen und Grundlagen der betrieblichen Gesundheitsförderung. Arbeits- und organisationspsychologische Methoden und Konzepte. In: ebd. (Hrsg.): Handbuch Betriebliche Gesundheitsförderung. Göttingen: Hogrefe, S.17-36.

Becke, G. (2009a): Das Konzept nachhaltiger Arbeitsqualität – Grundlage für eine gesundheitsförderliche Gestaltung der Erwerbsarbeit in der Wissensökonomie. In: Becke, G. / Bleses, P. / Schmidt, S. (Hrsg): Nachhaltige Arbeitsqualität: Eine Perspektive für die Gesundheitsförderung in der Wissensökonomie. artec-paper Nr. 158, Forschungszentrum Nachhaltigkeit (artec), Universität Bremen, www.artec.uni-bremen.de, S.9-23.

Becke, G. (2009b): Betriebliche Leistungskulturen in der Wissensökonomie: Ein Grundproblem nachhaltiger Arbeitsqualität. In: Becke, G. / Bleses, P. / Schmidt, S. (Hrsg.): Nachhaltige Arbeitsqualität: Eine Perspektive für die Gesundheitsförderung in der Wissensökonomie. artec-paper Nr. 158, Forschungszentrum Nachhaltigkeit (artec), Universität Bremen, www.artec.uni-bremen.de, S.83-106.

Becke, G. (2008a): Soziale Erwartungsstrukturen in Unternehmen. Zur psychosozialen Dynamik von Gegenseitigkeit im Organisationswandel. Berlin: edition sigma.

Becke, G. (2008b): Gesundheitsförderlichkeit als Dimension der sozialen Nachhaltigkeit in flexiblen Arbeitsstrukturen. In: Becke, G.

(Hrsg.): Soziale Nachhaltigkeit in flexiblen Arbeitsstrukturen. Berlin, Münster: LIT, S.199-214.

Becke, G. (2007): Gesundheitsförderung in flexiblen Arbeitsstrukturen der „digitalen Wirtschaft" – Problemfelder und Gestaltungsperspektiven bei abhängiger und alleinselbstständiger Erwerbsarbeit. artec-paper Nr. 142, Forschungszentrum Nachhaltigkeit (artec), Universität Bremen, www.artec.uni-bremen.de.

Becke, G. / Bleses, P. / Schmidt, S. (2008): Gesundheitsförderung in KMU der IT- und Medienbranche. Ein Plädoyer für mehr „organisationale Achtsamkeit". In: Gesellschaft für Arbeitswissenschaft (Hrsg.): Herbstkonferenz der Gesellschaft für Arbeitswissenschaft: Arbeitsgestaltung für KMU. Ilmenau: ISLE, S.285-294.

Bengel, J. / Strittmatter, R. / Willmann, H. (2001): Was erhält Menschen gesund? Antonovskys Modell der Salutogenese – Diskussionsstand und Stellenwert. Köln: Bundeszentrale für gesundheitliche Aufklärung.

Benkert, O. (2009): Stress-Depression. Warum macht Stress depressiv? Warum macht die Depression das Herz krank? München: Beck.

BKK Bundesverband (2008): BKK Gesundheitsreport 2008. Seelische Krankheiten prägen das Krankheitsgeschehen. Essen.

Bleses, P. (2009): Die besonderen Charakteristika der Wissensarbeit: Auswirkungen auf Beanspruchungen und Ressourcen. In: Becke, G. / Bleses, P. / Schmidt, S. (Hrsg.): Nachhaltige Arbeitsqualität: Eine Perspektive für die Gesundheitsförderung in der Wissensökonomie. artec-paper Nr. 158, Forschungszentrum Nachhaltigkeit (artec), Universität Bremen, www.artec.uni-bremen.de, S.25-40.

Bleses, P. (2008): Die Sozialintegration flexibler Erwerbsformen: Das Beispiel Alleinselbstständigkeit. In: Becke, G. (Hrsg.): Soziale Nachhaltigkeit in flexiblen Arbeitsstrukturen. Berlin, Münster: LIT, S.107-122.

Brandt, C. (2009): Mobile Arbeit – Gute Arbeit? Arbeitsqualität und Gestaltungsansätze bei mobiler Arbeit. In: ver.di – Vereinte Dienstleistungsgewerkschaft (Hrsg.): Hochseilakt Leben und Arbeiten in der IT-Branche. Ein Reader. Berlin, S.123-130.

Burisch, M. (2006): Das Burnout-Syndrom. Theorie der inneren Erschöpfung. Heidelberg: Springer.

Ciesinger, K.-G. / Klatt, R. / Siebecke, D. (2008): Präventiver Arbeits-
und Gesundheitsschutz in diskontinuierlichen Erwerbsverläufen –
Neue Konzepte betrieblicher und individueller Gesundheitsprävention in der Wissensökonomie. In: Gesellschaft für Arbeitswissenschaft (Hrsg.): Herbstkonferenz der Gesellschaft für Arbeitswissenschaft: Arbeitsgestaltung für KMU. Ilmenau: ISLE, S.295-303.

Ducki, A. (1998): Ressourcen, Belastungen und Gesundheit. In: Bamberg, E. / Ducki, A. / Metz, A.-M. (Hrsg.): Handbuch Betriebliche
Gesundheitsförderung. Göttingen: Hogrefe, S.145 154.

Ehrenberg, A. (2008): Das erschöpfte Selbst. Depression und Gesellschaft in der Gegenwart. Frankfurt a.M.: Suhrkamp.

Evers, J. / Hafkesbrink, J. / Krause, M. / Schmidt, S. (2009): Integration von Instrumenten der betrieblichen Gesundheitsförderung und
Managementinstrumenten: Huckepack-Strategie für eine nachhaltige Arbeitsqualität in der Wissensökonomie. In: ebd.: Instrumente
für nachhaltige Arbeitsqualität in der Wissensökonomie: Bestandsaufnahme und Bewertung. artec-paper Nr. 159, Forschungszentrum Nachhaltigkeit (artec), Universität Bremen,
www.artec.uni-bremen.de, S.75-84.

Faber, U. (1998): Das betriebliche Arbeits- und Gesundheitsschutz-
recht der Bundesrepublik nach der Umsetzung der europäischen
Arbeitsumweltrichtlinien. In: Arbeit, H. 3, S.203-218.

Gerlmaier, A. / Latniak, E. (2007): Zwischen Innovation und alltägli-
chem Kleinkrieg. Arbeits- und Lernbedingungen bei Projektarbeit
im IT-Bereich. In: Moldaschl, M. (Hrsg.): Verwertung immmateriel-
ler Ressourcen. München, Mering: Hampp, S.131-169.

Göbel, E. (2004): Bilanz und Perspektiven. Eine Standortbestimmung
der betrieblichen Gesundheitsförderung. In: Busch, R. / AOK Berlin (Hrsg.): Unternehmensziel Gesundheit. Betriebliches Gesundheitsmanagement in der Praxis – Bilanz und Perspektiven. München, Mering: Hampp, S.34-43.

Greiner, B. A. (1998): Der Gesundheitsbegriff. In: Bamberg, E. /
Ducki, A. / Metz, A.-M. (Hrsg.): Handbuch Betriebliche Gesundheitsförderung. Göttingen: Hogrefe, S.39-56.

Jahoda, M. / Lazarsfeld, P. / Zeisel, H. (1975): Die Arbeitslosen von
Marienthal. Ein soziografischer Versuch. Frankfurt a.M.: Suhrkamp.

Kalkowski, P. / Mickler, O. (2002): Zwischen Emergenz und Formalisierung – Zur Projektifizierung von Organisation und Arbeit in der Informationswirtschaft. In: SOFI-Mitteilungen, Nr. 30, S.119-134.

Krücken, G. (2002): „Wissensgesellschaft": Wissenschaft, Technik und Bildung. In: Volkmann, U. / Schimank, U. (Hrsg.): Soziologische Gegenwartsdiagnosen II. Opladen: Leske + Budrich, S.69-86.

Kuhn, K. (1993): Prävention: Eine Leitidee des Arbeitsschutzes. In: Bundesanstalt für Arbeitsschutz (Hrsg.): Europäische Forschungsansätze zur Gestaltung der Fahrtätigkeit im ÖPNV. Bremerhaven, S.20-27.

Lehndorff, S. / Voss-Dahm, D. (2006): Kunden, Kennziffern und Konkurrenz. Markt und Organisation in der Dienstleistungsarbeit. In: Lehndorff, S. (Hrsg.): Das Politische in der Arbeitspolitik. Ansatzpunkte für eine nachhaltige Arbeits- und Arbeitszeitgestaltung. Berlin: edition sigma, S.127-153.

Lenhardt, U. (2001): Erweiterter Problembezug des betrieblichen Arbeits- und Gesundheitsschutzes? In: ebd. (Hrsg.): Herausforderungen und Ansätze einer modernen Arbeitsschutz- und Gesundheitsförderungspraxis im Betrieb. WZB-Paper P01-208, Wissenschaftszentrum Berlin, S.21-28.

Lenhardt, U. (2004): Präventionsbericht zeigt Stärken und Schwächen der betrieblichen Gesundheitsförderung auf. In: Busch, R. / AOK Berlin (Hrsg.): Unternehmensziel Gesundheit. Betriebliches Gesundheitsmanagement in der Praxis – Bilanz und Perspektiven. München, Mering: Hampp, S.44-50.

Lenhardt, U. (2007): Betriebliche Gesundheitsförderung im Jahr 2005: Quantität stagnierend, Qualität verbessert. In: Gute Arbeit, H. 2, S.37-39.

Lullies, V. / Bollinger, H. / Weltz, F. (1993): Wissenslogistik. Frankfurt a.M., New York: Campus.

Marstedt, G. / Müller, R. (2003): Gesundheitsrisiken am Arbeitsplatz im Wandel der Arbeitsformen. In: Zeitschrift für Sozialreform, H. 3, S.376-388.

Meschkutat, B. / Stackelbeck, M. / Langenhoff, G. (2002): Der Mobbing-Report. Repräsentativstudie für die Bundesrepublik Deutschland. Berlin: Bundesanstalt für Arbeitsschutz und Arbeitsmedizin.

Plantenga, J. / Remery, C. (2005): Work hard, play hard? Work in Software Engineering. In: Bosch, G. / Lehndorff, S. (Hrsg.): Working in the Service Sector. Milton Park, New York: Routledge, S.189-210.

Ritter, W. (2003): Betriebliches Gesundheitsmanagement „erlernen" durch Leitfäden? Organisationstheoretische und betriebspraktische Anforderungsdimensionen an Verfahrenswege im betrieblichen Gesundheitsmanagement. Bremerhaven: Wirtschaftsverlag NW.

Rosenbrock, R. (2001): Herausforderungen und Ansätze einer modernen Arbeitsschutz- und Gesundheitsförderungspraxis im Betrieb: Neue Aufgaben – neue Partner – neue Wege? In: Lenhardt, U. (Hrsg.): Herausforderungen und Ansätze einer modernen Arbeitsschutz- und Gesundheitsförderungspraxis im Betrieb: Neue Aufgaben – neue Partner – neue Wege? Workshopdokumentation, WZB-Paper P01-208, Wissenschaftszentrum Berlin, S.21-28.

Rosenbrock, R. / Müller, R. (1998): Prävention arbeitsbedingter Erkrankungen – Perspektiven des Arbeitsschutzes. In: Müller, R. / Rosenbrock, R. (Hrsg.): Betriebliches Gesundheitsmanagement, Arbeitsschutz und Gesundheitsförderung – Bilanz und Perspektiven. Sankt Augustin: Asgard, S.10-32.

Scase, R. (2003): Employment Relations in Small Firms. In: Edwards, P. (Hrsg.): Industrial Relations. Theory & Practice. Malden, Oxford, Carlton: Blackwell, S.470 - 488.

Schmidt, S. (2009a): Ansätze für die betriebliche Gesundheitsförderung in flexiblen Arbeitsstrukturen: Eine konzeptionelle Bestandsaufnahme. In: Becke, G. / Bleses, P. / Schmidt, S. (Hrsg.): Nachhaltige Arbeitsqualität: Eine Perspektive für die Gesundheitsförderung in der Wissensökonomie. artec-paper Nr. 158, Forschungszentrum Nachhaltigkeit (artec), Universität Bremen, www.artec.uni-bremen.de, S.41-66.

Schmidt, S. (2009b): Instrumente der betrieblichen Gesundheitsförderung in der Wissensökonomie – Einsatzmöglichkeiten, Grenzen und Perspektiven. In: Evers, J. / Hafkesbrink, J. / Krause, M. / Schmidt, S. (Hrsg.): Instrumente für nachhaltige Arbeitsqualität in der Wissensökonomie: Bestandsaufnahme und Bewertung. artec-paper Nr. 159, Forschungszentrum Nachhaltigkeit (artec), Universität Bremen, www.artec.uni-bremen.de, S.21-48.

Senghaas-Knobloch, E. (2008a): Wohin driftet die postfordistische Arbeitswelt? In: ebd.: Wohin driftet die Arbeitswelt? Wiesbaden: VS-Verlag, S.15-66.

Senghaas-Knobloch, E. (2008b): Flexible Arbeitsformen als Herausforderung für soziale Nachhaltigkeit. In: Becke, G. (Hrsg.): Soziale Nachhaltigkeit in flexiblen Arbeitsstrukturen. Berlin, Münster: LIT, S.27-43.

Senghaas-Knobloch, E. (2001): Neue Organisationskonzepte und das Problem entgrenzter Arbeit. Zum Konzept der Arbeitsrolle als Schutzmantel. In: ebd. (Hrsg.): Macht, Kooperation und Subjektivität in betrieblichen Veränderungsprozessen. Münster, London: LIT, S.171-196.

Siegrist, J. (1996): Soziale Krisen und Gesundheit. Göttingen: Hogrefe.

Soete, L. (2006): A Knowledge Economy Paradigm and its Consequences. In: Giddens, A. / Diamond, P. / Liddle, R. (Hrsg.): Global Europe, Social Europe. Cambridge, Malden: Polity Press, S.193-214.

Stehr, N. (2001): Wissen und Wirtschaften. Die gesellschaftlichen Grundlagen der modernen Ökonomie. Frankfurt a.M.: Suhrkamp.

Ulich, E. (2001): Arbeitspsychologie. Stuttgart: Schäffer-Poeschel.

Ulich, E. / Wülser, M. (2004): Gesundheitsmanagement in Unternehmen. Arbeitspsychologische Perspektiven. Wiesbaden: Gabler.

Voswinkel, S. (2000): Die Anerkennung der Arbeit im Wandel. Zwischen Würdigung und Bewunderung. In: Holtgrewe, U. / Voswinkel, S. / Wagner, G. (Hrsg.): Anerkennung und Arbeit. Konstanz: UVK, S.39-61.

Zündorf, L. (1986): Macht, Einfluss, Vertrauen und Verständigung. Zum Problem der Handlungskoordinierung in Arbeitsorganisationen. In: Seltz, R. / Mill, U. / Hildebrandt, E. (Hrsg.): Organisation als soziales System. Berlin: edition sigma, S.33-56.

Autorinnen und Autoren

Becke, Guido, Dr. rer. pol., Diplom-Sozialwissenschaftler, Privatdozent für Arbeitswissenschaft an der Universität Bremen, dort zugleich Senior Researcher am Forschungszentrum Nachhaltigkeit (artec). Forschungsvorhaben: Prävention in Unternehmen der Wissensökonomie (PRÄWIN), www.praewin.de.

Böhle, Fritz, Prof. Dr. ist seit 1972 Wissenschaftler am Institut für sozialwissenschaftliche Forschung e.v. (ISF München) und war von 1999-2008 Professor an der Universität Augsburg. Seine Forschungsschwerpunkte sind Verwissenschaftlichung und Erfahrungswissen, Entwicklungen von Arbeit und subjektivierendes Arbeitshandeln, neue Kompetenzen und berufliche Bildung, Organisation und informelle Prozesse sowie die Theorie reflexiver Modernisierung.

Ciesinger, Kurt-Georg, Dipl.Psych., Arbeitswissenschaftler, Geschäftsführer der gaus GmbH Medien Bildung Politikberatung, Dortmund, seit vielen Jahren forschend und beratend in den Themenfeldern Modernisierung von Branchen und Unternehmen, Innovations-, Kooperations- und Wissensmanagement, Entwicklung von Netzwerkstrukturen, Schnittstellenmanagement und Prozesskettenoptimierung, Kompetenzentwicklung und Weiterbildung sowie Politik- und Wissenschaftsmarketing tätig.

Dill, Helga Dipl.Soz., wissenschaftliche Mitarbeiterin an der LMU München (Projekt pragdis) und im IPP München. Ihre Arbeitsschwerpunkte sind Arbeitsmarktfragen, Gesundheitsförderung, Pflege, Migration. Sie arbeitet seit vielen Jahren forschend und beratend im Bereich der psychosozialen Versorgung.

Dunkel, Wolfgang, Dr., Dipl.Soz., Vorstandsmitglied des ISF München, Forschungsschwerpunkte: Qualifikation und Arbeit, Interaktive Arbeit, Personenbezogene Dienstleistungen, Arbeit und Subjekt. Mitarbeiter im Projekt PARGEMA.

Keupp, Heiner, Prof. Dr., von 1978-2008 Professor für Sozial- und Gemeindepsychologie an der Universität München; Gastprofessuren an den Universitäten Innsbruck, Klagenfurt und Bozen. Vorsitzender der Berichtskommission für den 13. Kinder- und Jugendbericht der Bundesregierung. Forschungsschwerpunkte: Soziale Netzwerke, psychosoziale Versorgung, Identität in der Spätmoderne, Kinder- und Jugendgesundheit, Projektleiter im Münchner Teil von pragdis.

Klatt, Rüdiger, Dr., Arbeitswissenschaftler, wissenschaftlicher Projektleiter im Forschungsbereich Arbeitssoziologie der TU Dortmund; Forschungsschwerpunkte: Gestaltung diskontinuierlicher Erwerbsbiografien; Arbeit und Gesundheit in der Wissensgesellschaft; neue Qualität flexibler Beschäftigungsformen; Dienstleistungsarbeit im Wandel, Koordinator des Verbundvorhabens pragdis und Sprecher der Fokusgruppe „Innovationsstrategien und Gesundheit im BMBF-Programm „Innovationsfähigkeit in einer modernen Arbeitswelt".

Kratzer, Nick, Dr., Dipl.Soz., Vorstandsmitglied des ISF München. Seine Forschungsschwerpunkte sind betriebliche Reorganisations- und Rationalisierungsstrategien und deren Folgen für Arbeit und Beschäftigung; Entgrenzung von Arbeit und Leben; Flexibilisierung und Subjektivierung von Arbeit; Segmentation und Strukturierung von Arbeitsmärkten. Mitarbeiter im Projekt PARGEMA.

Lisakowski, Annika, cand. Dipl.-Soz.Wiss. an der Ruhr Universität Bochum; studentische Hilfskraft an der Technischen Universität Dortmund; Forschungsschwerpunkte: Prävention, Vereinbarkeit von Erwerbstätigkeit und Familie.

Menz, Wolfgang, Dr., Soziologe, wissenschaftlicher Mitarbeiter am ISF München, u.a. im Projekt PARGEMA. Seine Arbeitsschwerpunkte sind Leistungspolitik, Gesundheitspolitik, Arbeit und Subjekt, Arbeit und Gesellschaft, Arbeit und Interesse.

Neuendorff, Hartmut, Prof. Dr., emeritierter Professor für Soziologie, insbesondere Arbeitssoziologie an der TU Dortmund. Seine Arbeitsschwerpunkte liegen u.a. in der Berufs- und Arbeitsmarktsoziologie. Seit vielen Jahren leitet er Forschungsprojekte zu Fragen der Diskontinuität von Erwerbsverläufen und deren Implikationen für Arbeitsgestaltung und Sozialsysteme.

Schütte, Volker, Dr., Beauftragter beim Projektträger DLR u.a. für das Projekt pragdis.

Siebecke, Dagmar, Dr., Arbeitswissenschaftlerin und Gesundheitspsychologin, wissenschaftliche Mitarbeiterin an der TU Dortmund im Forschungsbereich Arbeitssoziologie, Mitarbeiterin im Projekt pragdis. Ihre Arbeitsschwerpunkte sind innovative Arbeitsgestaltung und Prävention, Burnout und Burnoutprophylaxe.

Straus, Florian, Dr., Dipl.Soz, Geschäftsführer des IPP München, Mitarbeiter im Projekt pragdis. Seine Arbeitsschwerpunkte liegen in den Bereichen psychosoziale Versorgung, Bürgerschaftliches Engagement, Netzwerkforschung und Gesundheitsförderung.

Zoike, Erika, Dipl.Soz.Wiss., Leiterin der Gesundheitsberichterstattung bei spectrum/k – einem Gemeinschaftsunternehmen der BKK. Sie hat seit 1980 die redaktionelle Leitung für den BKK Gesundheitsreport und war 2008 Mitglied der Kommission „Gesundheitsberichterstattung" am Robert Koch-Institut.

Reflexive Sozialpsychologie

FLORIAN HUBER
Durch Lesen sich selbst verstehen
Zum Verhältnis von Literatur und
Identitätsbildung

2008, 246 Seiten, kart., 24,80 €,
ISBN 978-3-89942-827-8

HOLGER KNOTHE
**Eine andere Welt ist möglich –
ohne Antisemitismus?**
Antisemitismus und
Globalisierungskritik bei Attac

2009, 214 Seiten, kart., 24,80 €,
ISBN 978-3-8376-1241-7

BIRGIT SCHNEIDER
Narrative Kunsttherapie
Identitätsarbeit durch
Bild-Geschichten.
Ein neuer Weg in
der Psychotherapie

2009, 594 Seiten, kart., zahlr. z.T. farb. Abb.,
39,80 €,
ISBN 978-3-8376-1195-3

Leseproben, weitere Informationen und Bestellmöglichkeiten
finden Sie unter www.transcript-verlag.de

Reflexive Sozialpsychologie

ELISABETH SUMMER
Macht die Gesellschaft depressiv?
Alain Ehrenbergs Theorie des
»erschöpften Selbst« im Licht
sozialwissenschaftlicher und
therapeutischer Befunde

2008, 268 Seiten, , 27,80 €,
ISBN 978-3-8376-1017-8

FRIEDERIKE WERSCHKULL
Vorgreifende Anerkennung
Zur Subjektbildung in interaktiven
Prozessen

2007, 206 Seiten, kart., 22,80 €,
ISBN 978-3-89942-658-8

Leseproben, weitere Informationen und Bestellmöglichkeiten
finden Sie unter www.transcript-verlag.de